U0165207

宋稗类钞

上

（清）潘永因 编撰

毛寔 毛淑娟 点校

中国书店

图书在版编目（CIP）数据

宋稗类钞/（清）潘永因编撰；毛寔，毛淑娟点校. —北京：中国书店，2023.8
ISBN 978-7-5149-3200-3

I. ①宋… II. ①潘… ②毛… ③毛… III. ①稗史－中国－宋代 IV. ①K244.045

中国国家版本馆CIP数据核字（2023）第134989号

宋稗类钞

（清）潘永因 编撰
毛寔　毛淑娟 点校
责任编辑：袁瀛

出版发行：中国书店
地　　址：北京市西城区琉璃厂东街115号
邮　　编：100050
电　　话：（010）63171753（总编室）
　　　　　（010）63017857（发行部）
印　　刷：三河市中晟雅豪印务有限公司
开　　本：880㎜×1230㎜　1/32
版　　次：2023年8月第1版　2023年8月第1次印刷
字　　数：480千字
印　　张：20.5
书　　号：ISBN 978-7-5149-3200-3
定　　价：98.00元（全二册）

前言

宋朝是中国历史上极为重文的朝代，文人在宋朝的地位可谓空前，宋太祖甚至要求其子孙不得杀害文人（见本书第一卷《君范》第一条）。正因如此，宋人在文学、史学、理学、艺术、科技等各方面取得巨大成就。伴随着宋代市井文化兴起、商品经济繁荣与印刷术的进步，宋朝优秀文人辈出。也因此，宋朝给我们留下了大量的、形态各异的社会生活范本。

根据本书序言所述，《宋稗类钞》是潘永因在战乱之后，藏书烬毁的情况下，从多方购得善本，历经严寒酷暑编撰而成。

本书的体例仿照《世说新语》，但所收内容的范围比《世说新语》更广。如作者所述，“遵刘氏《世说》、何氏《语林》例，事以类分，时以代次”。全书共八卷五十九类近四十万字，内容反映了宋代政治、军事、文化、社会日常生活各方面，涵盖极为广泛，可以说是一部宋代社会的百科全书。

前六卷记载宋代帝王的治国方略、官场士人百态、士大夫的逸闻趣事和优良品德、各种性格知识分子的文学修养，以及民间传说、笑话小集，等等。

第七卷和第八卷记录三教九流、五行八作，以及草木虫蛇、古玩书画等内容，如宗乘、道教、报应、神鬼、怪异、方技、工艺、音乐、饮食、古玩、八法、丹青、草木、鸟兽、搜遗共十五类，是一部资料尤为丰富的研究宋代社会科学技术发展、自然环境变迁的珍贵原始资料。例如，古玩类记载如何辨别古代青铜和陶瓷，其分类详细，特征叙述清晰，列举古代青铜器纹饰达四十余种。草木和鸟兽二类，记载植物栽培技术，如嫁接、移种等，尤其对花卉、果木的品种、习性有详细记述，是宋代园林技术的真实反映。

此次出版以美国加利福尼亚大学伯克利分校馆藏清乾隆间刊本为底本，此本相对于四库本和其他版本的好处是，错别字少，且保留完整，版面清晰。本版依据现代人的阅读习惯变繁体为简体，并辅之以现代标点。另，本书中所载宋词，为便于读者区分词之上下阕，中间用“〇”以作间隔，特此说明。

由于古籍整理及编校条件及能力有限，书中疏漏甚至错谬之处仍在所难免，敬请读者斧正。

毛寔

2023年3月

宋稗类钞【上】

目录

宋稗序

金沙潘子大生，前年有《读史津逮》之刻，余既僭为之序矣。一日者，其弟长吉手一编，示予曰："此予所辑有宋一代人物掌故，名为《宋稗》者也。"予受而读之，大约探未见之书，聚可喜之事。事以类分，类复年次。大者，干城名教；精者，裨益身心；微者、浅者，亦可以增扩见闻。资助嗢噱，诚有令人爱玩而忘倦者。《宋史》庸秽芜冗，极为不堪，有明巨公，如归震川、汤临川诸先生，皆有志更定而未见成书，学者憾焉。今得长吉此编，如饥年嘉谷，属厌饱满。学者亦何幸乎！予因语长吉："礼义悦心，刍豢悦口，生人之所同然。而君秘之枕中，犹香积天厨之富，而一人独饫之也。仁者顾如是耶？"长吉曰："公之同好，吾志也。子其为我一言识之。"抑予闻大生更有《明稗》一书，诚得好事者并行之，如车之两轮，人之联璧，不更快人意哉！后之有事于宋明两代之史者，必将取材于二编也，故书以俟之。

康熙己酉清和月上浣湖上。

李渔笠翁撰。

凡 例

一、兹编尽采稗史。其或有正史一二间出者，以事载稗编，故亦加采择，虽事同而文实异也。

一、事以类分。虽原本世说，然彼辞尚简。要令隽永可味，兹体欲详赡。俾本末粲然，盖代有升降，则文有损益，难以强同。故间有鸿篇大章，亦加采择，不敢妄截鹤颈，致削英华。

一、诸家所载，有同一事而笔有高下，词有烦简，兹字栉句比，必期于当。有一条之内窜易四五而后定者，颇费苦心，非止照本誊录也。

一、条中间有芜句冗字，略加裁节。或前后宾主颠倒，紊次亦为更定。至于一应波澜，点缀关键段落，不敢妄动，使文气勿属。

一、事取关维风化，裨益身心。或搜罗遗佚，足补正史；或采择新奇，可助谈资。远及梯航载纪，下自委巷丛谈。其有一技擅长，片言居要，凡耳目所经，俱勤加汇辑，惟恐或遗。

一、正史称谓，义例一定。兹则或以名，或以字，或以官爵、地谥，俱本原文，取其错综互见。凡正人君子，虽称名益光；蔡京、秦桧辈，即加以鲁公、太师之目，实益难副。

一、或一事之美恶，前后同符，其系师承与夫暗合，俱不可知。兹必汇集一处，以便后人上下定论，非止易于观览。

一、诗词之类，若止采名篇佳什，与选诗、选词何异？兹必因事附出，方加采录。

一、或事可入此兼可入彼，必斟定所重以从焉，非漫无主见，任其两歧。惟有一则之中，前事既以类从，后或间有缀以他事，不复过为分截，贻割裂之讥也。

一、事有足采，而本文冗长，颇费裁剪；或已经后人演为小说，撰为传奇；凡茶坊酒肆，贩夫牧竖俱已习见习闻，不复混入，以繁笔墨。间有一二偶存，以其事可师、可法，有裨名教，不忍弃置也。

一、事有非关赵宋，而前后相符，或足备参考，亦间存之，附于每条之下。以往证今，粲然可观。

一、宋室以理学擅长，然程型朱范，止堪羽翼经传，不关稗乘风流，故勿混入。

一、兵燹之后，藏书荡然，多方购获得一善本，如饥获太牢。虽隆冬不惮呵冻，盛暑不辞挥箑，勤事编次。所列采用书目，尚有十之二三止据节文，未睹全本。若尽发二酉之藏，以供三余之用，当更有可观。兹不无遗憾云。

一、述而不作，奏功似易然。考较群籍，含英咀华，醇疵可否，斟酌去取，五载于兹。稿经数脱，方始成编，亦云难矣。

一、类中复叙时代，但约略先后，为之编次，庶几有条不紊。若责以分毫无爽，则有编年之书在。

一、兹编告成，旋有《明稗》之役。凡庚申君末政有与开创相启助者，俱列于《明稗》前。中分元事于宋明前后，似为得体。

再欲就所采之书，各自为条，又不便参互错综，以便讨论，因遵刘氏《世说》、何氏《语林》例，事以类分，时以代次。凡为类六十，约五倍于惠生先生所钞。盖踵事而增华，非入室而操戈也。编次既定，藏之箧笥。会周北川谒选天官，一见此书，把玩弗释。私与子静李子谋寿枣梨。日夕校雠，前此鲁鱼亥豕，其为切劘也多矣。戊申北川出宰澄江，遂毕业焉。

嗟夫！《宋史》芜秽，存而若亡。兹卷既出，奋笔著作者，睹鸿文以备采择；留心稽古者，征轶事而广见闻。为宋朝正史前驱，不亦可乎！己酉孟夏书，云氏又识。

宋稗类钞　卷之一

君　范

尧阶舜践，禹级汤升。似星环极，一火传灯。改频步玉，矩只高曾。骄君治跃，中主武绳。政之淑慝，国以废兴。集君范。

艺祖受命之三年，密镌一碑，立于太庙寝殿之夹室，谓之誓碑。用销金黄幔蔽之，门钥封闭甚严。因敕有司，自后时享。及新天子即位，谒庙礼毕，奏请恭读誓词。独一小黄门不识字者一人从，余皆远立庭中，不敢仰视。上至碑前再拜，跪瞻默诵讫，复再拜而出。群臣及近侍，皆不知所誓何事。自后列圣相承，皆踵故事。岁时伏谒，恭读如仪，不敢泄漏。靖康之变，悉取礼乐祭祀诸法物而去。门皆洞开，人得纵观。碑止高七八尺，阔四尺余。誓词三行：一云柴氏子孙有罪，不得加刑，纵犯谋逆，止于狱中赐尽，不得市曹刑戮，亦不得连坐支属。一云不得杀士大夫，及上书言事人。一云子孙有渝此誓者，天必殛之。后建炎中，曹勋自金回，太上寄语：“祖宗誓碑在太庙，恐今天子不及知云。”

艺祖御笔：“用南人为相，杀谏官，非吾子孙。”刻石东京内中。虽人才之出无定处，其后王荆公变法，吕惠卿为谋主，章惇、蔡京、蔡卞继之，卒致大乱。圣言诚如日矣。一云：太祖亲写“南人不得坐吾此堂”，刻石政事堂上。自王文穆大拜后，吏辈故坏壁，因移石他处，后寖不知所在。既而王安石、章惇相继用事，为人窃去云。

太祖得天下，破上党，取李筠，征维扬，诛李重进，皆一举荡灭。知兵力可用，僭伪可平矣。尝语太宗曰：“中国自五代以来，兵连祸结，帑廪虚竭，必先取西川，次及荆广江南，则国用富饶矣。今之勍敌，正在契丹，自开运以后，益轻中国。河东正扼两蕃，若遽取河东，便与两蕃接境。莫若且存继元为我屏翰，俟我完实，取之未晚。”故太祖末年始征河东。太宗即位即举平晋也。庙算如此，正如高棋布子，着着争先。

钱俶初入朝，既而赐归国。群臣多请留俶，而使之献地。太祖曰：“吾方征江南，俾俶归治兵以攻其后，则吾之兵力可减半。江南若下，俶敢不归乎？”既而皆如所处。

三徐名著江左，皆以博洽闻，而骑省铉又其岳岳者也。会修述职之贡，骑省实来，及境，例差官押伴，朝臣皆以辞令不及为惮。宰相亦难其选，请于艺祖。曰：“姑退朝，朕自择之。”有顷，左珰传宣殿前司，具殿侍中不识字者十人，以名入。宸笔点其中一人曰：“此人可。”在廷皆惊。中书不敢请，趣使行。殿侍者茫不知所由，弗获已竟往，渡江始燕。骑省词锋如云，旁观骇愕。其人不能答，徒唯唯。骑省叵测，聒而与之言。居数日，既无相酬者，骑省亦倦且默矣。其亦不战而屈人兵之上策欤！（三徐：卫尉卿延休、骑省铉、内史锴。）

承平时，国家与辽欢盟，文禁甚宽。辂客者往来，率以谈谑诗文相娱乐。元祐间，东坡实膺是选。辽使素闻其名，思以奇困之。其国有一对曰："三光日月星。"凡以数言者，必犯其上一字，于是遍国中无能属者。有以请于坡，坡唯唯，谓其介曰："我能而君不能，亦非所以全大国之体。'四诗风雅颂'，天生对也。盍先以此复之。"介如言，方共叹愕。坡徐曰："某亦有一对，曰：'四德元亨利。'"使睢盱欲起辩，坡曰："而谓我忘其一耶？谨闳而言，两朝兄弟邦，卿为外臣。此固仁宗之庙讳。"使臣出意外，大骇服。既又有所谈，辄为坡逆夺。使自愧弗如，及白沟往返，龂舌不敢复言矣。

太祖初命曹武惠彬讨江南，潘美副之。将行，赐宴于讲武殿。酒三行，彬等起跪于榻前，乞面授处分。上怀中出一实封文字付彬曰："处分在其间。自潘美以下有罪，但开此竟斩之，不必奏禀。"二臣股栗而退。迄江南平，无一犯律者。比还，复赐宴讲武殿。酒再行，二臣起跪于榻前，奏："臣等幸无败事，昨面授文字，不敢藏诸家，即纳于上前。"上徐自发封示之，乃白纸一张也。上神武机权如此。初特以是申军令耳。使果犯，而发封见为空纸，则必入复请，亦不至于专僇矣。

太祖天性不好杀。其取江南也，戒曹秦王、潘郑王曰："江南本无罪，但朕欲大一统，容他不得。卿等勿妄杀人。"曹、潘兵临城久不下，乃奏曰："兵久无功，不杀无以立威。"太祖览之赫怒，批还其奏曰："朕宁不得江南，不可妄杀。"诏至，城已破。计城破日，乃批状时。天人相感如此。

唐李淳风作《推背图》。五季之乱，王侯崛起。人有幸心，故其学益炽。开口张弓之谶，吴越至以遍名其子，而不知兆昭武基命之烈也。宋兴受命之符，尤为著明。艺祖即位，始诏禁谶书，惧其惑民志以繁刑辟。然图传已数百年，民间多有藏本，不可复收拾。有司患之。一日，赵韩王以开封具狱奏，因言犯者至众，不可胜诛。上曰："不必多禁，正当混之耳。"乃命取旧本，自已验之外，皆紊其次而杂书之。凡为百本，使与存者并行。于是传者懵其先后，莫知其孰伪。间有存者，不复验，亦弃弗藏矣。

开宝戊辰，艺祖初修汴京，大其城，址曲而宛如蚓屈焉。耆老相传，谓赵中令鸠工奏图。初取方直，四面皆有门。坊市经纬，其间井井绳列。上览而怒，自取笔涂之，命以幅纸作大圈，纡曲纵斜。旁注曰："依此修筑。"时人咸罔测，多病其不宜于观美。熙宁乙卯，神宗在位，思欲改作。鉴苑中牧豚，及内作坊之事，卒不敢更，第增陴而已。及政和间，蔡京擅国，亟奏广其规，以便宫室苑囿之奉。命宦侍董其役。凡周旋数十里，一撤而方之如矩。墉堞楼橹，虽甚藻饰，而荡然无曩时之坚朴矣。一时张皇，侈其功赏。靖康金人南侵，粘罕斡离不扬鞭城下，有得色曰："是易攻。"下令植炮四隅，随方而击之。城既引直，一炮所望，一壁皆不可立，竟以此失守。沉几远睹，至是始验。

开宝初，车驾亲征伪汉，引汾水灌太原城。时盛夏，艺祖露臂跣足，亦不裹头，手持刀坐黄盖下，督兵吏运土筑堤，以堰汾河。城上望见，矢石雨坌不避也。水浸城者，仅余数版，且乘舟载炬，焚其谯门。几陷，会班师焉。其后辽有使于伪汉者，见水退而城始大圮，乃笑曰：“南朝但知壅水灌城之利，更不知灌而决之，则无太原矣。”

王审琦微时，与太祖相善。后以佐命功，尤为亲近。性不能饮，太祖每燕近臣，常尽欢，而审琦但持空杯，太祖意不惬。一日酒酣，举杯祝曰：“审琦布衣之旧，方共享富贵。酒者天之美禄，惜不令饮之。”祝毕，顾审琦曰：“天必赐汝酒量，可试饮。”审琦受诏，不得已，辄连引满，尽釂无苦。自是每侍燕辄饮，可与众辈。退还私第则如故。

太宗始嗣位，思有以帖服中外者。一日辇下市肆有丐者不得乞，因倚门大骂。主人逊谢，久不得解。众方拥门聚观，中忽一人跃出，以刀刺丐者死，遗其刀而去。会日已暮，追捕莫获。翌日奏闻，太宗大怒，谓犹仍五季乱习，乃敢中都白昼杀人。即严索捕，期必得。有司惧罪，久之，迹其事，是乃主人不胜其愤而杀之耳。狱具，太宗喜曰：“卿能用心若是，虽然，第为朕更一覆，毋枉焉，且携其刀来。”不数日，尹再登对，以狱词并刀上。太宗问：“审乎?”曰：“审矣。”于是顾旁小内侍：“取吾鞘来。”小内侍惟命，即奉刀内鞘中，因拂袖而起入曰：“如此宁不妄杀人。”

太平兴国中，诸降王薨。其群臣或宣怨言。太宗尽收置之馆阁，使修群书，如《册府元龟》《文苑英华》《太平御览》《广记》之类。卷帙既浩博，并丰其廪膳赡给，以役其心。后多老死于文字之间云。

学士院玉堂，太宗曾亲幸其所。至今惟学士上日许正坐，他日皆不敢独坐，故事堂中设视草台。每草制，则其衣冠据台而坐。今不复如此，但存空台而已。玉堂东承旨阁子窗槅上，有火燃处。太宗尝夜幸玉堂，苏易简为学士，已寝，遽起无烛，不可觅衫带。宫嫔乃自窗槅中引烛入照之。至今不欲易，以为玉堂一盛事。

真宗在储宫，太宗勖令学草书，乃再拜曰："臣闻王者事业，功侔日月，一照使隐微尽晓。草书之迹，诚为秘妙，然达者盖寡。傥临事或误，则罪有所归焉。岂一照之心哉？谨愿罢之。"太宗大喜，顾谓之曰："他日英主也。"

真宗好文，虽以文辞取士，然必视其器识。每御崇政殿赐进士及第，必召其高第三四人并列于庭，更察其形神磊落者，始赐第一人及第，或取其所试文辞有理趣者。徐奭铸《鼎象物赋》云："足惟下正，讵闻公𫗧之欹倾；铉乃上居，实取王臣之威重。"遂置第一。蔡齐《置器赋》云："安天下于覆盂，其功可大。"亦冠多士。

咸平五年，南省试进士《有教无类赋》，王沂公为第一。赋盛行于世，其警句有云："神龙异禀，犹嗜欲之可求；纤草何知，尚薰莸而相假。"时有轻薄子拟作四句云："相国寺前，熊翻筋斗；望春门外，驴舞柘枝。"议者以为言虽鄙俚，亦着题也。

真宗祀汾而还，驾过伊阙，亲洒宸翰，为铭勒石，文不加点，群臣皆呼万岁。其文曰："夫结而为山，融而为谷。设险阻于地理，资守拒于国都。足以表坤载之无疆，示神州之大壮者也。矧复洪源南导，高岸中分。夏禹浚川，初辟关塞；周成相宅，肇建王城。风雨所交，形势斯在。灵葩珍木，接畛而扬芬；

盘石槛泉，奔流而激响。宝塔千尺，苍崖万寻。秘等觉之真身，刻大雄之尊像。岂独胜游之是属，故亦景贶之潜符。躬荐两圭，祝汾阴而祈民福；言旋六辔，临雒宅而观土风。既周览于名区，乃刊文于真铭曰：高阙巍峨，群山迤逦。乃固王域，是通伊水。形胜居多，英灵萃止。螺髻遍摩，雁塔高峙。奠玉河滨，回舆山趾。鸣跸再临，贞砥斯纪。”

仁宗圣性仁恕，尤恶深文狱官有失入人罪者，终身不复进用。至于仁民爱物，孜孜惟恐不及。一日晨兴，语近臣曰：“昨夜因不寐而甚饥，思食烧羊。”侍臣曰：“何不降旨取索？”仁宗曰：“比闻禁中每有取索，外面遂以为例。诚恐自此逐夜宰杀，以备非时供应，则岁月之久，害物多矣。岂可不忍一夕之馁，而启无穷之杀也？”时左右皆呼万岁，至有感泣者。又尝春日步苑中，屡回顾，皆莫测圣意。及还宫中，顾嫔御曰：“渴甚，可速进热水。”嫔御进水，且曰：“大家何不外面取水，而致久渴耶？”仁宗曰：“吾屡顾不见镣子。苟问之，即有抵罪者，故忍渴而归。”圣性仁恕如此。

庆历中，郎官吕觉者，勘公事回，因登对，自陈衣绯已久，乞改章服。上曰：“待别差遣与卿换。朕不欲因鞫狱与人恩泽，虑刻薄之徒望风希进，加入人罪耳。”

王素为谏官，论王德用所进女口。仁宗初诘之曰：“此宫禁事，卿何从知？”素曰：“臣职在风闻，有之则陛下当改，无之则为妄传。何必诘其从来也？”仁宗笑曰：“朕真宗子，卿王旦子，与他人不同，自有世契。德用所进女口，实有之。在朕左右亦甚亲近，且留之如何？”素曰：“若在疏远，虽留可也。臣之所论，正恐亲近。”仁宗色动，呼近珰曰：“王德用所进女口，各支钱三百贯，即今令出内东门了急来。”遂涕下。素曰：“陛下既以臣奏为然，亦不须如此之遽，且入禁中徐遣之。”上曰：“朕虽为帝王，然人情同耳。苟见其涕泣，不忍出，则恐朕亦不能出之。卿且留此以待报。”素曰：“陛下从谏，古哲王所未有。天下社稷幸甚。”久之，中使奏宫女已出门矣。上复动容而起。

贝州卒王则据城叛，诏明镐往讨，久无功。参知政事文彦博请行。仁宗欣然遣之，且曰：“贝字加文为败，卿必擒则矣。”未逾月而捷报闻。

蜀中一举子献诗太守云：“把断剑门烧栈道，成都别是一乾坤。”守械其人奏之。仁宗曰：“此乃老秀才急于仕宦而为之，不足治也。可授以司户参军。”其人到任不一年，惭恧而死。

故事，郊而肆赦，奉祠不敬，不以赦论。治平中，郎中易知素贪饕，赐食大官，醉饱失容。御史以不敬闻，韩魏公请论如律，谓不行后将废礼。英宗不许，曰：“宁以他事坐之。士以饮食得罪，使何面目见士大夫乎？”

秦国大长公主薨，神考赐挽词三首曰：“海阔三山路，香轮定不归。帐深空翡翠，珮冷失珠玑。明月留歌扇，残霞散舞衣。都门送车返，宿草自春菲。”又曰：“晓发城西道，灵车望更遥。春风空鲁馆，明月断秦箫。尘入罗衣暗，香随玉篆销。芳魂飞北渚，那复可为招。”又曰：“庆自天源发，恩从国爱申。歌钟虽在馆，桃李不成春。水折空还沁，楼高影隔秦。区区会稽市，无复献珠人。”圣制如此，虽穆王《黄竹》、汉高《大风》之词，莫可拟其仿佛。噫，岂特前代帝王，盖古今词章之工者，无此作也。

神宗皇帝一日行后苑，见牧猳豚者，问何所用。牧者对曰：“自祖宗以来长令畜之。自稚养之以至大，则杀之，更养稚者。前朝不敢易，竟不知果安用。”神宗沉思久之，诏付有司，禁中自今不得复畜。居数月，卫士忽获妖人，急欲血浇之，禁中卒不能致，方悟太祖之远略。熙宁中，作坊以门巷委狭，请直而宽广之。神宗以太祖创始，当有远虑，不许。既而众工作苦，持兵夺门欲出为乱。一老卒闭而拒之，遂不得出。捕之，皆获。

神宗病甚，不能言，宣仁谓曰：“我欲为汝改某事某事，凡二十余条。”神宗皆点头。独至青苗法，再三问，终不应。熙宁初，神宗与二王禁中打球子。上问二王欲赌何物，徐王曰：“臣不赌别物，若赢时，只告罢了青苗法。”

承平时，扬州郡治之东庑，扃锁屋数间。上有建隆元年朱漆金书牌云：“非有缓急，不得辄开。”宣和元年，盗起浙西，诏以童贯提师讨之。道出淮西，见之，焚香再拜，启视之，乃弓弩各千，爱护甚至，俨然如新。贯命弦以试之，其力倍后来，而制作精妙，不可跂及。士卒皆叹服。施之于用，以致成功。此盖太祖皇帝亲征李重进时所留者，仰知经武之略，明见于二百年之前如此。

政和四年六月戊寅，御笔取会到入内。内侍省所辖苑东门药库，所藏鸩鸟蛇头葫蔓藤钩吻草毒汁之类，品数尚多，皆属川广所贡。典掌官吏三十余人，契勘元无支遣，显属虚设。盖自五季乱离，纪纲颓废，多用此物以剿不臣者，沿袭至本朝。自艺祖以来，好生之德，洽于人心。若干宪纲，莫不明置典刑，诛殛市朝，何尝用此。自今可悉罢。贡额并行停进，仍废此库，放散官吏。比附安排一应毒药，并盛贮器皿，并交付军器所。仰于新城门外旷阔迥野处，焚弃其灰烬，于官地埋瘗分明。封堠标识，无使人畜近犯。疾速措置施行。仰见祐陵仁厚之心，德及豚鱼如此。

祖宗开国以来，西北兵革既定，故宽其赋役。民间生业，每三亩之地，止取一亩之税。缘此公私富庶，人不思乱。政和间，谋利之臣建议，以为彼处减匿税赋，乃创置一司，号西城所，命内侍李彦主治之。尽行根刷拘催，专供御前支用。州县官吏，无却顾之心。竭泽而渔，急如星火。其推行为尤者，京东漕臣王宓、刘寄是也。人不堪命，遂皆去而为盗。胡马未南牧，河北蜂起。游宦商贾，已不可行。至靖康初，智勇俱困。有启于钦宗者，命斩彦窜宓寄以徇。下宽恤之诏，然无乡从之心矣。其后散为巨寇于江淮间，如张遇、曹成、钟相、李成之徒，皆其人也。

高宗好养鹁鸽，躬自收放。有士人题诗曰：“鹁鸽飞腾绕帝都，暮收朝放费工夫。何如养个南来雁，沙漠能传二帝书。”高宗闻之，召见士人，即补以官。

高宗在德寿宫，每进膳，必置匙箸两副。食前多品，择取欲食者，以别箸取置一器中，食之必尽。饭则以别匙减而后食。吴后尝问其故，对曰：“不欲以残食与宫人食也。”

南渡后，有司降样下外郡置御炉炭，胡桃纹鹁鸪色者若干斤。知婺州王居正论奏，高宗曰："朕平居衣服饮食，且不择美恶。隆冬附火，止取温暖，岂问炭之纹色也？"诏罢之。宣和间，宗室围炉次，索炭，既至，诃斥左右云："炭质红，今黑非是。"盖尝供熟火也。以此类推之，岂识世事艰难。

高宗尝语吕颐浩曰："朕在宫中，每天下奏案至，莫不熟阅再三。求其生路，有至夜分。卿可以此意戒刑寺官，凡于治狱，切当留心，勿草草。"颐浩再拜贺，即以上旨喻之。

绍兴壬子，诏知大宗正事安定郡王令畤，访求宗室伯字号七岁以下者十人，入宫备选。十人中又择二人焉，一肥一癯，乃留肥而遣癯，赐银三百两以谢之。未及出，思陵忽云："更子细观。"乃令二人叉手并立。忽一猫走前，肥者以足蹴之。上曰："此猫偶尔而过，何为遽踢之？轻易如此，安能任重耶？"遂留癯而逐肥者。癯者乃阜陵也。肥者名伯浩，后终于温州都监。

孝宗居高宗丧，百日后尚进素膳，毁瘠特甚。吴夫人者，潜邸旧人也，屡以过损为言，上坚不从。夫人一日密谕尚食内侍，潜以鸡汁等杂素馔中以进。上食之觉爽口，询所以然。内侍恐甚，以实告。上大怒。皇太后闻之，过宫力解。乃出吴夫人于外，内侍等罢职有差。庙号曰孝，宜矣。

孝宗初年，恢复之志甚锐，而于时谋臣猛将，雕丧略尽，财屈兵弱，卒不得逞。厥后畜积稍羡，又尝有意用兵。祭酒芮国器奏曰："陛下只是被数文腥钱作使，何不试打算，了得几番犒赏。”上曰：“朕未之知也，待打算报卿。”后打算，只了得十三番犒赏，于是用兵之意又寝。

孝宗锐志大功，新进逢意，务为可喜。淳熙中，上益明习国家事，老成乡用。一日躬朝德寿，从容燕饮。玉音曰：“天下事不必乘快，要在坚忍，终于有成而已。”上再拜请书绅，归而大字揭于选德殿壁。辛丑廷策多士，有一卷首曰：“天下未尝有难成之事，人主不可无坚忍之心。”上览而是之，遂为第一，盖亲擢也。

寿皇在宫中，常携一漆拄杖。宦官宫妾，莫敢睨视。尝游后苑，偶忘携焉，特命小黄门取之。二人竭力曳以来，盖精铁也。上方有意中原，故阴自习劳苦如此。刘恭甫奏事便殿，见一马在殿前不动，问王公明。曰：“此木刻者，上于万几之暇，御以习据鞍骑射也。”

淳熙己酉，孝宗退居重华宫。有净室，终日宴坐其间。几上惟书籍及笔墨楮研而已。近珰尝奏：“高宗皇帝留下宝器图画，陛下盍时取观？”寿皇曰：“先帝中兴，功德盛大，故宜享此。朕岂敢自比先帝！”皆锁闭不开。

符命

帝王之典，盖由天定。哭蛇神母，言岂无稽；夹马香孩，瑞终有应。即如真人白水，名以钱流；王者丹徒，兆从药赠。赤符足观，班论堪听。然必非谶而获罪，毋乃近诬而好佞。集符命（附先兆、转生）。

王朴仕周为枢密使。五代自朱梁以用武得天下，政事皆归枢密院，至今言二府。当时宰相，行文书而已。时缘用兵，朴多宿禁中。一日谒见世宗，屏人颦蹙，且仓皇嗟叹曰："祸起不久矣"。世宗因问之。曰："臣观元象人异，所以不敢不言。"世宗云："如何？"曰："事在宗社，陛下不能免，而臣亦先当之。今夕请陛下观之，可以自见。"是夜与世宗微行，自厚载门出，至野次，止于五丈河旁。中夜后，指谓世宗曰："陛下见隔河如渔灯者否？"世宗随亦见之。一灯荧荧然，迤逦甚近，则渐大。至隔岸，火如车轮矣。其间一小儿如三四岁，引手相指，既近岸。朴曰："陛下速拜之。"既拜，渐远而没。朴泣曰："陛下既见，无复可言。"后数日，朴于李谷坐上得疾而死。世宗既伐幽燕，道被病而殂。至明年而天授皇宋矣。火轮小儿，盖国朝火德之兆云。

艺祖受命元年秋，三佛齐来贡，时尚不知皇宋受禅也。贡物有通天犀，中有形如龙擎一盖。其龙形腾上，而尾少向左，成宋形。其文即宋字也。真主受命，岂偶然哉！艺祖即以此犀为带，每郊庙则系之。

郭祖微时，与冯晖同里闬，相善也。椎埋无赖，靡所不至。既而各窜赤籍。一日有道士过之，业雕刺。二人因令刺之。乃于郭项右作雀，左作谷。冯则以脐作瓮，中作雁数只。戒曰："尔曹各于项脐自爱。异日雀衔谷，雁出瓮，此亨显之符也。"郭祖秉钺之后，雀谷稍近。及践祚，雀遂衔谷焉。冯之雁亦自瓮中累累而出，果位方镇。

太祖征李筠，以太宗为大内都点检。都民惊曰："点检作天子矣。更为一天子地耶，此又人口木简也。"

艺祖在周朝，受命北征。至陈桥驿，为三军推戴。时太后眷属以下，尽在定力文院。有司将搜捕，主僧悉令登阁，而固其扃钥。俄而大搜索，主僧绐曰："皆散走，不知所之。"甲士入寺，升梯，且发钥，见蛛网丝布满其上，而尘埃凝积若累年不曾开者，乃相告曰："是安得有人?"遂皆返去。有顷，艺祖已践祚矣。

梁宝志铜牌记，多识未来事，云："有真人在冀州，闭口张弓左右边，子子孙孙万万年。"江南中主，名其子曰宏冀。吴越钱镠诸子，皆连宏字，期以应之，而宣祖讳正当之也（宣祖，太祖父，名宏殷）。

曹翰围江州三年，城将破，太祖嘉其尽节于所事，遣使谕翰："城下日，拒命之人尽赦之。"使人至独木渡，大风数日不可济。及风止而济，则翰已屠江州无遗类，适一日矣。唐吏部尚书张嘉福奉使河北，逆韦之乱。有敕处斩，寻遣使人赦之。

使人马上昏睡，迟行一驿，比至已斩讫。与此相类。

杨文公之生，其胞荫始脱，则见两鹤翅交，掩块物而蠕动。其母急令密弃诸溪流。始出户，而祖母迎见，启视之，则两翅欻开，中有玉婴转侧而啼。举家惊异，非常器也。

张乖崖成都还日，临行，封一纸轴付僧文鉴大师。上题云："请于乙卯岁五月二十一日开。"后至祥符八年，当其岁也。时凌侍郎策知成都，文鉴至是日，持见凌公曰："先尚书向以此嘱某，已若干年，不知何物也，乞公开之。"洎开，乃所画野服携筇黄短褐一小真也。题其旁云："依此样写于仙游阁上。"兼自作赞云："乖则违众，崖不利物。乖崖之名，聊以表德。徒劳丹青，绘写凡质。欲明此心，垂之无斁。"凌公奇之，于大慈寺阁龛以祠焉。盖公以祥符七年甲寅五月二十一日薨。开真之日，当小祥也。

王冀公钦若，微时薄游临川，寄食蔡参政门馆。天寒，冀公无被，夜中冻甚，窃入仆魁陈超被中。睡定，超方梦，有数人叱曰："宰相睡，何得同床耶?"即舁至户外。超甚惊愕，不敢近冀公。自此谨待之，兼尽力相助。公后贵显，所以存问于超者甚至。超子亦举进士。（王钦若，字定国，新喻人。封冀国公，谥文穆。）

仁宗晚年不豫，渐复康平。忽一日，命宫嫔妃王游后苑。乘小辇，东向欲登城堞，遥见小亭，榜曰"迎曙"。帝不说，即时回辇。翌日上仙，而英宗登极，盖曙乃英宗御名也。又哲宗朝，尝创一堂，退绎万几。学士进名，皆不可意。乃自制曰"迎端"，意谓迎事端而治之。未几，徽宗由端邸即大位。

仁宗尝御便殿，有二近侍争辩，仁宗问之。曰：甲言贵贱在命，乙言由至尊。帝默然，即以二小金合，各书数字藏于中，曰："先到者保奏给事有劳推恩。"封闭甚严。先命乙携一往东门司，约及半道，命甲携一继往。无何，内东门司保奏甲推恩。问之，乃是乙半道伤足，甲遂先到。帝叹曰："信有命哉！"胡宿每语后进曰："万事真实有命，人力计较不得。吾平生未尝干人，他安能陶铸我？自有命在，枉费却闲工夫，枉用却闲心力。信得命，便养得气，不挫折也。"元丰中，王岐公珪作宰相。王和父安礼尹京，上眷甚渥，且将大用。岐公乘间奏曰："京师术者，皆言王安礼明年二月作执政。"神宗怒曰："执政除拜由朕，岂由术者之言？"他日纵当次补，特且迟之。明春，安礼果拜左丞。珪曰："陛下乃违前言，何也？"上默然久之，曰："朕偶忘记，信知果是命耶。"

抚之临川北郭二十里间，有地名曰虎头洲。郡人死不能葬者，必诣其所焚之，因扬骸灰于水中。治平元年，抚人李权梦亲朋张乐送至洲上，甚不悦，告人曰："吾其死乎？"俄而被乡荐，遂登第，调处州司理。乃悟虎头为处字，而洲为州也。

欧阳文忠公庆历末夜泊采石渡。舟人鼾睡，潮至月黑，公灭烛方寝，微闻呼声曰："去未？"舟尾答曰："有参政宿此，不可擅去。斋料幸携至。"公私念曰："舟尾逼浦，且无从人，必鬼也。"通宵不寐。五鼓，闻岸上猎猎驰骤声。舟尾曰："斋料幸见还。"岸上且行且答曰："道场不净，竟无所得而归。"公异之。后日游金山，与长老瑞新语此事。惊曰："某夜有施主设水陆，携室人至，方拜，忽乳一子。俄腥风灭烛，一众尽恐。乃公宿采石之夜也。"公后果参大政。自参知政事除蔡州，而公求退之锐者，亦其前知然耶？黄鲁直熙宁初宿石塘寺。寺有鬼灵异，僧敬信之。一夕梦曰：“分宁黄刑部至。”僧曰：“侍郎乎？尚书乎？”曰：“侍郎也。”鲁直南迁已六十，亲故忧其祸大，又南方瘴雾，非菜肚老人所宜。鲁直笑曰：“宜州者，所以宜于人也。且石塘鬼侍郎之言，岂欺我哉？”鲁直竟殁于宜州。较采石之鬼，何愚智相去三十里。岂鲁直痴绝，故欺之耶？

颍川一异僧，能知人宿命。时欧阳永叔领郡事，见一妓口气常作莲花香，心颇异之。举以问僧，僧曰：“此妓前生为尼，好转《妙法莲花经》，三十年不废。以一念之差，堕身娼贱。”后因郡会，妓适侍傍，公因以僧语告之，且问今亦曾转莲经否，妓曰：“某不幸为妓，日事应接，何暇转经？”公命取《莲经》令读，一阅如流，宛若素习。试以他经，则不能也。公益异之。(一作公婢，名胡媚娘。)

王元之禹偁在黄日，作《竹楼》与《无愠斋记》。其略云：“后人公退之余，召高僧道侣，烹茶炼药则可矣。若易为厩库厨传，则非吾徒也。”后安信可至，访之，则楼且半圮，而斋已更为马厩矣。求其记，则庖人亦取刻石压羊肉。信可叹曰：“元之岂前知耶？抑其言遂为谶耶？”于是楼与斋皆葺如旧，而以其记龛之于壁。

中大夫徽猷阁安咏信可，宣和初守齐安。下车访东坡雪堂，遗址虽存，堂瓦木已为兵马都监拆而为教场亭子矣。信可即呼都监责之，且命复新之。堂成，多燕饮其上。信可亦善为诗，在黄有诗云：“万古战争余赤壁，一时形胜属黄冈。”

韩魏公庆历中以资政殿学士帅淮南。一日，后园中有芍药，一干分四歧，歧各一花，上下红，中间黄蕊间之，名金缠腰，又谓之金带围。初无种，有时而出，则城中当有宰相。公异之，开一会，欲招四客以赏之，以应四花之瑞。时王岐公珪为大理寺评事，通判王荆公安石为大理评事佥判，皆召之。尚少一客，以州钤辖诸司使，忘其名，官最长，遂取以充数。明日早衙，钤辖者申状，暴泄不至。尚缺其一，命取过客历，求一朝官足之。过客中无朝官，惟有陈秀公升之，时为大理寺丞，遂命同会。至中筵，剪四花，四客各簪一花，甚为盛集。后三十年间，四人皆为宰相。

洛中士人张起宗，以训蒙为生。居于会节园侧，年四十余。一日行于内，前见有西来行李甚盛，问之。曰："文枢密知成都回也。姬侍皆骑马，锦绣兰麝，溢人眼鼻。"起宗自叹曰："同丙午生，相远如此。"傍有瞽者辄曰："秀才我与汝算命。"因与藉地，卜者出算子约百余布地上，几长丈余，凡阅两时，曰："好笑诸事不同，但三十年后，有某星临某所，两人皆同，当并案而食者九个月。"起宗后七十余岁，时文公亦居于洛。起宗视其交游饮宴者，皆一时贵人，辄自疑曰："余安得并案而食乎？"一日，公独游会节园，问园侧教学者为谁，左右以张对，公命请至。及见大喜，问其甲子，又与之同，因呼为会节先生。公每召客，必预召。赴人会，无先生则不往。公为主人，则拐于左；公为客，则拐于右。并案而食者将及九月，公之子及甫知河阳府，公往视之。公所居私第，地名东田。有小姬四人，谓之东田小籍，共升大车随行。祖于城西，有伶人素不平之，因为口号曰："东田小籍，已登油壁之车；会节先生，暂别玳筵之宴。"坐客微笑。自此潞公复归洛，不复召之矣。

边镐为谢灵运后身，故小字康乐。范淳夫为邓仲华后身，故名祖禹。张平子后身为蔡伯喈，邹阳后身为东坡居士。即其习气，似皆不诬也。

东坡在儋耳，语其子过曰："我决不为海外人。近日颇觉有还中州气象。"乃涤研焚香，写平日所作八赋，当不脱误一字以卜之。写毕，大喜曰："吾归无疑矣。"后数日，廉州之命至。八赋墨迹初归梁师成，后入禁中。

《闽中记》言南台沙合，必出宰辅。至和中，闽人潘有实为省郎，自负王佐才，每遇乡人，必问南台江可褰裳过否。或云"未"，则色不悦。迨章郇公入枢府之明年，沙始交，遂大拜。寻而吴丞相育，曾侍中公亮，陈丞相升之，皆相继辅弼。惟曾公泉人，他皆建人，吴章皆浦城人。又其后如章子厚诸公，继踵而起。盛哉！古传沙合出相。比年遂为洲，盖名世赉弼，殆天启然。

章郇公得象守洪州，尝因晏客，掷骰赌酒，乃自默占："如异日登台辅，即成贵采。"一掷得佛面浮图，遂缄秘其骰。至为相犹在。

世传山谷老人前身为女子，云：山谷自有记，刻石于涪陵江上。石至春夏为江水所浸，故世未有模传者。其记言山谷与东坡先生同谒清老，清语坡是五祖戒和尚后身，而山谷前身则一女子。我不能详语，俟异日学士至涪陵，自有告者。山谷意谓涪陵非迁谪不至。既坐党籍，再贬涪陵。未几，梦一女子告之云：某生前诵《法华经》，发愿后身为男子，得大智慧，为一时名人。今学士，某前身也。学士年来患腋气者，缘某所葬棺朽，有蚁居于两腋之下，故致斯疾耳。今此地后山有某墓，学士能启之，除去蚁聚，则腋患可愈也。既觉，果访得之。因如其言，且为再易棺。修掩甫毕，而腋气果不药而除。

神祖幸秘书省，阅江南李主像，见其人物俨雅，再三叹讶。而徽宗生，生时梦李主来谒，然其文采风流，过李主百倍。及北狩，女真亦用江南国主见艺祖故事。徽宗梦钱王再三乞还两浙。明日与郑后言："朕夜来被钱王索取两浙甚急。"郑后奏云："昨妾梦亦然。"须臾，报韦妃诞高宗。既三日，徽宗临视，戏妃曰："酷似浙脸。"盖妃籍虽贯开封，而原占于浙。亦遂成南渡之谶云。（钱王寿八十一，高宗亦寿八十一，以梦谶参之，良不诬矣。）

哲宗在位既久，而皇嗣未立，密遣中贵往泰州天庆观问徐神翁，徐但书吉人二字付之。既还奏呈，左右皆无知其说者。又元符以来，殿庭朝会，及常起居，看班舍人，必秉笏巡视班列，惧有不尽恭者，连声云："端笏立。"既而哲宗升遐，徽宗以端邸入承大统。而吉人二字，乃潜藩之名。（徐神翁，字太吏，名守信，泰州海陵人。居冲真坊乐真桥之侧。嘉祐初，执役天庆观，持帚洒扫十数年，人无识者，止呼为徐二翁。蒋之奇号为神翁。）

宣和中，燕诸王于禁中。高宗以困于酒，倦甚，小憩幄次。徽宗忽询康王何在，左右告以故。徽宗幸其所视之，甫入即返，惊愕默然。内侍请于上，上云："适揭帘之次，但见金龙丈余，蜿蜒榻上。不欲呼之，所以亟出。"叹息久之，云："此天命也。”由是异待焉。

显仁太后在沙漠，尚未知高宗即位，尝用象戏局子裹以黄罗，书康王字帖于将上，焚香祷曰：“今三十二子俱掷于局。若康王字入九宫者，必得天位。”一掷，其将子果入九宫，他子皆不近。后以手加额，喜甚，即具奏。徽庙大喜，复谓后曰：“瑞卜昭应异常，可无虑矣。”

阴阳家流，穷五行术数，不得为亡。至一切听之，反弃人事，斯失矣。是以古人行道而委命，不敢用亿中以为信也。蔡元长生庆历之丁亥，其月当壬寅，日当壬辰，时为辛亥。在昔幼时，言命者或不多取之。及逢时遇主，位极人臣，而后操术者争谈格局之高，推富贵之由，徒足发贤者之一笑耳。大观改元，岁复丁亥，东都顺城门内有郑氏者，货粉丁市。家颇赡给，俗号郑粉家。偶以正月五日亥时生一子，岁月日时，适与鲁公合。其家大喜，极意抚爱，谓且必贵。时人亦为之倾耸。长则恣其所欲为，斗鸡走犬，一切不禁也。始年十有八春末，携妓从浮浪人跃犬马游金明。自苑中归，上下悉大醉。马忽跃入波水中，浸而死。五行之不足信如此。蔡元度娶王荆公之女，封福国夫人，止一子。谈天者多言其寿命不永，元度夫妇忧之。一日，尽呼术者之有名如林开之徒集于家，相与决其疑，云：“当止三十五岁。”元度顾其室云：“吾夫妇老矣，可以放心。岂复见此逆境耶?”其子后竟至乾道中，寿八十而终。然其初以恩幸为徽猷阁学士，靖康初，蔡氏既败，例遭削夺，恰年三十五，盖其禄尽之岁。由是而知五行又不可谓尽无也。

熙宁元丰间，有僧化成以命术闻于京师。蔡元长兄弟始赴省试，同往访焉。时问命者盈门，弥日方得前，既语以年月，率尔语元长曰：“此武官大使臣命也。他时衣食不阙而已，余不可望也。”语元度曰：“此命甚佳，今岁便当登第。十余年间可为侍从，又十年为执政，然决不为真相。晚年当以使相终。”既退，元长大病其言。元度曰：“观其推步卤莽如此，何足信哉！”更俟旬日，再往访之，僧已不复记忆。再以年月语之，率尔而言，悉如前说。兄弟相顾大惊，然是年遂同登科，自是相继贵显。于元长则大谬如此，而元度终身无一语之差。以此知世所谓命术者，类不可信。其有合者，皆偶中也。

蔡侍郎准，少年时出入，常有二人见于马，或肩舆之前，若先驱，或前或却。问之从者，皆无所见。准甚惧，谓有冤魂，百方禳祛，皆不能遣。既久，亦不以为事。庆历四年生京，而一人不见。又二年生卞，乃遂俱灭。元符末，都城童谣，有“家中两个萝卜精”之语，而其末章云：“撞着潭州海藏神。”至崇宁中，卖馂馅者又有一包菜之语。其事皆验，而京于靖康初，贬死于长沙。岂潭州海藏亦应于此耶？

元绛，字厚之。初知荆南，尝梦至仙府，与三人连书名。旁有告之曰：“君三人盖兄弟也。”觉而思之，不知所谓。既入翰林为学士。韩持国维，杨元素绘在院。一日书奏列名，三人偏旁皆从丝，始悟梦中兄弟之意。既而持国、元素皆补外，公得尹京兆。后三年，复同元素还职，而邓文约绾，相继为直院，则三人之名又皆从丝，盖始终皆同。以此知升沉进退，决非偶然者。一作元厚之少时，曾梦人告之，异日当为翰林学士，须兄弟数人同在禁林。厚之自思素无兄弟，疑此梦为不然。熙宁中，厚之除学士，同时相先后入学士院，一韩持国维，一陈和叔绎，一邓文约绾，一杨元素绘，并厚之名绛，五人名皆从丝。始悟兄弟之说。

陈秀公丞相，与元参政厚之，同日得疾。陈忽寄声同元安否，曰：“参政之疾，当即痊矣。某虽小愈，亦非久世者。”续请其说，秀公曰：“某病中梦至一所，金碧焕目，室间罗列瓮器甚多。上皆以青帛羃之，具题曰：‘元参政香饭也。’某问其故，有守者谓某曰：‘元公自少至老，每食度不能尽，则必减别器，未尝残一食。此瓮所贮，皆其余也。世人每食不尽，则狼籍委弃，皆为掠剩所罚，至于减算夺禄，无有免者。’今元公由此，当更延十年福算也。”后数月而秀公薨。元果安享耆寿。（陈升之，字旸叔，建阳人。封秀国公，谥成肃。深佼多数，善傅会以取富贵。）

张无尽丞相为河东大漕日，于上党访得李长者古坟，为加修治，且发土以验之。掘地数尺，得一大盘石。石面平莹，无他铭款，独镌“天觉”二字。故人传无尽为长者后身。（张商英，字天觉，别号无尽，蜀州人。谥文忠。授法兜率从悦。长者，名通玄，唐开元时人，屏迹山居，心穷玄奥。著论释《华严》，二十余年始成。趺坐而化。）

蔡忠怀确持正，少年尝梦为执政，仍有人告之曰：“俟汝父作状元时，汝为执政也。”持政觉而笑曰：“鬼物乃相戏乎？吾父老矣，方致仕闲居，乃云作状元何也？”后持正果作执政。一日侍殿上，听唱进士第，状元乃黄裳也。持正不觉失惊，且叹梦之可信也。持正父名黄裳，乃泉州人。晚年为陈州幕官，遂不复归。持正年二十许时，家苦贫，衣服垢敝。一日与郡士人张湜师是同行，张亦贫儒也。俄有道人至，注视持正久之，因谩问曰："先辈状貌极似李德裕。"持正以为戏己，因戏问曰："为相乎？"曰："然。""南迁乎？"曰："然。"复相师是曰："当为卿监。家五十口时。"指持正云："公当死矣。"道人既去。二人大笑以为狂。后持正谪新州，凡五年。一日得师是书云："以为司农无补，然阖门五十口，居京师食贫。近蒙恩守汝州。"持正读至此，忽忆道人之言，遂不复读。数日得疾而卒。

蔡丞相持正为府界提举日，有人梦至一官府，堂宇高邃，上有具冕服而坐者四人。旁有指谓之曰："此宋朝宰相次第所坐也。"及仰视之，末乃持正也。既寤，了不解。至公有新州之命，始悟过岭宰相，卢寇下至公为四也。

王将明黼，父行可，初知临泉时，将明为编修官。行可问异人王老志："他日官所至？"书"太平宰相"四字遗之。即以墨涂抹其字。故韩子苍献将明生日诗一绝句云："百里青云发轫时，骅骝绝足看奔驰。太平宰相何人识，唯有巫咸得预知。"盖谓此也。

建炎航海之役，张俊既战而弃鄞。兀术入之，即日集贾舟募濒海之渔者为乡导。遂将犯跸，而风涛稽天盘薄不得进。兀术怒，躬命巨艘张帆径前，风益猛，桅舞舷侧，窘惧欲却，而未脱诸口也。遥望大洋中隐隐一山，顾问海师此何所？对曰："阳山。"兀术慨然叹曰："昔唐斥境，极于阴山，吾得至此足矣。"遂下令返棹。其日御舟将如馆头，亦遏于风，不尔几殆。盖天褫其魄，而开中兴云。龙舒在淮最殷富，金自乱华，浙江无所不至，独不入其境。说者谓其语忌，盖舒之比音输也。

昭州山水佳绝，郡圃有亭名“天绘”。建炎中，吕巫为守，以“天绘”近金国号，思有以易之。时徐思川避地于昭，吕乞名于徐，久而未获。复乞于范滋，乃以“清晖”易之。一日徐策杖过庭，仰视新榜，忽检得亭记于积壤中，亟涤石观之，乃丘浚寺丞所作也。其记云：“余择胜得此亭，名曰‘天绘’。取其景物自然，非人力所能摹写耳。后某年某日，当有俗子易名‘清晖’者，可为一笑。”还考范更题之日，竟无毫发差也。丘浚，徽州黟县人。历官殿中丞。因读《易》悟损益二卦，能通数，知未来兴废。尝谓家人曰：“吾寿终九九。”后果八十一卒。

程师孟知二州，于府中作静堂，自爱之，无日不到。为诗题于石曰：“每日更忙须一到，夜深还是点灯来。”李元规见而笑曰：“此无乃是登溷诗乎？”

秦会之初得疾，遣前宣州通判李季，设醮于天台相柏观。季以善奏章自名。行至天姥岭下，憩小店中，邂逅一士人，颇有俊气。问李曰：“公为太师奏章乎？”曰：“然。”士人摇首曰：“徒劳耳。数年间，张德远当自枢府再相。刘信叔当总大兵捍边。若太师不死，安有是事耶？”季不敢复与语，即上车去。醮之明日而秦公卒。（张忠献浚，字德远。刘武穆锜，字信叔。）

宣和末，有题字数行于宝箓宫瑶仙殿左扉云：“家中木蛀尽，南方火不明。吉人归塞漠，亘木又摧倾。”始不可辨。后靖康之变，方知家中木，宋也。南方火，乃火德。吉人、亘木，乃二帝御名。宣和元年秋，道德院奏金芝生，车驾幸观，因幸蔡京家。鸣銮堂置酒。时京有诗，徽宗即席赐和曰："道德方今喜迭兴，万邦从化本天成。定知金帝来为主，不待春风便发生。"其后女真起海上，灭辽国，抵中原，以金为号。以宣和七年冬厄京师，以十二月二十五日城破。太史预借立春，出土牛以迎新岁，竟无助于事。则徽宗赐和之句，甚切其谶。又徽宗崇宁间，曾梦青童从天而下，出一玉牌，上有字曰："丙午昌期，真人当出。"上觉，默疏于简札。谓丙午年是昌盛之时，真人当降。乃预制诏书，具陈梦意，令天下寻访异人。至乙巳冬内禅，钦宗即位，意当丙午之期矣，而次年乃有北狩之祸。乃悟曰："丙午是猖獗之期，而女真之人出也。"（道君改元宣和，人或离合其字曰："一旦宋亡。"此与梁萧岿离合后周宣政为宇文亡日同。）

楚州有卖鱼人姓孙，颇知人灾福。时呼孙卖鱼。宣和间，上皇闻之，召至京师，馆于宝箓宫道院。一日怀蒸饼一枚，坐一小殿。时日高，拜跪既久，上觉微馁。孙见之，即出怀中蒸饼云："可以点心。"上虽讶其异，然未肯接。孙云："后来此亦难得食也。"时莫悟其言。明年，遂有沙漠之行。

建炎中，钱公载镇长安。有道人从河东来谒，钱与之言谈，问其来故。曰："吾本寓某县，比有风气绝不佳，一邑人当有灾殃甚剧，故舍去耳。"是时边警方炽，但意其为是而转徙也。后月余，得邻郡报，彼县白日地陷，居人尽没。钱嗟异其前知，欲呼语之。会日暮，至平旦乃招之。店人言：道人房正在店墙下，昨夜过半，墙忽颓，遂遭压死。钱大惊叹，谓此人能知于前而不能审于后。岂冥数已定，非智虑算度所可脱耶！

崔公谊者，邓州学生，累举不第。因舅代贾魏公荫，补莫州任邱簿。熙宁初，河北地震未已，而公谊秩满，挈家已南行数程。一夕宿孤村马铺中，风电阴黑，夜半有急叩门呼问崔主簿在否，言莫州有书。崔披衣遽起，未开门，先问何人书，曰无书，只教传语崔主簿："君合系地动压杀人数，辄敢擅逃过河，已收魂岱岳，到家速来。"迨开门，寂无所睹。崔自度必死，乃兼程送其妻孥至寿阳。次日遂卒。时崔妻父陈宗儒知寿州。

斡离不破汴京，杀太宗子孙几尽。宋臣有诣其营者，观其貌绝类艺祖。伯颜下临安，有识之者。后于帝王庙见周世宗像，分毫不爽。世又传王介甫为秦王廷美后身，高宗乃钱王后身。

高宗尝宴大臣，见张循王俊持一扇，有玉孩儿扇坠。上识是十年前往四明误坠于水，屡寻不获。乃询于循王，对曰："臣于清河坊铺家买得。"召问铺家，云："得于提篮人。"复遣根问，回奏云："于候潮门外陈宅厨娘处买得。"又遣问厨娘，云："破黄花鱼腹中得之。"奏闻，上大悦，以为失物复还之兆。铺家及提篮人补校尉，厨娘封孺人，循王赏赐甚厚。

真文忠公德秀，建宁浦城人。起自白屋。先是有道人于山间结庵，炼丹将成，忽一日入定，语童子曰："我去后或十日五日即还，慎勿轻动我屋子。"数日勿有叩门者，童子语以师出未还。其人曰："我知汝师死久矣。今已为冥司所录，不可归。留之无益，徒臭腐耳。"童子呆甚，不悟其为魔，遂举而焚之。道者旋出定归，已无及。绕庵呼号曰："我在何处?"如此月余不绝。乡落为之不安。适有老僧闻其言，厉声答之曰："你说寻我，你却是谁?"于是遂绝。时真母方娠，忽见一道者入室，遂产西山，幼颖悟绝人。家贫无从得书，往往假之他人，及剽学里儒，为举子业。未几登第，终为世儒宗。

史丞相浩与觉长老善。一日邀觉至第，问之曰：“和尚与我孰好?”觉见其堂中罗绮烂盈，粉黛环列，谩曰：“丞相富贵好，老僧何敢比也。”既自省曰：“此念一差，积岁蒲团功夫尽废。终当堕落泥滓。”一日浩坐厅上，忽见觉突入堂中，使人往寺廉之，则报觉死矣。茶顷，后院弄璋。浩默然，知为觉也，遂以觉为小字。及长，名之曰弥远。后相两朝二十六年，权震海内。当时皆谓弥远是佛位中人。有人作诗规之曰：“前身元是觉阇黎，业障纷华总不迷。到此更须睁只眼，好将慧力运金锟。”弥远比周杨后，出入宫禁，外议甚哗。有人作《咏云词》讥之曰：“往来与月为俦，舒卷和天也蔽。”

王盖县丞，福州长溪人。嘉定初宦游京湖。时方经金寇，杀人至多，积骸如山。有未绝者，夜见炳烛呵殿而来，以为寇也，惧甚，屏息窥之。旋闻按籍呼名，死者辄起应，已复仆。次至王，亦起应之，则又闻其有言曰：“此人未当死。”乃举籍唱曰：“二十年后，当于辰州伏法。”既得免，投僧舍为行者。适郡倅眉山家坤翁来游寺中，喜其淳谨而文，曰：“肯从我乎?”欣然而就。家人亦爱之。家有女，适史植斋季温之子，使从之以往，遂居史。已而史得辰州，欲以自随，王猛忆前事，具白辞行。史曰：“吾为郡守，岂不能庇汝。”乃勉从之。至郡逾年，史幼女戏后圃，为蛇所绕。王因击蛇，并女毙焉。史怒，竟致之法。距闻神言恰二十年。

宋祖建隆庚申受禅。后闻陈希彝“只怕五更头”之言，命宫中转六更，方严鼓鸣钟。殊不省庚与更同音也。至理宗景定元年，历五庚申，越十七年宋亡，而五更头之数信矣。暨元延祐七年庚申，而至正帝生。帝乃宋少帝合尊子，明兵入燕都遁去。当时人呼庚申帝，后方号顺帝云。由是观之，则宋祖命转六更，数亦不爽。

宋祖以乙亥命曹翰取江州。后三百年乙亥，吕师夔以江州降元。以丙子受江南李煜降。后三百年丙子，少帝为元所掳。以己卯灭汉，混一天下。后三百年己卯，宋亡于崖山。宋祖生于丁亥，而建国于庚申。元太祖之降生，与建国之年亦同。宋兴于后周显德七年，时恭帝八岁。亡于德祐元年，少帝四岁。讳显。显德二字，不期而合。又同庙号，亦曰恭帝。周有太后在上，禅位于太祖。宋亦有太后在上，归命于大元。北客有咏前朝诗云："当日陈桥驿里时，欺他寡妇与孤儿。谁知三百余年后，寡妇孤儿亦被欺。"又咏汴京青城云："万里风霜空绿树，百年兴废又青城。"盖金之亡，亦聚其诸王于青城而杀之。

咸淳十年，度宗大渐，大内建醮保安。太乙宫唐道录，素以精虔著名行。持章伏坛，出神层霄，被罡风吹击，遂排神驭气，得至魔王界内。又为天花坠压，乃竭力作法，直造天门。天神又行麾此，乃默叩祖师云："自传法以来，有辞即达，未尝过差，未审何罪若此。"有天丁传祖师张真君法旨，引至三省，敷陈所奏，始得腾送奏院看详。呈复祖师云："昨奉上帝敕命，不许受宋国表章，但其辞意虔切，难以抑遏。"乃命有司引押唐某诣玉阶，适逢下界公事。稠众中见真君引致一神人，衣妆皆如天帝，但簪下辫发耳。有十数人各荷青册一担，在庭下伺候。忽传帝旨云："宋国人民疆土，付汝执掌。"神人祗拜而退。其荷册者皆随去。旁有天丁谓某言："宋国历数尽矣。汝章不达由此也。"唐还不敢泄露。至元革命，方与人言之。前此相传徽宗亲临宝箓醮宫。一日启醮，道士醮醮坛拜章，伏地久之方起。上诘其故，答曰："适至上帝所，值奎宿奏事，良久方毕，始能上其章。"上叹讶问曰："奎宿何神？所奏何事？"对曰："所奏不可知。此宿乃本朝苏轼。"上大惊。先是崇观间，以党籍禁苏公文辞，并墨迹而毁之。政和中，不惟弛其禁，且欲玩其文词墨迹。一时士大夫从风而靡，为是故也。

至元十一年甲戌，宋之咸淳十年也。秋七月，元世祖命中书右丞相伯颜总制大军取宋。谕之曰："朕闻曹彬不嗜杀人，一举而定江南。汝其体朕心，法彬事，毋使吾赤子横罹锋刃。"伯颜叩首，奉命惟谨。明年乙亥春，诸郡望风降败。伯颜遣员外郎石大麟诣阙奏问。世皇喜，顾谓侍臣曰："朕兵已到江南。宋之君臣，必知畏恐。兹若遣使议和，邀索岁币，想无不从者。"遂敕伯颜按兵，乃命礼部尚书廉希贤、侍郎严忠范、计议官宋德秀、秘书丞柴紫芝等，赍奉国书使宋。次建康，希贤等借兵卫送。伯颜曰："方今两军相阨，互有设险，宜令行人先往道意。若便拥兵前进，吾恐别生罅隙，则和议之事必难成矣。"希贤等坚请，乃简阅锐卒五百畀之。至独松关，戍关者宋浙西安抚使参议官张濡也。以为北兵叩关，率众掩击，杀忠范。希贤被执，病创死。世皇闻之大怒，趣进攻。嗟夫，宋之亡，始以拘留使者，肇敌兵之兴。终以误杀使者，激世皇之怒耳。借使独松之使不死，宋之存亡未可知。其亦有数也欤？宋未下时，江南谣曰："江南若破，百雁来过。"当时莫喻其义。及宋亡，盖知指丞相伯颜也。

贾平章鲁港之师，尝与北军议定岁币讲解，约于来日各退师一舍以示信。既而西风大作，北军之退西者，旗帜皆东指。孙虎臣意以为北军顺风进师，遂仓忙告急于贾。贾以为北军失信而相绐，遂鸣锣退师。及知其误，则军溃已不可止矣。是以南军既退之后，越一宿而北军始进，盖以此也。呜呼天乎！

少帝入元，封瀛国公。及长，世祖以公主配之。一日与内宴，酒酣，立傍殿楹间，以手搔柱。世祖恍惚见龙爪拏攫状。时有献谋钼剪者，世祖疑而未许。公密知之，乃乞为僧，往吐蕃学佛法。因挈公主遁居沙漠，易名合尊。长子亦为僧，名完普。顷之，复诞一子。时明宗为周王，亦潜光沙漠，相与周旋。遂乞公少子，与其妻迈来的为子。长名妥欢帖睦尔，即顺帝也。闽人俞应则有诗记其事云："赵宋第十六飞龙，元朝降封瀛国公。元君召公尚公主，时承锡宴明光宫。酒酣伸手扒金柱，化为龙爪惊天容。元君舍笑语群臣，凤雏宁与凡禽同。侍臣献谋将见除，公主泣泪沾酥胸。幸脱虎口走方外，易名合尊沙漠中。是时明宗在沙漠，缔交合尊情颇浓。合尊之妻夜生子，明宗隔帐闻笙镛。乞归行宫养为嗣，皇考崩时年甫童。元君降诏移南海，五年乃归居九重。忆昔宋祖受周禅，仁义绰有三代风。至今儿孙主沙漠，吁嗟赵氏何其隆。"

少帝在燕京，凄凉无赖。时汪水云以黄冠放还，少帝作诗送之云："寄语林和靖，梅花几度开。黄金台下客，应是不归来。"

元文宗潜邸金陵日，岁当戊辰。适太平兴国寺铸大钟，为金数万斤，方在冶，上至其所，取镶嵌碧珠指环，默祝曰："若天命在躬，此当不坏。"即投液中。钟成，其款有曰："皇帝万岁珠。"宛然在其上，若故识之。而坚固完好，光采明发，不少灼毁。万目惊睹，欢叹如一。及登大宝，方与近侍言向时祝天之谶。

吏治

锦裁百里，鼎燮三台。无遗菅蒯，可卜盐梅。爰增夹袋，悉录翘材。招隐者兰由幽馥，罗材者薪积后来。集吏治。

李文靖为相，其同年马亮责之曰："外议以兄为无口瓠。"公笑曰："吾居政府，别无所长，但中外建议，务更张喜激昂者，一切告罢，聊以此报国耳。今国家防制纤悉，密若疑脂，苟徇所陈，一一行之，则所伤实多。"（李沆，字太初，洺州肥乡人。谥文靖。）

钱若水为同州推官。时有富民女奴逃亡，父母讼于州。州录事尝贷于富民不获，乃劾富民父子共杀女奴，罪皆应死。富民不胜榜楚，自诬服。具狱上州，皆覆实无反异。若水独疑之，留其狱数日。录事诣若水诟之曰："若受富民钱欲出其死。"若水笑谢曰："今数人当死，岂可不少留，熟观其狱辞耶？"留之且旬日。若水语知州屏人言曰："若水所以留其狱者，密使人访求女奴，今得之矣。"因密送于知州所。知州垂帘，引女奴父母，从帘中推女奴示之，父母持之而泣。乃引富民父子破械纵之。其人号泣不肯去，曰："微使君，则某族灭矣。"知州言此推官之赐。其人趋诣若水厅事，若水闭门拒之曰："知州自求得之，我何与焉？"其人不得入，绕墙而哭。倾家资饭僧，为若水祈福。知州欲论奏其功，若水固辞曰："若水止求人不冤死耳，论功非本心也。且朝廷若以此为若水功，当置录事于何地。"

知州叹服。章圣初，王平，字保衡，为许州司理参军。里中女乘驴单行，盗杀诸田间，褫其衣而去。驴逸，田旁家收系之。吏捕得驴，坐以杀人。保衡疑之，以状白府。州将老吏，素强，了不之听，趣令具狱。保衡持益坚，守怒曰:“掾懦耶?”保衡曰:“坐懦而奏，不过一免耳。与其阿旨以杀无辜，又陷公于不义，校其轻重，孰为愈耶!”州将因不能夺。后数日，河南移逃卒至许劾之，乃实杀女子者。田旁家得活。后因众见，州将谢曰:“微司理，向几误杀平人。”保衡后为侍御史。生三子俱著名。(若水，字淡成，河南人。官至同知枢密院事。)

寇莱公知归州巴东县。每期会赋役，不出符移，唯具乡里姓名揭县门，民莫敢后者。尝赋诗，有“野水无人渡，孤舟尽日横”之句。时以为若得用，必济大川。手植双柏于县庭，民以比甘棠，谓之莱公柏。

五代以来，军卒陵将帅，胥吏陵长官，余风至宋犹未除。张乖崖为蜀崇阳令。一吏自库中出，鬓旁中下有一钱，诘之，库钱也。命杖之。吏勃然曰:“一钱何足道而杖。即能杖我，宁能斩我耶?”乖崖援笔立判云:“一日一钱，千日一千。绳锯木断，水滴石穿。”自仗剑下阶斩之，申台府自劾。崇阳人至今传之。其知益州时，有小吏忤乖崖，乖崖械其颈，吏恚曰:“枷即易，脱即难。”乖崖曰:“脱亦何难?”即就枷斩之。吏俱悚惧。吕公弼治成都，政令尚宽。人嫌其少威断。适有营卒犯法，当杖，扞不受，曰:“宁以剑死。”公弼曰:“杖者国法，剑者自请。”既杖而后斩之。军府肃然。(张咏，字复之，鄄城人。谥忠定，别号乖崖。)

张忠定公视事退后，有一小厅子熟睡。公诘之："汝家有甚事？"对："母久病，兄为客未归。"访之果然。公翌日差场务一名给之，且曰："吾厅上有敢睡者耶，此必幽闷使之然耳。故悯之。"

洪玉甫云："祖宗时，非特士大夫能立节义，亦自上有以成之耳。"张乖崖再任成都日，夜分时，城北门有中贵人到，请钥开门。既入见，公谓曰："朝廷还知张咏在西否？况川中两经兵寇，差咏来治乱。今中贵夜分入城，使民惊扰，不知有何急切干当？"中贵曰："衔命往峨眉烧香。"公曰："待要先斩后奏，先奏后斩耶？"中贵悚惕曰："念某乍离班行，不知州府事体。"公曰："若如此道即是。"却令出西北门宿。来早入衙下榜子云："奉敕往蛾眉山烧香，入内内侍省王某参。"公判榜子云："既衔王命，不敢奉留。请于小南门出去。"其严正如此。

欧阳公好推挽后学。王向少时为三班奉职，勾当滁州一镇。公守滁日，有书生为学子不行束修，自往诣之，学子闭门不接。书生讼于向，向判其牒曰："礼闻来学，不闻往教。先生既已自屈，弟子宁不少高。盍二物以收威，岂两辞而造狱。"书生不喜向判，径持牒以见欧公。公一阅，大称其才，遂为延誉，卒成闻人。

欧阳公知开封日，承包孝肃拯政猛之后，一切循理不事风采。或以包之政励公者，公答曰："凡人材性不一，各有长短。用其所长，事无不举。强其所短，政必不逮。吾亦任吾所长尔。"闻者服其言。

宋均常言："吏能弘厚，虽贪污放纵，犹无所害。唯苛察之人，身虽廉，而巧黠刻剃，毒加百姓。”识者以为确论。

范文正公用士，多取气节，而阔略细故。如孙威敏、滕达道，皆所素重。其为帅日，辟置幕客，多取见居谪籍未牵复人。或疑之，公曰：“人有才能而无过，朝廷自应用之。若其实有可用之材，不幸陷于吏议深文。不因事起之，则遂为废人矣。故公所举多得士。公尝称诸葛武侯能用度外人。用人者莫不欲尽天下之才，常患近已之好恶，而不自知也。能用度外人，然后能周大事。（孙沔，字元规，官至观文殿大学士。谥威敏。）

皇祐中，吴中大饥。时范文正公领浙西，发粟及募民输饷，为法甚备。吴人喜竞渡，好为佛事。文正纵民竞渡。太守日出宴于湖上，居民空巷出游。大兴工役，诸寺鼎兴。又新廒仓吏舍，日役千夫。监司奏劾杭州不恤荒政，嬉游不节，公私兴造，伤耗民力。文正乃自条叙，所以宴游兴造，皆欲发有余之财以惠贫者。服力之人，仰食公私，无虑数万。荒政之施，莫此为大。是岁两浙唯杭州晏然，民不流徙。

莆阳一寺建大塔，工费巨万。或告陈正仲曰：“当此荒岁，兴无益土木，公盍白郡禁之？”正仲笑曰：“寺僧能自为塔乎？莫非佣此邦人也。敛于富家，散于窭辈，是小民借此得食，而赢得一塔也。当此荒岁，惟恐僧之不为塔耳。”

范文正公尝立一军为龙猛军，皆是招收前后作过黥配的人。后来甚得其用。时人目范公为龙猛指挥使。如滕子京、孙元规之徒，素无节行，范公皆罗致之幕下。后犯法，又极力救解之。如刘沪、张元亦然。云：“做事时须要此等人用。”

赵清献公阅道抃，治民所在有声，在成都杭越尤著。熙宁中，以大资政知越州。两浙旱蝗，米价踊贵，饿死者十六七。诸州皆榜衢路，立告赏，禁人增米价。阅道独榜衢路，令有米者任增价粜之，于是诸州米商辐辏诣越。米价更贱，民无饥死者。

明道末，天下旱蝗。知通州吴遵路，乘民未饥，募富室得钱几万贯，分遣衙校，航海籴米于苏秀，使物价不增。又使民采薪刍，官为收买，以其直籴官米。至冬大雪，即以原价易薪刍与民。官不伤财，民且蒙利。又建茅屋百间以处流移，出俸钱置荐蓆盐蔬，日与饭参俵。有疾者给药以治之。其愿归者，具舟续食，还之本土。是岁诸郡率多转死，惟通民安堵，不知其凶岁也。故其民爱之若父母。明年范文正公安抚淮浙，上公治状，颁下诸郡。

有范延贵者，为殿直，押兵过金陵。张忠定公时为守，因问曰："天使沿路来，曾见好官员否？"延贵曰："昨过袁州萍乡县，邑宰张希颜著作，虽不识之，知其好官员也。"忠定曰："何以见之？"延贵曰："自入萍乡县境，驿传桥道皆完葺。田莱垦辟，野无惰农。及至邑，则廛肆无赌博，市易不敢喧争。夜宿邸中，闻更鼓分明。是以知其必善政也。"忠定大笑曰："希颜固善矣。天使亦好官员也。"即日同荐于朝。希颜后为发运使。延贵亦合门祗候，皆以能称。

富郑公为枢密副使，坐石守道诗。自河北宣谕使还，道除知郓州，徙青州。谗者不已，人皆为公危惧。会河北大饥，流民转徙东下者六七十万人。公皆招纳之，劝民出粟，自为区画，散处境内。屋庐饮食医药，纤悉无不备。从者如归市。有劝公非所以处疑弭谤，祸且不测。公傲然弗顾曰："吾岂以一身易此六七十万人之命哉！"卒行之愈力。明年，河北二麦大熟，始皆襁负而归，则公所全活也。于是虽谗公者亦莫不畏服，知不可挠，而疑亦因是浸释。尝见其与一所厚书云："在青州二年，偶能全活得数万人，胜二十四考中书令远矣。"（富弼，字彦国，封郑国公，谥文忠。）

南剑尤溪林积，仁宗时为吉州安福令。时有张宗嗣者，挟妖术作符箓，自称汉师君三十三代孙。率其徒自龙虎山至，谓能却祸徼福，百姓翕然以从。积视其印文，曰："嘻！此乃汉贼也。昔张陵黄巾之裔，传至其孙鲁，以鬼道教民，自号师君，窃据汉川垂三十年。后败于曹操，而奔阳平关。此印所以称阳平治都功之文。今有道之世，讵容妖贼苗裔公肆诬罔，以害吾治耶！"于是执送于狱，治其罪，且闻于朝。毁其印，而江左妖术遂息。

仁宗时，光禄卿吕琦，少为漳州漳浦令，为政得人心。既去，邑人为立祠。方在邑时，民有死于虎者。公哀之，于其死处设一阱，立榜其旁曰："害民者速陷此中。"明日，阱有虎陷焉。时又有邑媪之子戏于陈将军庙，盗其所供之果，出门而扑于阶下以死。媪哭之甚哀，听者恻然。公因以文讼于庙，引盗宗庙酒食律，罪当黥，而将军人臣，宜处以等杀。则盗食供果，益不当死，且蠢愚者法所赦，宜不废公直也。文既焚，而媪子复苏。

曾鲁公以侍读守郑州。时文潞公自长安召，入郑。方在晏席，俄报潞公失去银杯。曾曰："郡人敢尔，必三日可获。若公之从者自为，则今日必擒。"公未以为然。逡巡果捕至，乃从者也。潞公因惊谓曰："君知即获，何也？"曾曰："所至有捕盗者，从人单露，必须易败。"潞公以为神明，遂引复翰林，尹开封，至大用，相三朝。位侍中令守太傅使相致仕。（曾公亮，字明仲，晋江人。封鲁国公，谥宣靖。）

范忠宣纯仁尹洛。谢克家自河阳来，至白司马坡，歇店中秣马，见老翁负暄墙下。有人告曰："黄犊为人所窃矣。"翁坐负暄如故，略不向问。须臾，再以失犊告，翁容色自若。徐曰："尔无求，必邻家戏藏尔。"谢以为有道者，异而就问曰："翁家失犊，再告而不顾何也？"翁笑曰："范公居此，孰肯为盗？必无此理。"已而犊果还。忠宣当时信及百姓如此。（范纯仁，字尧夫，吴人。文正公仲子。官右仆射，谥忠宣。）

蒋侍郎堂为江淮转运使日，属县例致贺冬至书，皆投书即还。有一县使人独不肯去，须责回书。呵逐亦不去，曰："宁得罪，不得书不敢回邑。"时苏子美在坐，颇骇曰："皂隶如此野狠，其令可知。"蒋曰："不然。此必健者能使人不敢慢其令如此。"乃为一简答之，方去。子美归吴中月余，得蒋书曰："县令果健者。"遂延誉。后卒为名臣，或云是天章阁侍制杜杞。（蒋堂，字希鲁，常州宜兴人。官至尚书礼部侍郎。）

国子博士李余庆知常州，性精强，果于去恶。凶人黠吏，畏之如神。末年得疾甚困，有州医博士多过恶，尝惧为余庆所发，因其困，进利药以毒之。服之洞泄不已，势已危，余庆察其奸，使人扶舁坐厅事，召医博士杖杀之，然后归卧，未及席而死。葬于横山。人至今畏之，过墓者皆下。有病疟者，取墓土着床席间，辄差。

谢谏议泌居官，不妄荐士。或荐一人，则焚香捧表，望阙再拜而遣。故所荐虽少，而无不显者。知襄州日，张密学逸为邓城县令，有善政。邓城去州渡汉水才十余里，泌暇日多乘小车，从数吏，渡汉水入邓城界，以观风谣。或载酒邀张野酌，吟啸终日而去。其高逸乐善如此。张亦其所荐也。

李孝寿知开封府。有举子为仆所陵，愤甚，具牒欲送府，为同舍劝解，久乃释。自取其状，戏学孝寿押字判，不用勘案，决臀杖二十。仆翌日持诣府，告其主仿尹书判，私决人，孝寿即令追之。既至，其陈所以，孝寿幡然谓仆曰："如此秀才所判，正与我同。真不用勘案。"命吏就读其状，如数决之。是岁，举子会省试于都下数千人，凡仆闻之，皆畏戢无敢肆者。当时莫不称其敏。宋元献公庠，罢相守洛。有一举子行囊中有失税之物，为仆夫所告。公曰："举人应举，孰无所携，未可深罪。若奴告主，此风胡可长也?"但送税院倍其税，仍治其奴罪而遣之。

罗点春伯为浙西仓，摄平江府。有故主讼其逐仆欠钱者，究问虽得实，而仆黠甚，反欲污其主，乃自陈尝与其主馈之姬通，实无有也。于是遂令仆自供奸状甚详，因判云："仆既欠主人之钱，又且污染其婢。事之有无虽未可知，然其自供罪状已明。合从奸罪定断，徒配施行。所有女使，候主人有词日根究。"闻者无不快之。

王希吕仲衡知绍兴。郡举进士，有为二试卷，异其名，皆中选。黠者不厌，哗然诉之。王呼其首问曰:“尔生几何年，凡几试矣?”众谓怜其潦倒，皆以老于场屋对。王曰:“曾中选否?”曰:“正为屡试皆不利也。”王忽作色曰:“尔曹屡试不一得，彼一试而两得，而敢诉耶?”逐而出之。

蔡挺为江东提点刑狱。有处州职官谮本州幕掾奸利事。蔡留职官于坐，呼掾面证之，而初无是事，职官惭惧伏罪。蔡责之曰:“汝小人也。吾虽可欺，奈何谮无过之人乎?”叱去之。自是无复谮毁，而人伏其不可欺也。

“林亭长夏爱重阴，来引茶瓯一散襟。忽去却来蜂个个，自啼还往鸟深深。”“山家一尺潇湘雨，扫尽云腴齿颊清。惊破午窗箕颍梦，转为风外一松声。”丰城孙妙仲两绝句也。妙仲名发。崇宁初，尉于抚之崇仁。才一月，凶民陈平为族人陈遇执以为盗。后二十日，而平之父宗应，老且瞽，遂死。平乃以诬遇之子洵直。以为执己为盗时，其父为洵直以铁挺击伤其首。发与覆验官吴某按之，绝无迹状。谓平雅与遇有衅，必欲诬遇之子以死。平俟其尸胖胀溃烂，不可别白，后所验时二十日。然后醉其弟詸之，使断一手以诉于州。州大惊，不复察其事情，惟以断手为决有冤，于是帖宜黄簿李泾再覆。泾流外人，专以迎合为事，遂指阅二十日胖胀溃烂之尸，为有迹状，以傅会之。既而狱具，发辨之不已。州稍悟，然业不可尽变，乃变其情得不杀，而发与吴犹以轻罪罢官。盖崇仁之民，前此有避刑名，寒逋负，而辄残其肢体者。平之奸谋既逞，而效之者益众。始惟山谷无赖之民为之。至其后市人舒琦、吏人吴昕辈，亦相继而作。凡此非因州县沮抑，或予夺不中。有激而后为，只欲取必于官司，以济其奸耳。发因作截臂行以告在位者，庶革其风云：“吾闻两臂重于天下不可废，知之不必子华子。愚民气焚胸，一愤敢趋死。以死视四肢，截臂如去指。呜呼！巴陵之民何以有此风，疾痛利害人所同。其心一臂捐粪壤，终身废卧闾阎中。前年截臂渠得理，今年截臂吾亦尔。村南截臂杀平人，村北炰烋还准拟。䚯民䚯民用心若此非，吾人有冤自可次第诉。毒人何必戕其身？闻者若惊喧，此弊吾能言。其初姑息吏，不与杜其源。嗟哉恶俗伤仁厚，明明有冤宜勿受。一奸不济百奸消，共致和平裨在宥。”

张觷初为蔡京子第师，后守南剑，设方略拒范汝为，全活一城。其去行在所也，买寇梳杂碎之物，不可胜数。从者莫测其所以。后过南剑，老稚迎拜者相属于道，张一一抚劳之，且以所买物分遗之。至今庙食郡中。

宗汝霖泽，政和初知莱州掖县。时户部下提举司科买牛黄，以供在京惠民和剂局合药用。督责急于星火，百姓竞屠牛以取黄。既不登所科之数，则相与敛钱，以赂上下胥吏丐免。汝霖独以状申提举司，言牛遇岁疫则病瘠而生黄，今太平已久，和气充塞，境内牛皆肥腯，无黄可取。使者不能诘，一县获免。

林德崇尝为剧县有声，其与监司启云：“鸣琴堂上，将贻不治事之讥；投巫水中，必得擅杀人之罪。”刘潜夫宰建阳，亦有一联云：“每嗟民力，至叔世而张弓；欲竭吏才，恐圣门之鸣鼓。”时以为名言。信宰邑之难也。

陈良翰在瑞安，瑞安俗号强梗。吏治尚严，陈独抚之以宽。催科不下文符，民竞乐输，听讼咸得其情。或问陈何术，答曰：“良翰无术，惟公此心如虚堂悬镜耳。”（良翰，字邦彦，绍兴五年进士。）

安晚郑清之居青田，府鹿食民稻，犬噬杀之。府嘱守黥犬主，幕官拟曰：“鹿虽带牌，犬不识字。杀某氏之犬，偿郑府之鹿足矣。”守从之。（郑清之，号安晚。）

浙右有富人舍竹园于邻寺。其子后贫落，取其笋。僧执为盗，闻于官。守判云：“当初舍园，指望福田。既无福田，还他竹园。”

武 备

武无觌，守坚壁。门庭寇，宜急击。上马杀贼下马檄，若非长子师贞吉，几何不以国予敌。集武备。

曹冀王彬，前后帅师征讨，凡降四国王，江南、西川、广南、湖南也。未尝杀一无辜，功名显著，为诸将之冠。诸子贤令，玮、琮、璨继领旄钺。陶弼观王画像，有诗曰：“搜兵四解降王缚，教子三登上将坛。”

《梅硐诗话》曰：“太祖命诸将征江南，曹彬与诸将约，城破之日，不妄杀一人。载在史册可考也。”按曹景建金陵乐官山诗序云：“南唐初下，诸将置酒高会，乐人大恸，杀之，聚瘗此山，因得名。”诗云：“城破辕门宴赏频，伶伦执乐泪沾巾。骈头就戮缘家国，愧死南朝结绶人。”由此观之，当时果不妄杀耶？

建隆中，曹彬、潘美伐江南。城既破，李煜白衫纱帽见二公。先见潘，设拜，潘答之。次见曹，设拜，曹使人迎，语之曰：“介胄在身，拜不及答。”识者善之。二公先登舟，召煜饮茶。船前设独木脚道，煜向之国主威仪甚盛，一旦独登舟，徘徊不能进。曹命左右掖而登焉。既一啜茶，曹命煜归办装，诘旦会于此，同赴京师。未晓，如期而赴焉。潘始甚惑之，曰：“讵可放归！”曹曰：“适来独木板尚不能前，畏死甚也。既许其生赴中国矣，焉能取死。”众皆服其识量。时亦有劝艺祖尽诛降王者，以为入则变生。艺祖笑曰："守千里之国，战十万之师，而为我擒。孤身远客，其能为变乎?"可谓君臣同智矣。

南俗尚鬼。狄武襄青征侬智高时，大兵始出桂林之南，道旁有一大庙，其神甚灵。武襄驻节祷之，且曰："胜负无以为据，乃取百钱自持之，与神约，果大捷，则投此期尽钱面也。"左右谏止，倘不如意，恐阻师。武襄不听，万众方耸视，已挥手倏一掷，则百钱尽红矣。于是举军欢呼，声震林野。武襄亦大喜，顾左右取百钉来，即随钱疏密，布地而钉帖之。加诸青纱笼覆，手自封焉，曰："俟凯旋，当谢神取钱。"其后破昆仑关，败智高，平邕管。及师还，如其言取钱。与幕府士大夫其视之，乃两字钱也。

宝元元年，党项围延安七日，邻于危者数矣。范侍郎雍为帅，忧形于色。有老军校出，自言曰："某边人，遭围城者数次。其势有近于今日者，敌不善攻，卒不能拔。今日万万无虞，某可以保任。若有不测，某甘斩首。"范嘉其言壮，人心亦为之小安。事平，此校大蒙赏拔。言知兵善料敌者首称之。或谓之曰："汝敢肆妄言，万一言不验，须伏法。"校笑曰："君未思也。若城果陷，何暇杀我。聊欲安众心耳。"

狄青之征侬智高也，自过桂林，即以辨色时先锋行。先锋既行，青乃出帐，受衙罢，命诸将坐饮酒一卮，小餐然后中军行。率以为常。及顿军昆仑关下，翌日将度关，辰起，诸将俟立既久，而青尚未出。殆至日高，亲吏疑之，遽入帐周视，则不知青所在。诸将方相顾惊怛，俄有军候至曰："宣徽传语诸官，请过关吃食。"方知青已微服同先锋出关矣。

侬智高守昆仑关。青至宾州，值上元节，令大张灯烛。首夜宴将佐，次夜宴从军，三夜飨军校。首夜乐饮彻晓，次夜二鼓，青忽称疾，暂起如内。久之，使人喻孙元规，令暂主席行酒，少服药乃出。数使劝劳坐客，至晓未得退。忽有持报者云："是夜三鼓，青已夺昆仑。"

宝元中，党项犯寨。时新募万胜军未经战阵，遇寇多北。狄青为将，一日尽取万胜旗付虎翼军，使之出战。寇望其旗易之，全军径趋，为虎翼所破，殆无遗类。又青在泾原，尝以寡当众，度必以奇胜。预戒军中尽舍弓弩，皆执短器。令军中，闻钲一声则止，再声则严阵而阳却，钲声止则大呼而突之。士卒皆如其教，才遇敌未接战，遽声钲，士卒皆止；再声皆却。敌兵大笑相谓曰："孰谓狄天使勇？"钲声止，忽前突之，敌兵大乱，相蹂践死者不可胜计也。又尝与贼战，大胜，追奔数里，贼忽壅遏山路。士卒知其前必遇险，皆欲进击，青遽鸣钲止之，贼得引去。验其处果临深涧，将佐皆悔不击。青独曰："不然。奔亡之寇，忽止而拒我，安知非谋？军已大胜，残寇不足利，得之无所加。万一失利，隳前功矣。"后平岭寇侬智高，亦不乘危深入。青之用兵，主胜而已。临利而能戒，其过人处也。

狄汉臣起行伍，累战功致位枢府。既贵，或请去其面文，笑不答。时特以酒濯面，使其文显。仁庙亦喻灭之。对曰："臣非不能，姑欲留，以为天下黥卒之劝。"上由此弥重之。

狄武襄为枢密使。有狄梁公之后持公画像及告身十余道，诣青献之，以为青之远祖。青谢曰："一时遭际，安敢自附梁公？"厚酬而还之。比之郭崇韬哭汾阳之墓，青所得多矣。

王德用为定州路总管，日训练士卒。久之，士殊可用。会契丹有谍者来觇，或请捕杀之。德用曰："吾正欲其以实还告。百战百胜，不如不战胜也。"明日，故大阅。士皆踊跃思奋。乃阳下令："具糗粮，听吾旗鼓所向。"觇者归告，谓汉兵且大入，遂来议和。

曹南院玮知镇戎军日，年十九。尝出战小捷，贼便引去。玮侦贼去已远，乃缓驱所掠牛羊辎重而还，颇失部伍。贼闻玮逐利行迟，师又不整，返袭之。玮愈缓行，得地利处止以待。贼众将至，使人谓之曰："军远来必甚疲，我不欲乘人之怠。请休憩士马，少选决战。"贼方苦疲甚，皆欣然。严军歇良久，各鼓军而进，大破之。徐谓其下曰："吾知贼已疲，故为贪利以诱之。比其复来，已行百里矣。若乘锐便战，犹有胜负。远行之人若小憩，则足痹不能立，人气亦阑。吾以此取之。"玮在军，能得人死力。平居甚暇，及用师，出入若神。一日张乐饮僚吏，中坐失玮所在。明日，徐出视事，而贼首已掷庭下矣。贾同造玮，欲按边，邀与俱，同问："从兵安在?"曰："已具。"既出就骑，见甲士三千环列。初不闻声。

曹玮帅秦州。当赵德明叛，边庭骇动，玮方与客对弈。吏报有叛卒投德明者，玮弈如常。至于再三，徐顾吏曰："此吾所遣，后勿复言。"德明闻，杀投者。卒遂不复叛。

太尉曹南院玮知渭州日，夏人挠边。有智将�鞨与渭对垒，下十余寨，宿兵十余万。夏人岁遣数百骑精锐觇视两界。曹患鞦鞨智勇，计欲间之。令探骑伺彼巡边兵来，适鞦鞨病逾月不能起。曹乃于界首设一大祭，赠赙器物照曜原野，用祝版云：

“大宋具位曹某，昭告于夏国都护某人。公累以蜡书约提所部归我大宋。待公之来，不期天丧吉人，事无终始。”令百骑守寨下，望其兵近，即举火自烧。故遗祝文，并所用银器千余两，悉皆弃而遁归。夏兵尽掠祝版祭器而去。后旬日，夏人杀�鞨。其下二十余帐反侧不安，率众内附。拓地数百里，获生口数万，牛马橐驼不可胜计。

元昊有腹心将号野利王、天都王者，各统精兵，最为毒害。种世衡谋欲去之。野利尝令浪里赏乞媚娘三人，诣世衡乞降。世衡知其诈，曰：“与其杀之，不若因以为间。”留使监税，出入骑从甚宠。有紫山寺僧法崧，世衡察其坚朴可用，延致门下，诱令冠带。因出师，以获贼功白于帅府，表授三班阶职，充指挥使。又为力办其家事。凡居室骑从之具无不备。崧酗酒狎博，无所不为。世衡待之愈厚，崧既感恩。一日，世衡忽怒谓崧曰：“我待汝如子，而阴与贼连，何相负也？”械系数十日，极其楚毒。崧，终不怨，曰：“崧，丈夫也。公听奸人言，欲见杀，有死耳。”居半年，世衡察其不负，为解缚沐浴，延入卧内，厚抚谢之曰：“汝无过，聊相试耳。欲使为间，其苦有甚于此者，汝能为我卒不言否？”崧泣允之。世衡乃草遗野利书，膏蜡致衲衣间，密缝之。仍嘱之曰：“此非滨死不得泄。若泄时，当言负恩不能成将军之事也。”又以画龟一幅，枣一蔀，遗野利。野利见枣龟，度必有书。索之，崧目左右，又对无有。野利乃封信上元昊，元昊召崧并野利至数百里外，诘问遗书。崧坚执无书，至棰楚极苦，终不说。又数日，私召至其宫，乃令人问之曰：“不速言，死矣。”崧终不说。乃命曳出斩之，崧乃大号而言曰：“空死不了将军事矣！吾负将军，吾负将军。”其人急追问之，崧于是褫衲衣取书进入。移刻命崧就馆，而阴遣爱将假为野利使使世衡。世衡疑是元昊使，未即相见，只令官属日即馆舍劳问。问及兴州左右则详，至野利所部多不悉。适擒生蕃数人，世衡令于隙中密觇之。生蕃因言使者姓名，果元昊使。乃引见使者，厚遣之。世衡度使返，崧即还，而野利报死矣。世衡既杀野利，又欲并去天都。因设祭境上，书祭文于版，述二将相结，有意本朝，悼其垂成而败。其祭文杂纸币中，有贼至，急爇之以归。版字不可遽灭，贼得之，以献元昊。天都亦得罪。元昊既失腹心将，悔恨无及，乃定和议。崧复姓为王嵩，后官至诸司使。至今边人谓之王和尚。

沈存中《补笔谈》亦载此事，云："世衡厚遣崧，以军机密事数条与之，曰：'可以此借手'。"临行解所服絮袍赠之，曰："边地苦寒，以此为别。至彼须万计求见遇乞（即野利王）。非此人无以得其心腹。"崧如所教，间关求通。遇逻者觉而疑之，执于有司数日。或发袍领中，得世衡与遇乞书，词甚款密。崧初不知领中书。元昊苦之备至，终不言情。元昊因疑遇乞，杀之。迁崧于北境，亡归。事稍异。据《笔谈》，则领中书并崧不知，崧胆才壮，似更奇。（《东轩笔录》载所与书云：只候信回得报，当如期举兵入界，惟尽以一箱人马为内应。傥获元昊，当以靖难军节使西平王奉赏，云云。）

宋守约为殿帅，自入夏日，轮军校十数辈捕蝉，不使得闻声。有鸣于前者，皆重笞之。人颇不堪。神宗一日以问，守约曰："然。"上以为过。守约曰："臣岂不知此非理，但军中以号令为先。臣幸遭承平，总兵殿陛，无所信其号令，故寓之捕蝉耳。蝉鸣固难禁，而臣能使必去。若陛下误令守一障，庶几或可使人。"上以为然。

守约开封人。神宗以禁旅骄惰，为简练之法。屯营可并者并之。守约率先推行，约束严峻。或言其持军太急，帝密戒之。对曰："臣为陛下明纪律，不忍使恩出于臣，而怨归于上。"帝喜。

雄州北门外民居极稠，而瓮城甚窄。刺史李允则欲展之，而嫌于南北通好，恐疑生事。门外有东岳祠，允则出白金为大香炉及他供器。导以鼓吹。居人争献金帛，故不设备，为盗所窃。乃大出募赏，所在张榜。捕贼甚急，久之不获。遂声言盗自北至，移文北界。兴版筑以护神祠，不逾旬而就。辽人不以为怪。既浚濠，起月堤。岁修禊事，召界河战棹为竞渡，纵北人游观，而不知其阴习水战也。州北旧多陷马坑。城下起楼为斥堠，望十里。自罢兵后，人莫敢登。允则曰："南北既讲和，安用此为？"命彻楼塞坑，为诸军蔬圃。浚井疏洫，列畦陇、筑短垣，纵横其中。植以荆棘，而其地益阻隘。因治坊巷徙浮屠北原上，州民旦夕登望三十里。下令安抚司所治境有隙地，悉种榆。久之榆满塞下。顾谓僚佐曰："此步兵之地，不利骑战。岂独资屋材耶？"

元丰间，刘舜卿知雄州，蕃谍夜窃其关锁去。吏密以闻，舜卿亦不问，但使易其门键大之。后数日，蕃谍送盗者并以锁至。舜卿曰："吾未尝亡锁。"命加于门，则大数寸。蕃大渐沮，盗者亦得罪。

王子醇帅熙河日，西戎欲入寇。先使人觇虚实，逻者得之。其衣缘中获一书，尽记人马刍粮之数。官属皆欲支解以徇，子醇判杖背二十，刺面"番贼决讫放归"六字纵之。是时适有戍兵，步骑甚众，刍粮亦富。敌人得谍书，知有备，其谋遂寝。

建炎中兴，张、韩、刘、岳为将，人自为法。当时有张家军、韩家军之语。四帅之中，韩、岳兵尤精。常时于军中角其勇健者另为之籍。每旗头押队阙，于所籍中又角其勇力出众者为之。将副有阙，则于诸队旗头押队内取之。别置亲随军，谓之背嵬。悉于四等人内，角其优者补之。一入背嵬，诸军统制而下与之抗礼。犒赏异常。勇健无比。凡有坚敌，遣背嵬军无有不破者。燕北人呼酒瓶为嵬。大将之酒瓶，必令亲信人负之行。道中见人有负罍者，则指曰此背嵬也。故诸帅用以名军。嵬即罍。北人语讹故云。

岳武穆征群盗，过庐陵，托宿廛市。质明，为主人泛扫门宇，洗涤盆盎而去。郡守供帐饯别于郊，师行将绝，谒未得通。问大将军何在？殿者对曰："已杂偏裨去矣。"

韩忠武在镇江，一日抵晚，令帐前提辖王权至金山，仍戒不得用船渡。恳给浮环，偕一卒至西津，遂泅以渡。登岸，寺僧叵测，疑为鬼神。诘得其详，以手加额。因指适所历处皆鼋鼍穴，曰："官既不死，他日必贵。"权后果建节。

蕲王每召军佐饮，巨觥无算，不设果肴。王权一日窃怀一萝卜，蕲王见之，大怒曰："小子如此口馋。"俾趋前，以手按额，痛不可忍，随成痕肿。既乃复与之饮。

绍兴末，陆务观谒陈鲁公康伯，留饭未食，而杨郡王存中来白事，鲁公留陆便坐见之。时存中方不为朝论所与，陆年少，意亦轻之。趋幕后听其言，会语及边事，存中曰："士大夫多谓当列兵守淮北，因图进取中原。万一不能支，即守大江未晚。此说非也。士唯气全乃能坚守。若俟其败北，则士气已丧。非特不可守淮，兼亦不能守江矣。今据大江之险以老彼师，自有可胜之理。若我师克捷，士气已倍。彼奔溃不暇，然后徐进而北，图复中原，其间曲折尚多。兵岂易言哉！”陆不觉太息曰：“老将要是所长。”因退以语朝士，多不解也。（陈康伯，字长卿，弋阳人。封鲁国公，谥文正。配享孝宗庙廷。）

曲端，字平甫，镇戎军人。知书，善属文，作字奇掉。长于兵略，屡战有声。张浚宣抚川陕，以为都统制，知渭州。与吴玠皆有重名。陕西人为之语曰：“有文有武是曲大，有谋有勇是吴大。”娄室寇邠州日，端屡战皆捷。至白店原，撒离喝乘高望师，惧而号泣。金人目之为啼哭郎君。其为敌所畏如此。既而浚欲大举，未测其意，先使张彬往觇之。端曰：“兵法先较彼己。今敌可胜止娄宿孤军，然将士轻锐不减前日。我不过止合五路兵耳，然将士无以大异于前。兼敌之入寇，因粮于我，我常为客，彼常为主。今当反之。按兵据险，时出偏师以扰其耕。彼不得耕，必将取粮于河东。是我为主，彼为客。不一二年间，必自困毙。可一举而灭也。万一轻举，后忧方大。”彬以其言复命，浚不悦。端既与浚异趣。时王庶为宣抚司参谋，与端有隙。吴玠亦憾端，屡交谮之。浚入其说，于是徙端恭州置狱。命其仇武臣康随为提刑鞠治。端既赴逮，知必死，仰天长吁，指其所乘战马铁象云：“天不欲复中原乎？惜哉！”泣数行下。左右皆泣。初至狱，即进械，坐之铁笼，炽火逼之。渴甚求饮，与之酒。九窍流血而死。年四十一。时建炎四年八月也。陕西军士皆流涕怅恨，多叛去者。浚寻得罪，诏追复端职。制曰：“顷失意于权臣，卒下狱而谴死。恩莫追于三宥，人将赎以百身。”其后金归河南之月，又诏谥壮愍。制曰：“属委任之非人，致刑诛之横被。兴言及此，流涕何追。”端为泾原都统日，有叔为偏将，战败，诛之。既乃发丧，祭之以文曰：“呜呼！斩副将者，泾原都统制也。祭叔者，侄曲端也。尚飨。”一军畏服。其纪律极严。魏公尝按视端军。端执梃以军礼见，傍无一人。公异之，谓欲点视。端以所部五军籍进，公命点其一，则于庭开笼纵一鸽以往，而所点之军随至。张为愕然。既而欲尽观，于是悉纵五鸽，则五军顷刻而集。戈甲焕灿，旗帜精明。魏公虽面奖，而心实忌之。浚自兴州移司阆州。端尝作诗曰：“不向关中图事业，却来江上泛扁舟。”其重得罪以此。端在蜀日，又诗云：“破碎江山不足论，何时重到渭南村。一声长啸东风里，多少未归人断魂。”亦可见其志也。而国史本传乃曰：“曲端之死，时论或以为冤。然观其狠愎自用，轻视其上，纵使得志，终亦难御。况动违节制，未有功之可言乎！”此虽史臣委曲为魏公庇，然失其实矣。信如所言，则秦桧之杀岳飞，亦不为过。或又比之孔明斩马谡，直笔之难也，惜哉！淳熙间，高庙配享。洪景卢举此为魏公罪，迄不得侑食。

信庵先生开阃维扬时，偶入教场，取芟草二卒所带便袋题姓名悬梁间。越两月，忽俾缉捕呼至，亟命释缚，饮以大白。时回易库纳息钱二百袋，一袋万瓶楮也。俾各负一袋，环行三匝。曰：“能益乎？”曰：“能。”曰：“汝等健儿，当力战取富贵。用叉袋中钱，小箧仅藏三十二楮，岂不辱国？呼卢百万，大丈夫事也。且各负两袋去用，用尽再来取。”高沙凯还，人困马疲，悦道旁假山，令诸军随意负归。众怒，多弃于半途。其余至者，秤石轻重，售以银，而弃石于野。其鼓舞驾驭，有赏徙木傲黔布骂赵将之风。（赵葵，字南仲，衡山人。方次子，封冀国公。谥忠靖。称信庵先生。)

元人邓弼，身长七尺，目有紫棱，开合闪闪如电。能以力雄人。邻牛方斗不可縻，拳其脊，折仆地。市门石鼓，十人舁弗能举，两手持之以行。泰定末，德王执法西御史台，造书数千言袖谒之。阍不为通。邓曰："若不知关中有邓伯翊耶?"连击踣数人。声闻于王。命入，历问其能。顾左右曰："姑试之。"问所须。曰："铁铠良马各一，雌雄剑二。"王即命给与。阴戒善槊者五十人驰马出东门外，然后遣弼往。王自临观。弼至，众槊并进。弼虎吼而奔，人辟易五十步，面目无色。已而烟尘涨天，但见双剑飞舞云雾中，连斩马首堕地，血涔涔滴。王抚髀欢曰："壮士！壮士!"命酌酒劳弼。由是名振一时。王荐之于朝，会丞相与王有吝，格不行。弼环视四体，叹曰："天生一具铜筋铁骨，不使立功万里外，乃槁死牖下，命也。"遂入王屋山为道士。

遭际

得铜得翁，惟运之通。即为下石，适代呼风。不逢其会，奇数难封。集遭际。

太尉王公旦，祥符中在中书，圣眷特厚。尝因便坐奏事，上语及一省郎姓名，且曰："斯人行履才干，俱有可采。今方典郡，宜与甄擢。"公及同列亦皆素知其为人，因共称荐之。自是屡加叹赏，即令记录，亟命别议升陟。既而代还至阙，上复先省记之。会外计缺官，即与同列拟定名氏，约以次日奏补。及晚归私第，斯人投刺来谒，公方议委使，辞而不见。诘朝入朝，具道本末，请授以转漕之任。上默然不许。公退而叹骇，惕息屡日，乃知昨暮造请，虽不之见，已密为伺察者所纠，而此人讫真宗世不复用。公每戒同列以私谒之嫌，当须谨避，庶几免于吝悔。

大中祥符间，天书屡降。天子崇信，天下无虑皆神事矣。寇准是时出为外官，又不信天书，上益疏准。最后京兆府都监朱能复献天书，上以问王旦。旦曰："始不信天书者，准也。今天书降准所，当令准上之，则百姓将大服，而疑者不敢不信也。"上从之，使中贵人逼准。朱能素事宦者周怀政，而准婿王曙居中，与怀政善，劝准与能合，准始不肯。曙固要准，准因此复为中书侍郎同平章事。天禧三年也，以王子明之贤，为依回封祀，遂为白璧之瑕。迨后追叹李文靖之先见，遗令贬损以饰终，已无及矣。独计以莱公之刚正，何以亦附朱能成此过举？乃知迫于上命，情事如此。

丁晋公谓，治第保康门外。杨景宗时以役夫荷土筑基。丁后籍没，而景宗贵，即以其宅赐之。其正寝乃向日所筑之地也。钱思公惟演嫁女，令银匠龚美打造装奁器皿。既而美拜官，思公即取美为妹婿。向所打造器皿归美家。（龚美，明肃太后之外兄也。后无宗族，更以美为兄。改其姓为刘。）

杨景宗，即章睿太后弟。太后既入掖庭，景宗无赖，以罪隶军营务，黥墨其面，至无见肤。真宗幸玉清昭应宫，将还内，而六宫皆乘金车，迎驾于道上。景宗以役卒立御沟之外，太后车中指景宗，令问其姓氏骨肉。景宗知其女兄在掖庭，疑其是也，遽呼太后小字及行第。太后大哭曰："乃吾弟也。"即日上言。官之以右班殿直，后至观察留守。景宗既贵，遂用药去其黥痕，无芥粟存者，而肥皙如玉。性恣横，好以木挝击人。世谓之杨骨挝云。（明肃太后崩，章睿于仁宗有阿保恩，遗诏尊为皇太后。生母李宸妃亦追尊为章懿太后。）

章懿李太后始入掖庭，才十余岁。唯有一弟七岁。太后临别，手结刻丝鞶囊与之，拍其肩泣曰："汝虽沦落颠沛，不可弃此囊。异时我若遭遇，必访汝，以此为物色也。"后其弟佣于凿纸钱家，常以囊悬于胸臆间，未尝斯须去身。一日苦下痢，势将不救，为纸家弃于道左。有入内院子者，见而怜之，收养于家。怪其衣服百结，而胸悬鞶囊，因问之，具以告。院子者愁然惊异，盖尝受旨于太后，令物色访其弟也。复问其姓氏小字世系甚悉，遂解其囊，明日持入示太后。是时太后已封宸妃，生仁宗皇帝矣。闻之悲喜，遽以其事白真宗，遂官之为右班殿直，即所谓李用和也。仁宗立，官至殿前都指挥使，领节钺，赠陇西郡王，世谓之为李国舅云。王诜为侍禁三班，院差监修主第，语同事曰：“吾辈受寒热修成，不知谁家厮居此？”已而诜尚主，不逾年身居之。正与龚美打银、杨景宗担土事同。

孙何、孙仅，俱以能文驰名一时。仅为陕西转运使，作骊山诗二篇。其后篇有云：“秦帝墓成陈胜起，明皇宫就禄山来。”时方建玉清昭应宫，有恶仅者欲中伤之，因录其诗以进。真宗阅前篇云：“朱衣吏引上骊山。”遽曰：“仅小器也。此何足夸？”遂弃不复阅。而陈胜禄山之语，卒得不闻。人以为幸也。

向敏中方秉政。其婿皇甫泌少年纵逸，多外宠，往往涉旬不归。敏中每优容之。其女抱病甚笃，敏中妻深以为忧，且有恚怒之词。敏中不得已，具札子乞与泌离婚。一日奏事毕，方欲开陈，真宗圣体似不和，遽离扆座。敏中迎前奏曰：“臣有女婿皇甫泌。”语方至此，真宗连声曰：“甚好，甚好，会得。”已还内矣。敏中词不及毕，莫知圣意如何。已而传诏，中书皇甫泌特转两官。敏中茫然自失，欲翌日论奏。是夕女死，竟不能辨直其事。（《青箱杂记》作毕文简士女之婿。）

范文正公镇鄱阳，有书生献诗甚工。自言天下之至寒饿，无在某右。时盛行欧阳率更书荐福寺碑，一本直千钱。公为具纸墨，令拓千本，售于京师。是夕雷击碎其碑。故时人为之语曰：“有客打碑来荐福，无人骑鹤上扬州。”又云：“时来风送滕王阁，运去雷轰荐福碑。”

寿州张侍中耆，抚州晏丞相殊，俱葬阳翟。地相去数里，有发冢盗先筑室于二冢之间，自其家窾穴以通隧道。始发张墓，得金宝珠玉甚多，遂完其棺椁，以掩覆其穴。次发晏墓，有猛兽嗥吼、兵甲鼓噪之声。盗惧，呼其徒同入，则寂然无响。盗笑曰："丞相之神，尽于是矣。"及穿椁椁，供设之器，皆陶甓为之。又破其棺。唯木胎金裹带一条，金无数两。盗失望而恚，遂糜碎其骨而出。既而货张墓金盂于市，为人擒伏罪。自言其事。世谓均破冢，而张以厚葬完躯，晏以薄葬碎骨。事有不可知如此者。（张耆即张旻。）

熙宁中，蔡敏肃挺以枢密直学士帅平凉。初冬置酒郡斋，偶成《喜迁莺》一阕云："霜天清晓，望紫塞古垒，塞云衰草。汗马嘶风，边鸿翻月，垄上铁衣寒早。剑歌骑曲悲壮，尽道君恩难报。塞垣乐，尽双鞬，锦带山西年少。〇谈笑。刁斗静，烽火一把，常送平安耗。圣主忧边，威灵遐布，骄敌且觅天讨。岁华向晚愁思，谁念玉关人老。太平也，且欢娱，不惜金尊频倒。"词成，闲步后园，以示其子朦。朦置之袖中，偶遗坠，为阍门老卒得之。老卒不识字，持令笔吏辨之。适郡之娼魁素与笔吏洽，因授之。会赐衣袄，中使至，敏肃开宴，娼尊前执板歌此。敏肃怒，送狱根治。娼之侪类祈哀于中使，为援于敏肃，敏肃舍之，复令讴焉。中使得其本以归，达于禁中。宫女辈但见太平也三字，争相传授。歌声遍掖庭，遂彻于宸听。诘其从来，乃知敏肃所制。裕陵即索纸批出云："玉关人老，朕甚念之。枢管有缺，留以待汝。"曰赐敏肃。未几遂拜枢密副使。御笔现藏其孙積家。

沈睿达辽，文通弟也。长于歌诗，尤工翰墨。王荆公、曾文肃学其笔法。荆公得其清劲，而文肃传其真楷。登科后游京师，偶为人书裙带词，颇不典。流转鬻于相蓝内侍买得之，达于九禁，近幸嫔御服之，遂尘乙览。裕陵初嗣位，励精求治，一见不悦。会监察御史向子韶察访两浙，临遣之际，上谕之曰：“近日士大夫全无顾藉。有沈辽者，为娼优书淫冶之辞于裙带，遂达朕听。如此等人，岂可不治？”子韶抵浙中，适睿达为吴县令。子韶希旨，以他罪劾奏。时荆公当国，为申解之。上复伸前说，竟不能释疑。遂坐深文，削籍为民。合蔡肃敏事观之，人之穷通，信在于天。虽君相亦不得而主矣。

京都之俗，士夫家殡葬经由之处，巡检司例以十数卒持彩旗前导，不待告约。到墓次，但量犒酒炙而已。宣和间，保义郎唐革为城北壁巡检。有贵珰葬其父，革率众迎引，颇盛于常时。珰大喜，邀之相见，极口言谢。问革今是何官资？曰：“保义郎。”又问做得恁差遣？曰：“不过兵马监押耳。”曰：“可作廉访乎？”革知其不晓外间官秩高下，乃曰：“此在朝廷擢用，革岂敢望耶？”留饮而去。至十日，中批唐革职事修举，特与转修武郎，继除河北路廉访使。革骇不敢承，诣珰门求见，守候连日，始唤入，亦不接坐。方欲致词叙谢，珰抗声曰：“朝廷用人，何预我事？”叱之使出。后宛转再三恳辞，改知霸州。任满竟申前命，珰不招恩归己。一时流辈中亦为可嘉。

高俅者，本东坡先生小史。笔札颇工。东坡自翰苑出帅中山，留以予曾文肃布。文肃以使令已多，辞之，以属王晋卿。元符末，晋卿为枢密都承旨。时裕陵在潜邸，与晋卿善。在殿庐侍班邂逅，王云：“今日偶忘带篦刀子来。欲假以掠鬓可乎？”晋卿从腰间取之。王云：“此样甚新可爱。”晋卿言：“近创造二副，一犹未用，少刻当以驰内。”至晚，遣俅赍往。值王在园中蹴踘。俅候报之际，睥睨不已。王呼令对蹴，深惬王意，大喜。呼隶辈云：“可往传语都尉，既谢篦刀之贶，并所送人皆辍留矣。”由是日见亲信。逾月，王登宝位。眷渥甚厚，不次迁拜。其侪类援以祈恩。上曰：“汝曹争如彼好脚迹耶？”数年间建节，寻至使相。遍历三衙者二十年。领殿前司职事，恩幸无比，极其富贵。然不忘苏氏。每其子弟入都，则给养问恤甚勤。靖康初，裕陵南下，俅从驾至临淮，以疾笃，辞归京师。当时侍行如童贯、梁师成辈，皆坐诛，而俅独死于牖下。（《水浒传》载：高俅由小苏学士致身王晋卿，因送玉器及气球，以知遇徽庙潜邸日。孰知其为大苏之小史耶？其事见王明清《挥麈录》。）

靖康中有解习者，东州人。为郎于朝，未尝与人接谈。金兵南下，择西北帅守。时相以其谨厚不泄，谓沉鸷有谋，遂除直龙图知河中府。习别时相云：“某实以讷于言，故寻常不敢妄措辞于朝列。今一旦委付如此，习之一死固不足惜，窃恐朝廷以此择人，庙谟误矣。”习竟没于难。世人以饶舌掇祸者多矣，而习乃以箝口丧躯。昔所未闻也。

建炎苗刘之变，内侍遇害至多。有秦同老者，自扬州被命至荆楚。前一日还行在，尚未得对，亦死焉。又有萧中道者，日侍左右。忽得罪绌为外郡监。当前一日出城，遂免。

唐甘露之变。王涯再从弟沐，家于江南，老且贫。涯为相，跨驴诣之，欲求一簿尉。留长安二岁余，始得一见，涯待之殊落寞。久之，沐因嬖奴以道所欲，涯许以微官。自是旦夕造涯之门以俟命。及涯家被收，沐适在其第，与涯俱腰斩。舒元舆有族子守谦，愿而敏，元舆爱之，不离左右者十年。一旦忽以非罪谴责，守谦不自安，求归江南。元舆亦不留，守谦悲叹而去。夕至昭应，闻元舆收族，守谦独免。

绍兴中，韩郡王既解枢柄，逍遥家居。常顶一字巾，跨驳骡，周游湖山之间。时李晦叔自楚北幕官来改秩，而失举牍，忧挠无计。当春日，同邸诸人相率往天竺，李辞以意绪无聊。皆曰："正宜适野散闷。"强挽之行。各假僦鞍马，过九里松，值暴雨。众悉迸避。李奔至冷泉亭，衣袽沾湿，愁坐长叹。遇韩王亦来，相顾揖。矜其憔悴可怜之状，作秦音发问曰："官人有何事萦心，而悒悒若此?"李虽不识韩，见其姿貌魁异，颇起敬，乃告以实。韩曰："所失文字，不是职司否?"答曰："常员也。"韩曰："却得一纸，明日当相赠。"命小吏详问其姓名阶位，仍询居止处。李逊谢感泣。明日，一吏持举牍授之曰："郡王送来，仍助以钱三百千。"李遂升京职。修笺诣韩府，欲展门生之礼，不复见。

陈了翁之父尚书与潘良贵义荣之父，情好甚密。潘一日谓陈曰："吾二人官职年齿，种种相似。独有一事不如公，甚以为恨。"陈问之，潘曰："公有三子，我乃无之。"陈曰："吾有一婢，已生子矣。当以奉借，他日生子即见还。"既而遣至，即了翁之母也。未几生良贵。后其母遂往来两家焉。一母生二名儒，前所未有。

隆国黄夫人，湖州德清人。初入魏峻叔高家，既出，复归李仁本。媵其女以入荣邸。时嗣王与芮苦无子，一幸而得男，是为度宗。然自处极谦抑，虽处贵盛，每遇邸第亲戚，至不敢坐，常以妳子自称。人亦以此多之。秦齐国夫人胡氏，亦同邑人。相去才数里。贾涉济川制置，少日舟过龟溪，见妇人浣衣者，偶盼之。因至其家，问夫何在，曰："未归。"语稍洽，调之曰："肯相从乎?"欣然惟命。及夫还，叩之，亦无难色，遂携以归。既而生似道。未几，出嫁为民妻。似道年长，始奉以归。性极严毅，似道畏之。当景定咸淳间，屡入禁中。隆国至与同寝处，恩宠甚渥。年至八十有三。上方赐秘器及冰脑各五百两，赙银绢四千两匹，命中使护葬，帅漕供费。凡两辍朝。赐谥柔正。又赐功德寺及田六千亩，可谓盛矣。一邑产二贵女，亦前此所未有也。

异　数

士感一言，马鸣一鉴。子陵加足，贵妃捧研。君相忘尊，书生忘贱。集异数。

和鲁公凝，梁贞明三年，薛廷珪榜下第十三人及第。后唐长兴四年知贡举。独爱范鲁公质文，语范曰："君文合在第一，辄屈居第十三人，用传老夫衣钵。"时以为荣。其后质位至宰相，封鲁公，皆与凝同。有赠诗者曰："从此庙廊添故事，登庸衣钵尽相传。"是时进士多浮薄，喜为喧哗以动主司。每发榜则围之以棘，闭省门，绝人出入以为常。凝知贡举，彻棘开门，而士皆肃然无哗。所取皆一时之秀，称为得人。(《五代史》十三作第五。)

唐御膳以红绫饼馅为重。昭宗光化中放进士榜，得裴格等二十八人，以为得人。会燕曲江，乃令大官特作二十八饼馅赐之。卢延让在其间，后入蜀为学士。既老，颇为蜀人所易。延让诗素平易，近俳。乃作诗云："莫欺零落残牙齿，曾吃红绫饼馅来。"王衍闻知，遂命供膳亦以饼馅为上品，用红罗裹之。至今蜀人工为饼馅，而红罗裹其外。公厨大晏，设为第一。

钱文僖惟演守西都，梅圣俞、谢希深、尹师鲁、欧阳永叔、杨子德、张太素、张尧夫、王几道同在幕下，号为八友。以文章道义相切劘，率常赋诗饮酒，间以谈戏，相得尤乐。洛中山水园庭塔庙佳处，莫不游览。一日游嵩山，自颍阳归，暮抵龙门香山。俄而雪作，登石楼望都城，各有所怀。忽于烟霭中，有车马渡伊水来。既至，则文僖遣厨传歌妓至。传公语曰："山行良佳，少留龙门赏雪，毋遽归也。"其高旷爱才如此。文僖既贬汉东，王文康公晦叔曙为代。御吏如束湿，诸君多不堪。一日讶幕客俱出游，责曰："诸公自比寇莱公。莱公尚坐奢纵取祸贬死，况其下者乎？"众不敢对。永叔取手板起立曰："宴饮小过，不足招祸。莱公之责，由老不知退耳。"时文康年已高，为之动。

莱公十九擢进士第。有善相者曰："君相甚贵，但及第太早，恐不善终。若功成早退，庶免深祸。盖君骨类卢多逊耳。"后果如其言。

工部侍郎胡则宰邑日，丁晋公为游客谒之。胡待之甚厚。丁因投诗索米。明日，胡延晋公，常日所用尊罍悉屏去，但陶器而已。丁失望，以为厌己，辄辞去。胡往见之，出银一箧遗丁曰："家素贫，惟此饮器，愿以赠行。"丁始喻设陶器之因，甚愧德之。后晋公骤进，竭力推挽，卒至显位。

庆历中，谏官李兢坐言事谪湖南税务。内殿承制范亢为黄蔡间都监，以言事官被谪者。后多至显官，乃悉倾家物与兢办行。兢至湖南，少日遂卒。

宋子京过繁台街，逢内家车子。中有褰帘者曰："小宋也。"子京归，作《鹧鸪天》词曰："画毂雕鞍狭路逢，一声肠断绣帘中。身无彩凤双飞翼，心有灵犀一点通。〇金作屋，玉为笼，车如流水马如龙。刘郎已恨蓬山远，况隔蓬山几万重。"此词都下传唱，达于禁中。仁宗知之，问内人第几车子，何人呼小宋。有内人自陈："顷侍宴，见宣翰林学士。左右内臣曰，小宋也。时在车子中偶见之，呼一声尔。"上召子京，从容语及。子京惶惧无地。上笑曰："蓬山不远。"以内人赐之。

文潞公出镇西京，奉诏于琼林苑燕饯。从列皆预，赋诗送行。王禹玉时为内相，诗云："都门秋色满旌旗，祖帐容陪醉御卮。功业迥高元祐日，精神如破贝州时。匣中宝剑腾霜锷，海上仙桃压露枝。昨日更闻褒诏下，别刊名姓入周彝。"时以为警绝。白居易献裴晋公诗云："闻说风情筋力在，只如初破蔡州时。"禹玉盖步武此作也。

范蜀公镇，每对客，尊严静重，言有条理。客亦不敢慢易。独敬重苏子瞻，子瞻来，则掀髯鼓掌，旁若无人。（东坡好戏谑，语言或稍过，范淳夫必戒之。东坡每与人戏，必祝曰："勿令范十三知。"淳夫行十三也。）

唐子方为人刚直。既参大政，与王介甫议事，每不协。既而疽发背死。方其病革，车驾幸其第临问，子方已昏不知人。忽闻上至，开目而言曰："愿陛下早觉悟。可惜祖宗社稷，教安石坏却。"上首肯之。问其家事，无一言。及薨，又幸其第。见其画像不类，命取禁中旧藏本以赐其家。上有昭陵御题"直哉若人，为国砥柱"八字。印以御宝，下有昭陵押。

国朝引试率在八月中。韩魏公当国日，二苏将就试，黄门忽卧病。魏公知而奏曰："今岁制科之士，惟苏轼、苏辙最有声望。今闻辙偶病未可试。如此人兄弟中一人不得就试，甚非众望。须展限以待之。"上许之。黄门病中，魏公数使人问讯。既闻安全方引试。比常例展二十日。自后试科并在九月。吕微仲不知其故，因问制科何以至秋末，东坡乃为吕言之。吕曰："韩忠献之贤如此哉！"

二苏赴试，是时同名试者甚多。相国韩公偶与客言曰："二苏在此，而诸人亦敢与之较试何也？"于是不试而去者十八九。

陈文忠尧叟为枢密。一日日欲没时，忽有中人宣召，引入禁中。屈曲行甚久，时见帘帏灯烛，皆莫知何处。既而到一小殿，已有数人先至，皆立廷中。殿上垂帘，蜡烛十余炬而已。相继而至者凡七人，中使乃奏班齐。唯记文忠、丁谓、杜镐三人。镐时尚为馆职。良久，乘舆出，灯烛亦不过数十。宴具甚盛，卷帘令不拜，升殿就坐。御座设于席东，诸臣席西，如常人宾主之位。尧叟等皆惶恐不敢就位。上宣谕不已，尧叟恳陈再三，上作色曰："本为太平无事，思与卿等共乐之。若如此，何如就外朝开宴？今日只是宫中供办，未尝命有司，亦不召中书辅臣。以卿等机密及文馆职任侍臣无嫌，且欲促坐语笑，不须多辞。"尧叟等皆趋下称谢，上急止之曰："此等礼数，且皆置之。"上语笑极欢。膳具中，各出两绛囊置群臣之前，皆大珠也。上曰："时和岁丰，中外康富，恨不与卿等日夕相会，太平难遇。此物助卿等燕集之费。"群臣欲起谢。上云："且坐。更有如是。"酒三行，皆有所赐，悉良金重宝。酒罢，已四鼓。时人谓之天子请客。

真宗东封，命枢密使陈尧叟为东京留守，马公知节为大内都巡检使。驾未行，宣入后苑亭中赐晏，出宫人为侍。真宗与二公皆戴牡丹而行。续有旨令陈尽去戴者，召近御座，上亲取头上一朵为陈簪之。陈跪受，拜舞谢。晏罢，二公出，风吹陈花一叶坠地，陈急呼从者拾来：“此乃官家所赐，不可弃。”置怀袖中。马乃戏曰：“今日之宴，本为大内都巡检使。”陈云：“若为大内都巡检使，上何不亲为太尉戴花耶？”二公各大笑。寇莱公为参政，侍宴。上赐异花，曰：“寇准年少，正是戴花吃酒时也。”众人皆以为荣云。

王冀公钦若罢参政，真宗朝夕欲见。择便殿清近，惟资政为优，因以公为本殿大学士。公奏曰：“臣虽出于寒贱，不能独寝。乞除一臣僚兼之。”遂以陈文僖彭年并直。一夕公携一巨榼，方与陈寒夜间饮，忽中人持钥开扉独召公。谓陈曰：“请同院不须相候。”至行在，真宗与公对饮。饮罢，持禁烛送归，繁若列星。陈危坐伺之，已四更。公笑曰：“尚未寝乎？”曰：“恭候司长，岂敢先寝？”公喜笑倒载，解袜褫带，几不能坦腹。自矜曰：“某江南寒生，遭际真主。适主上以巨觥敌饮。”抵掌笑语，如僚友之无间，已而遂寝。迨晓盥栉罢，与陈相揖，觉夜归数谈颇疏漏，自言：“夜来沉湎，殊不记归时之早晚，无乃失容于君子乎？”陈曰：“无之。”但殷勤愧谢。既别，同趋出殿门，执陈手语之曰：“夜来数事，止是同院一人闻之。”文僖归谓子弟曰：“大臣慎密，体当如此。”

王岐公在翰林时，中秋有月，上问当直学士是谁，左右以姓名对。命小殿对设二位，召来赐酒。俄顷宣至，设坐。公奏故事无君臣对坐之礼，乞正其席。上云：“月色清美，与其醉声色，何如与学士论文。若要正席，则外廷赐宴。正欲略去苛礼，放怀饮酒。”公固请不已，再拜就坐。上引谢庄赋、李白诗，称美其才。又出御制诗示公，公叹仰圣学高妙。每起，必有内侍扶掖，不令下拜。夜漏三鼓，上悦甚，令左右宫嫔各取领巾裙带，或团扇手帕求诗。内侍举牙床，以金镶水晶研，珊瑚笔格，玉管笔，皆上所用者。公应之，略不停辍，都不蹈袭前人，尽出一时新意。仍称所长，人人得其欢心，悉以呈上。上云："须与学士润笔。"遂各取头上珠花簪公幞头，戴不尽者，置公袖中。宫人旋取针线缝公袖口。宴罢，月将西沉，上命撤金莲炬，命内侍扶掖归院。都下盛传天子请客。明年中秋，公已参政。蔡确为学士，上讲故事，命宫嫔求诗。蔡奏才思短涩，酒再行而止。左右不悦，云："这个学士，上何须钟爱。"

金莲炬送归，唐令狐绹已有故事。宋朝凡有三人：王岐公珪、苏端明轼、史少保浩。

梁适随院判卢南金上殿，案中有名次公者，仁宗因问何名次公，南金以不知对。适曰："汉黄霸，字次公。"上曰："卿是何人？"曰："详议官梁适。"又问："那个梁家？"曰："祖颢，父固，俱中甲科。"上曰："怪卿面貌酷似梁固。"他日适奏曰："臣祖父顷事太宗、真宗，不知陛下何以知之？"上曰："天章阁有名臣头子，朕观之甚熟。"适后除记注知制诰，至翰林学士，除目皆自御批。不十年至首辅。有误以为庞庄敏者，非也。

苏子瞻为翰林学士，一日锁院，召至内东门小殿。时子瞻半醉，命以新水漱口解酒。已而入对，宣仁问曰："有一事要问内翰，前年任何官职？"曰："汝州团练副使。""今为何官？"曰："备员翰林学士。"曰："何以至此？"曰："遭遇陛下。"曰："不关老身事。"曰："必出自官家。"曰："亦不关官家事。"曰："然则大臣论荐耶？"曰："亦不关大臣事。"子瞻惊曰："臣虽无状，不敢由他途以进。"曰："此乃先帝之意。先帝当饮食，而停箸看文字，则内人必曰：‘此苏轼文字也。’先帝每称曰：‘奇才！奇才！’但未及进用学士而上仙耳。”子瞻哭失声。宣仁与上左右皆泣。已而曰：“内翰须尽心事官家，以报先帝知遇。”命撤金莲烛送归院。

江公望，字民表。建中靖国元年，拜左司谏。时内苑稍畜珍禽，公望力谏。他日复言之，帝曰：“已纵遣之矣。唯一白鹇畜之久，不肯去。”帝以拄杖逐之，终不去。乃刻公望姓名于杖头以识其谏。

宣和中，苏叔党过游京师，寓居景德寺，忽见快行家者同小轿至，传旨宣召，亟令登车。叔党不知所以然，不敢拒。才入，则以物障其前，上以小凉伞蔽之。二人肩而行，其疾如飞。约行十余里，抵一修廊，内侍一人引之，升一小殿。见上披黄背子，顶青玉冠。宫女环侍，莫知其数。时当六月，积冰如山，喷香若雾，寒不可忍。起居毕，上谕云：“闻卿是苏轼之子，善画窠石。适有素壁，欲烦一挥。非有他也。”叔党再拜承命，然后落笔，须臾而成。上起身纵观，赏叹再三。命宫人捧赐醽酒一钟，锡赉极渥。叔党谢而下，复循廊间登小舆而出。

蔡京赐第，有云鹤堂。高四丈九尺。人行其下，望之如蚁。宏敞过甚。老疾畏寒，幕帟不能御，遂无设床处。惟扑水少低，间架亦狭，乃即扑水下作卧室。

蔡攸初以淮南节领相印，徽宗赐曲宴，因语之曰：“相公公相子。”攸即对曰：“人主主人翁。”盖是时京为太师，赐印文曰：“公相之印。”因自称公相。童贯亦官至太师。都下人谓之媪相。

赵高为中丞相，龚澄枢为内太师，犹稍与外庭异。童贯直为太师领枢密院。

朱勔所衣锦袍，云：“徽宗尝以手抚之。”遂绣御手于肩上。又勔尝与内宴，徽宗亲握其臂。勔遂以黄帛缠之。与人揖，此臂竟不动。

靖康元年正月戊辰，金人攻浚州。徽庙微服出通津门，御小舟，将次雍丘，阻浅，船不得进。上患之，夜御骏骡名鹁鸽青，望睢阳而奔，闻鸡啼。滨河有小市，民皆酣寝。独一老姥家张灯，竹扉半掩，上排户而入。妪问上姓氏，曰：“姓赵，居东京，已致仕，举长子自代。”卫士皆笑。上徐顾卫士亦笑。妪进酒，上起受妪酒，复传爵与卫士。妪延上至卧内拥炉，又爇劳薪与上释袜烘趾。久之，上语卫士，令记妪家地名。及龙舟还京，妪已没，乃以白金赐其诸孙。

徽宗靖康初南幸，次京口，驻跸郡治。曾空青以江南转运使摄府事，忽宣至行宫。上引至深邃之所，问劳勤渥。命乔贵妃出，上回顾语乔曰：“汝在京师，每问曾三，此即是也。特令汝一识耳。”盖空青少日喜作长短句，多流入中禁故尔。取七宝杯，令乔手擎满酌，并以杯赐之。空青拜贶而出。空青，名纡，王仲言外祖也。

建炎庚戌正月，高宗避兵航海，次章安镇。滩浅阁舟，落帆于金鳌山之福济寺前以候潮。屏去警跸，易衣徒步入寺。时住持僧方升坐道祝圣之词。帝趾忽前，闻其称赞之语甚喜，戒左右勿惊怖而谛听之。少焉，千乘万骑毕集，始知为六龙临幸。野僧不闲礼节，恐怖失措，从行有司，教以起居之仪。山下曰黄椒村，村之妇女闻天子至，咸来瞻拜龙颜，欢声如雷。曰："不图今日得睹天日。"帝喜，敕夫人各自逐便。故至今村妇皆曰："夫人，虽易世，其称谓尚然不改。"

苗刘作乱时，矫隆祐太后诏，贬窜张魏公浚。高宗在升旸宫，方啜羹，左右来告，惊惧。羹覆于手，手为之伤。暨复辟，见魏公，泣数行下。举手示公，痕迹犹存。

胡忠简铨，不独其忠鲠盖一时，其作字亦端凝劲挺。孝宗尝谓之曰："卿写字宛如卿为人。"对曰："臣幼法颜真卿，今自成一家耳。"上又曰："朕前日侍太上皇于德寿宫阁上，治选书画，得卿绍兴戊午所上封事真迹。太上与朕详玩久之。喜卿词意精切，笔法老成，英风义气，凛然飞动。太上自藏之，曰：'留为后代式。'但其后为秦桧批抹，污渍者良多。朕启太上，令工逐行裁去，装褙之矣。"宋之诸帝，高宗最善书。忠简手笔，为帝所赏爱，则其精可知矣。后世但称诵其乞斩秦桧之疏，而此则或未知也。夫铨之封事，不为权奸所容。当日金人以千金求其书，又为二帝所重若斯。张魏公言："秦大师专柄十九年，只成就得一胡邦衡。谅哉！"

诛 谪

小人易进，君子易退。囚凤逸枭，枉夫未贷。天之好还，渐不可耐。集诛谪。

卢相多逊，素与赵韩王不协。韩王为枢密使，卢为翰林学士。一日偶同奏事，上初改元乾德，因言此号从古未有。韩王从旁称美。卢曰："此伪蜀时号也。"帝大惊，遽令检史视之，信然。遂怒，以笔抹韩王面曰："汝争得如他！"韩王经宿不敢洗面。翌日奉对，帝方命涤去。自此隙益深，以及于祸。多逊朱崖谢表末云："班超生入玉门，非敢望也；子牟心存魏阙，何日忘之。"天下闻而哀焉。

寇忠愍公之贬也，初以列卿知安州，既而又贬衡州副使，又贬道州别驾，遂贬雷州司户。时丁晋公与冯相拯在中书，丁当秉笔。初欲贬崖州，而丁忽自疑，语冯曰："崖州再涉鲸波，如何？"冯唯唯而已。丁乃徐拟雷州。及丁之贬也，冯遂拟崖州。当时好事者相语曰："若见雷州寇司户，人生何处不相逢。"比丁之南也，寇复移道州。闻丁当来，遣人以蒸羊逆于境上，而收其僮仆，杜门不放出。闻者多以为得体。（王文正公尝曰："好人怀惠，又欲人畏威，皆大臣所宜避。而寇准自以为己任，此其短也。）

丁晋公既倾李公迪，将草责词，时宋宣宪知制诰，当直，请其罪名。谓曰："春秋无将，汉法不道。皆其事也。"宋不得已从之。词既成，谓犹嫌其不切，多所改定。其言上前争议曰：“罹此震惊，遂至沉顿。”谓所定也。及谓贬朱崖，宋犹掌词命，即为之词曰：“无将之戒，深著于鲁经。不道之诛，难逃于汉法。”天下快之。

杜祁公作相，其婿苏子美为馆职，兼进奏院。每岁院中赛神，例卖故纸钱为燕饮之费。苏承例卖故纸，因出已钱添助为费，请馆阁诸名胜，而分别流品。非其侣者，皆不得与会。李定愿与，而苏不肯。于是尽招两军女妓，作乐烂饮，共为傲歌。王直柔句云：“欲倒太极遣帝扶，周公孔子驱为奴。”诸不与者专探伺败缺，方闻此句，王拱辰即以白上。仁宗大怒，即令中官捉捕。诸公皆已散走逃匿，而上盛怒，捕捉甚峻。韩魏公上言，怒少解，而馆阁之士，遂罢一空。

吕惠卿元祐间贬建州。绍圣初复起，语人曰：“吾在谪籍九年，虽冷水亦不敢饮。设有疾病，则好事者必谓吾戚戚所致矣。”

蔡京怀奸固位，屡被逐而不肯退。王黼切忌之，百方欲其去，乃称旨遣童贯偕其子攸往取表。京以攸被诏同至，乃置酒留贯，攸亦预焉。京以事出不意，一时失措。酒行，自陈曰：“京衰老宜去，而不忍遽乞身者，以上恩未报。此二公所知也。”时左右闻京并呼其子为公，莫不窃笑。欲取宰辅乞表自京始。尝考晁错更汉令，诸侯喧哗。错父闻之，从颍川来，谓错曰：“上初即位，公为政用事，侵削诸侯，疏人骨肉。口语多怨公，何谓也?”错曰：“固也。不如此，天子不尊，宗室不安。”父曰：“刘氏安矣。晁氏危，吾去公归矣。”凡三呼其子为公。史笔书之，亦以表其失言。

苏子瞻元丰间赴诏狱，与其长子迈俱行。与之期："送食惟菜与肉，有不测，则撤二物而送鱼。使伺外间以为候。"迈谨守逾月，忽粮尽，出谋于陈留，委其亲戚代送，而忘语其约。亲戚偶得鱼鲊，送之，不兼他物。子瞻大骇，知不免。将以祈哀于上，而无以自达，乃作二诗寄子由，祝狱吏致之。盖意狱吏不敢隐，则必以闻。已而果然。神宗初固无杀意，见诗益心动，自是遂欲从宽释，凡为深文者皆拒之。其诗云："柏台霜气夜凄凄，风动琅珰月向低。梦绕云山心似鹿，魂飞汤火命如鸡。额中犀角真吾子，身后牛衣愧老妻。他日神游定何所，桐乡应在浙江西。""圣主如天万物春，小臣愚暗自亡身。百年未了须还债，十口无家更累人。是处青山可藏骨，他年夜雨独伤神。与君世世为兄弟，更结来生未了因。"

靖康中，蔡元长父子既败，言者攻之。发其奸恶，不遗余力，盖其门下士如杨中立、孙仲益之类是也。李泰发是时为侍御史，独不露章，且劝勿为太甚。坐谪监汀州酒税，谢表云："当垂涕止弯弓之射，人以为狂；然临危多下石之徒，臣则不敢。"士大夫多称之。

王黼一日在相国寺行香，见蔡京以太师鲁国公揭榜，序立其下，深有羡慕之色，曰："不谓元长有许大官职！"或因言太宰若能承当一大事，元长官职不难至。黼识其意，乃身任伐燕之责。后亦致位大傅楚国公，宠遇埒于京。及事败，适开封尹聂山有宿怨，遣武吏追蹑，戕于雍丘固村民家，取其首以献，以遇盗闻。议者惜不与童贯辈明正典刑。同时蔡攸、翛亦赐死。

翛闻命，曰：“误国如此，死又何憾！”乃饮药。而攸犹豫不能决，左右授以绳，乃自缢而死。

蔡攸副童贯出师北伐，徽宗与其父京曰：“攸陛辞日，奏功成后，要问朕觅念四、五。都知其英气如此。”京但谢以小子无状。二人乃上宠嫔。念四者，阎婕妤也。

童贯既有诏诛之，钦宗谕宰执云：“贯素奸狡，须得熟识其面目者衔命。即所在行刑，庶免差误。”时宰命御史张达明征持诏行。将至南雄州，达明恐其闻而引决，不及明正典刑，乃先遣亲事官一人驰往见贯。至则通谒，拜贺于庭曰：“有诏遣中使赐茶药，宣召大王赴阙，且闻已有河北宣抚之命。主上与大臣熟议，以为有威望习边事，无如大王者。”贯乃大喜，顾左右曰：“又却是少我不得。”明日达明乃至。贯既伏诛，其死所忽有物在地如水银镜，径三四尺，俄而敛缩不见。达明复命，函贯首自随，以生油水银浸之，而以生牛皮固函。或言胜捷兵有欲夺贯首，达明恐亡之，乃置首于竹轿中，坐其上。然所传盖妄也。（贯状貌魁梧，瞻视壮伟，颐下生须十数茎，皮骨劲如铁。不类阉人。）

绍兴壬戌夏，显仁太后自沙漠南归。诏遣参知政事王庆曾次翁与后弟韦渊，迓于境上。时金主亦遣其近臣与内侍凡五辈护后行。既次燕山，北使惮于暑行。后察其意，虞有他变，称疾，请于金，少须秋凉进发，许之。因称贷于金之副使，得黄金三百星，且约至对境，倍息以还。后既得金，营办佛事之余，尽以犒从者。悉皆欢然，中途无间言，由此力也。既抵境上，金使必欲先得所负然后进。后喻指于韦渊，渊辞以朝廷有大臣在，可征索之。遂询于庆曾。初庆曾之行也，事之纤细，悉受指于秦丞相，独此偶出不料。金使趣金甚急，庆曾虽所赍甚厚，然心惧秦，疑其私相结纳，归欲攘其位，必贻秦怒，坚执不肯偿。相持界上者三日，九重初不知曲折，但与先报后渡淮之日既愆期，人情汹汹，谓金已背盟中变。秦适以疾在告，朝廷遂为备边计。中外大恐。时王�以江东转运副使为奉迎提举，知事急，力为庆曾言之，不从。晚乃自裒其随行所有，仅及其数以与之。金使喜，后即日南渡，疑惧释然，而庆曾不预也。庆曾归白秦，谓所以然者，以未始禀命，故不敢专。秦以为畏已，果大喜。已而后泣诉于上："王某大臣，不顾国家利害如此，万一数日间生变，则使我母子不相见矣。"上震怒，欲暴其罪而诛之。秦力为营救回护。时正欲遣柄臣谢金，乃以为报谢使，以避上怒。逮归，上怒稍霁，然终恶之。秦喻使辞位，遂以职名奉祠。已而引年，安居于四明。秦终怜之，馈问不绝。秦之擅国，凡居政府者，莫不以微过忤其指，例以罪行，独庆曾以此，情好不替。庆曾卒，特为开陈赠恤加厚。诸子与婿亲戚族人，添差浙东者又数人，以便其私。议者谓秦居政府二十年间，终始不二者，独庆曾一人而已。即此一节，见显仁之能用智术以回辕，王庆曾之专心于权要，至违命天子之母于患难之际而不恤。秦之威福，能使天子以慈母之故，终不能加诛于一人。时事可知矣。

史弥远与杨后谋杀韩侂胄。著作王居安、右丞张镃，皆与议。已定，始以告参政李壁。时外间已藉藉。一日侂胄在都堂，忽谓李参政曰："闻有人欲变局，相公知否？"李疑事泄，面发赤，徐答曰："恐无是事。"而王居安在馆中，与同舍大言曰："数日之后，耳目当一新矣。"其不密如此，弥远闻之大惧，然亦未决意杀之。更访于张镃，镃曰："势不两立，不如杀之无后患。”弥远抚几曰：“君真将种也。吾计决矣。”时开禧三年十一月二日，侂胄爱姬号满头花者生辰。张镃素与之通家，至是移庖侂胄府，酣饮至五鼓。其夕周筠以覆帖告变，时侂胄已被酒，视之曰：“这汉又来胡说。”于烛上焚之。明日早朝，筠复白其事。侂胄叱之曰：“谁敢，谁敢！”升车而去。甫至六部桥，夏震时以中军统制权殿司公事，选兵三百俟于此，忽声喏道旁曰：“有旨太师罢平章事，日下出国门。”侂胄曰：“有旨吾何为不知?”语未竟，夏挺、王斌等令健卒百余人，拥其轿以出。至玉津园夹墙内，挝杀之。侂胄既诛，函首送金乞和。当时太学诸生有诗曰：“自古和戎有大权，未闻函首可安边。生灵肝脑空涂地，祖父冤仇共戴天。晁错已诛终叛汉，于期未遣尚存燕。庙堂自谓万全策，却恐防边未必然。”明年，阁门舍人周登出聘。金主令引南使观忠缪侯墓，且释曰：“忠于为国，缪于为身。”询之，乃韩也。

韩侂胄封平原郡王，官太师。一时献佞者皆称师王。时参知政事钱象祖尝谏用兵，与侂胄有隙。史弥远遂与合谋杀之。宁宗实不知也。都下为之语曰：“释迦佛，中间坐；罗汉神，立两旁。文殊普贤自斗，象祖打杀师王。”闻者绝倒。

景定庚申，履斋吴相循州安置。由贾似道憾之，未几，除承节郎。刘宗申知循州，刘江湖士专以口舌吓迫当路要人，货贿官爵。士大夫畏其口，姑厚饱弥缝之。其得官亦由此。守循之际，庙堂意责之以黄祖之事。宗申至郡，所以捃摭履斋者无不至。随行吏仆，以次并亡。或谓置毒所居井中，故饮水者皆患足软而死，履斋亦不免。暨似道遭郑虎臣之辱。时赵介如守漳，贾门下客也，宴虎臣于公舍。介如欲客似道，似道不可，口口称天使唯谨，虎臣不答，似道遂坐于下。介如察其有杀贾意，私命馆人以辞挑之。于时似道衣服饮食，皆为郑减抑。介如作绵衣等馈之，见其行李辎重，令截寄其处，伺得命放回日就取。馆人语郑云："天使今日押送至此，度必无生理。曷若令速殒，免受许多苦恼。"郑即云："便是这物事受得，欲死而不死。"未几遂殒。赵往哭，郑不许。赵固争，郑怒云："汝欲检我耶?"赵云："汝也直得一检。"赵经纪棺敛，且致祭。其辞云："呜呼！履斋死循，死于宗申；先生死闽，死于虎臣。天乎人乎，莫得而询。呜呼！"云云。似道遭贬时，人题其壁云："去年秋，今年秋，湖上人家乐复忧。西湖依旧流。○吴循州，贾循州，十五年间一转头。人生放下休。"

吴履斋潜，为人豪隽，代丁大全为相，其兄弟多以附丽登庸。似道与潜有隙，遂为飞谣以上曰："大蜈蚣，小蜈蚣，尽是人间业毒虫。夤缘攀附百虫丛，若使飞大能食龙。"语闻。罢相谪循州，中毒死。

贾师宪柄国日，尝梦一金紫人相逢迎，旁有客谓之曰："此人姓郑，是能制公之死命。"时大珰郑师望方用事，意疑其人，竟以他故摈逐之。及鲁港失律，远谪南荒。就绍兴差官押送，则摄山阴尉郑虎臣也。郑武弁，尝为贾所恶，适有是役，遂甘心焉。贾临行，历言前梦，且云："向在维扬日，襄邓间有人善相。一日来，值某跣足卧，因叹惜再三，私谓客曰：'相公位极人臣，而足心内陷，是名猴形。恐异时不免有万里行耳。'是知今日窜逐之事，虽满盈招咎，盖亦有数存焉。"及抵清漳之次日，泣谓押行官曰："某夜来得梦大不祥，离此地必死。幸保全之。"遂留连三日，逗遛不行，而官吏迫促之。离城方五里许，小泊木棉庵，竟以疾殂。虎臣有力焉。先是林佥枢存儒久为贾所摈，谪之南州，道死于漳。漳有富民蓄油杉甚佳，林氏子弟欲求之，而价穹不可得，因抚其木曰："收取收取，留与贾丞相自用。"盖一时愤怅之语耳。至是郡守与经营，竟得此木以敛。可谓异矣。一云：秋壑在前，有术者言平章不利姓郑人。自是凡此姓居位者，多被窘抑。武学生郑虎臣登科，辄以罪配之，后遇赦得还。秋壑丧师，陈静观诸公欲置之死，遂寻其平日极仇者监押，虎臣遂请行。乃假以武功大夫押解，一路备见凌辱。至漳州木棉庵，病泄。虎臣知其服脑子求死，乃云："好教你只恁地死。"遂跃数下而殂。

贾似道既败，事闻，台臣交章攻之。诏曰："大臣具四海之瞻，罪莫大于误国；都督专阃外之寄，律尤重于丧师。告九庙以奉辞，诏群工而听命。具官似道，小才无取，大道未闻。昔相穆陵，徒以边将而自诡；逮事先帝，又以国事而自专。谓宜开诚布公，以扶皇极；并谋合智，以尽舆情。乃恣行胸臆，不恤人言，以吏道沮格人材，以兵术专裁机务。括田之令行，而农不得耕于野；榷利之法变，而旅不愿出其途。矧当任阃之驱驰，不度戎事之缓急。战功旷岁而不举，兵事愒日而不修。纤悉于文法之搜求，阔略于边政之急切。遂令戎马倏度长江。乃者抗表出师，请身戡难。人方期以孔明之志，朕亦望以裴度之功。谓当缨冠而疾趋，何为抱头而鼠窜，遂致三军解体，百将离心。彼披甲之谓何，乃闻声而奔溃。《孟子》曰：'吾何畏彼。'《左氏》云：'我不成夫，社稷之势缀旒，是谁之过？'缙绅之言切齿，罪安得辞！姑示薄罚，俾尔奉祠于戏。膺戎狄，惩荆舒，无复周公之望；放驩兜，殛伯鲧，尚宽虞典之诛。可罢平章军国重事，都督诸路军马。"顷之，谪高州团练使。

贾秋壑败后，有人刺以诗曰："深院无人草已荒，漆屏金字尚辉煌。只知事去身宜去，岂料人亡国亦亡。理考发身端有似，郑人应梦更何祥。卧龙不肯留渠住，空使晴光满画墙。"又云："事到穷时计亦穷，此行难倚鄂州功。木棉庵上千年恨，秋壑堂中一梦空。石砌苔稠猿步月，松庭叶落鸟呼风。客来未用多惆怅，试向吴山望故宫。"伤西楼诗云："檀板歌残陌上花，过墙荆棘刺檐牙。指挥已失铁如意，赐与宁存玉辟邪。破屋春归无主燕，坏池雨产在官蛙。木棉庵外尤愁绝，月黑夜深闻鬼车。"复有和者云："荣华富贵等浮花，膂力难为国爪牙。汉世只知光拥立，唐朝谁识杞奸邪。绮罗化作春风蝶，弦管翻成夜雨蛙。纵有清漳人百死，碧天难挽紫云车。"

秋壑赐第，正在苏堤。时有游骑过其门，每为侦事者密报，必致罗织有官者被黜，有财者被祸，逮世变而后已。近有题其养乐园云："老壑曾居葛岭西，游人谁敢问苏堤。势将覆悚不回首，事到出师方噬脐。废圃久无人作主，败垣惟有客留题。算来只有孤山耐，依旧梅花片月低。"又过葛岭二诗云："当年谁敢此经过，相国门前卫士多。诸葛功名犹未满，周公事业竟如何。雕梁雨蠹藏狐鼠，花础云蒸长薜萝。万死莫酬亡国恨，空留遗迹在山阿。""楼台突兀妓成围，正是襄樊失援时。土气暗随檀板歇，江山流入玉箫悲。姓名不在功臣传，家庙徒存御赐碑。误国误民还自误，满庭秋草露垂垂。"

开禧用兵，追贬秦桧周南仲代草制云："兵于五材，谁能去之？首弛边疆之禁。臣无二心，天之制也。忍忘君父之仇。"又曰："一日纵敌，遂贻数世之忧；百年为墟，谁任诸人之责？"

宋稗类钞　卷之二

谗　险

太行非险，孟门非堑。莫惨于志，含沙齿剑。卖国殃民，阴谋无厌。投畀豺虎，庶熄厥焰。集谗险。

祖宗朝，宰相怙权，尤不喜士大夫之论事。赵中令普当国，每臣僚上殿，先于中书供状，不敢诋斥时政，方许登对。田锡为谏官，极论此事，后方少息。士大夫有口者，多外补。王禹偁在扬州，以诗送人曰："归见鳌头如借问，为言枨也减刚肠。"又丁谓留滞外郡甚久，及为知制诰，以启谢时宰，有"效慎密于孔光，不言温树；体风流于谢客，但咏苍苔"是也。

穆修有诗名，多游京洛。有题其诗于禁中壁间者，真宗一见，大加赏叹。问为谁诗，左右以穆修对。上曰："有文如此，公卿何不荐来?"时丁晋公在侧，从容答曰："此人行不逮文。"由此上不复问。

李士衡之父，以豪恣不法诛死。士衡方进用，王钦若欲言之，而未有路。会真宗论时文之弊，因言路振文人也，然不识体法。上曰："何也?"曰："李士衡父诛死，而振为赠诰曰：世有显人。"上颔之。士衡以故不大用。

旧说："台谏当上殿，未有题目，五更不寐。平生亲旧，一一上心。"盖惟亲旧可得其详，庶免风闻之误。绍兴间，某任言责，欲论一人，未得出处。偶一乡人来访，私谓得其人矣。叙契阔，接殷勤甚欢。其人大喜过望，意汲引可必也。越两日，章疏上，乃同行欲论者。降旨即日押出国门。语云："宁逢恶宾，莫逢故人。"又云："故人相逢，不吉则凶。"

苏颂子容，皇祐间进士，累官门下侍郎。以父绅尝直史馆，极言时政。与梁适同在两禁，人以为险诐。故语曰："草头木脚，陷人倒卓。"木脚是梁字，而草头则苏字。陷人倒卓者，倾险之甚也。又云："苏绅、梁适，谓之草头木脚，其害在士大夫。薛居极、胡椝，谓之草头古，天下苦，其害在民。"

绍圣初逐元祐党人。禁中疏出当谪人姓名。及广南州郡，以水土之美恶，较量罪之轻重，而贬窜焉。执政聚议，至刘安世器之，时蒋之奇颍叔云："刘某平昔，人推其命极好。"时相章惇子厚，即以笔于昭州上点之云："刘某命好，且去昭州试命一巡。"其他苏子瞻贬儋州，子由贬雷州，黄山谷贬宜州，俱配其字之偏旁，皆惇所为也。（惇恨安世，必欲见杀。人言："春循梅新，与死为邻。高窦雷化，说着也怕。"八州恶地，安世历遍七州，所以当时有铁汉之称。）

张天觉在熙宁中，自选人受章子厚知，引为察官。为舒信道发其私书，贬斥流落于外。绍圣初，子厚秉钧，再荐登言路，攻击元祐诸贤，不遗余力，至欲发温公吕正献公之墓。赖曾文肃公力启于泰陵，始免。其为惨酷甚矣。晚既免相，末年以校雠《道藏》复职。又有二苏狂率，三孔疏阔之表。诗有“每闻同列进，不觉寸心忙”之句。常希古亦力言其奸。后来闽中书坊开《骨鲠集》，辄刊靖康诏书于首，由此天下翕然推尊之。事有侥幸乃如此者，可发一叹。（商英为相，有商霖之赐，姓名又入元祐党籍。复以悟道在《传灯录》，何其幸也。）

章惇用林希作御史。希击伊川，只俟邢恕救便击之。恕言于哲宗：“臣于程某，尝事之以师友。今便以程某斩作千段，臣亦不救。”

绍圣间，章子厚为相，立元祐党籍。初止七十三人，其间已自相矛盾。如川洛二党之类，未始同心也。及蔡元长为政，使其徒再行编类党人，刊之于石，名之曰元祐奸党，播告天下。但与元长异意者，人无贤否，官无大小，悉列其中，屏而弃之。殆三百余人。有前日力辟元祐之政者，亦饕厕名。愚智混淆，莫可分别。元长意欲连根固本牢甚，然而无益也，徒使其子孙有荣耀焉。识者恨之。如近日扬州重刻元祐党碑，至以苏迥为苏过。叔党在元祐年，犹未裹头，岂非字画之误乎？迥字彦远，东坡族子，登进士第。元符末，应日食上言，尤为切直。（徽宗因星变，即令卫士仆党碑。云：“莫待明日，引得蔡京又来炒。”）

蔡元度对客，嬉笑溢于颜面。虽见所甚憎者，亦加亲厚无间。人莫能测，谓之笑面夜叉。盛章尹京典藩，以惨毒闻。杀人如刈草菅。然妇态雌声，欲语先笑，未尝正视。或置人死地时，亦不异平日。

蔡元长始以绍述两字，劫持上下，擅权久之。知公论之不可久郁也，宣和间，始令其子招致习为元祐学者。是以杨中立、洪玉父诸人，皆官于中都。又使其门下客著《西清诗话》以载苏黄语，亦欲为他日张本耳。终之祸起朔方，其谋徒巧，亦何益哉！

蔡京、童贯用事，当时谣曰："打破筒，泼了菜，便是人间好世界。"靖康间，秦会之为御史中丞。金人破都城，议立张邦昌以主中国。监察御史马先觉伸，抗言于稠人广坐中曰："吾曹职为谏臣，岂可坐视缄默，不吐一词？当共入议状，乞存赵氏。"会之不答。少焉属稿，遂就呼台吏连名书之。会之既为台长，则当列于首。以状呈，会之犹豫。先觉率同僚合辞力请，会之不得已，始肯书名。先觉遣人疾驰以达金营。先觉中兴初，任殿中侍御史，以亮直称一时。为汪黄所挤，谪监濮州酒税。高宗后思之，以九列召，示将大用，而先觉死。会之自金还，扬言己功，尽掠其美，遂取富贵。先觉子孙漂泊闽中。有甥何琉者，得其元稿，屡欲上之，而马氏子止之。绍兴乙亥春，琉忽梦先觉衣冠如平生，云："秦氏将败，趋使往陈之。"琉即以其稿叩阍，会之大怒，诬以他罪，下琉大理，窜岭外。抵流所未几，而会之果殂。其家讼冤，诏复琉故官，而先觉忠绩遂别于时云。

秦桧擅权久，大诛杀以胁善类。末年，因赵忠简鼎之子汾以起狱，谋尽覆张忠献浚。胡文定安国诸族，棘寺奏牍上矣。

桧时已病，坐格天阁下。吏以牍进，欲落笔，手颤，竟不能字。其妻王在屏后摇手曰："勿劳太师。"桧犹自力，竟仆于几。数日而卒。狱事大解，诸公仅得全。初汾就逮，自分必死，嘱其家曰："此行无全理。脱幸有恩言，当于馈食中置肉笑靥一以为信，毋忘。"既入狱月余，无所问，日施惨酷，求死不可得。一日忽外致食于橐，满其中皆笑靥。汾泣曰："吾约以一，而今乃多如是，殆绐我。"既而狱吏皆来贺。即日脱械出，则桧声钟给赙矣。忠献是时居永，亦微闻当路意，昕夕不自安。且念为太夫人忧，不敢明言。忽外间报中都有人至，亟出视，一男子喘卧檐下，殆不能言。方吉凶叵测，众环睨缩颈。忠献素坚定，于是亦色动。有顷，掖之坐。稍灌以汤饵而苏，犹未出语。亶数指腰间索之，得片纸，盖故吏闻桧讣，走介星驰，至近郊，益奔程欲速，是以颠蹶。顷刻之间，堂序欢声如雷。王卢溪在夜郎郡，守承风旨，待以囚隶。适邮筒至，张宴公堂以召之，卢溪怪前此未之有，不敢赴。邀者系踵，不得已趋诣。罢宴之明日，始闻其事。守盖先得之矣。故卢溪既得自便之命，题诗壁间曰："辰州更在武陵西，每望长安信息稀。二十年兴缙绅祸，一朝终失相公威。外人初说哥奴病，远道俄闻逐客归。当口弄权谁敢指，如今忆得姓依稀。"盖志喜也。同时谢任伯之子景思伋，家在天台，为郡守刘景所捕。既至而改礼，与夜郎守略同。是知桧稔恶得毙。为善类之福不赀，要非幸灾也。

胡忠简铨，既以乞斩秦桧，掇新州之祸，直声振天壤。一时士大夫畏罪钳口，莫敢与之立谈。独王卢溪廷珪作诗送之曰："囊封初上九重关，是日清都虎豹闲。百辟动容观奏牍，几人回首愧朝班。名高北斗星辰上，身堕南州瘴海间。岂待他年公议出，汉庭行召贾生还。""大厦元非一木支，欲将独力拄倾危。痴儿不了官中事，男子要为天下奇。当日奸谀皆胆落，平生忠义只心知。端能饱吃新州饭，在处江山足护持。”于是有以闻于朝者，桧大怒。坐以谤讪，流夜郎，时年七十。既而桧死，寻许自便。因读韩文公《猛虎行》，复作诗寓意曰：“夜读文公猛虎诗，云何虎死忽悲啼。人生未省向来事，虎死方羞前所为。昨日犹能食熊豹，今朝无计奈狐狸。我曾道汝不了事，唤作痴儿果是痴。”盖复前说也。

秦丞相晚岁权尤重。尝有数卒，皂衣持挺立府门外。行路过者稍顾视謦欬，皆呵止之。尝病告一二日，他执政独对，既不敢他语，惟盛称秦公勋业而已。明日入堂，忽问曰：“闻昨奏事甚久。”执政惶恐曰：“某唯颂太师勋德，旷世所无。语终而退，实无他言。”秦嘻笑曰：“甚荷！”盖已嗾言事官上章，执政甫归阁子，弹章副本已至矣。其忮刻如此。（**桧性阴险，同列论事上前，未尝力辨，但以一二语倾挤之，俾帝自怒。**）

丁晋公执政，不许同列留身。惟王文正一切委顺，未尝忤其意。文正谓丁曰：“欲一面求恩泽，又不敢留身。”丁曰：“如公不妨一日留身。”王于是进文字一卷，具道丁事。丁去数武，大悔之。不数日，丁遂有朱崖之行。（**文正公曾，字孝先，封沂国公。**）

秦桧妻王氏，素阴险出其夫上。方岳飞狱具，一日，桧独居书室，食柑玩皮，以爪划之，若有思者。王窥见笑曰：“老汉何一无决耶？捉虎易，放虎难也。”桧掣然当心，付片纸入狱。是日，岳王薨棘寺。

桧之秉轴，屏塞人言，蔽上耳目。凡一时献言者，非诵桧功德，则讦人苛细，以中伤善类。稍涉忌讳，率噤而不发，仅论禁销金铺翠鹿胎冠之类耳。晚年残忌尤甚，数兴大狱。又喜谀佞，不避嫌疑。张扶请桧乘金根车。及桧封益国公，又有乞置益国官属，及议九锡者，桧闻之，坦然不骇。静江有秦城驿，知府吕愿中赋秦城王气诗以媚桧，得召京秩。沈长卿芮煜共赋牡丹诗，有“宁令汉社稷，变作莽乾坤”之句。为邻人所告，编置化州。赵令衿观桧家庙，口诵“君子之泽，五世而斩”。为汪召锡所告，下狱死。至于开门受赂，富敌王家。外国珍奇，死犹踵阈。其子熺无日不煅酒具。治书画，特其细故耳。（桧之死，帝谓杨存中曰：“朕今日始免靴中置刀矣。”其畏之如此。）

宣和中进士永福吴元美，三山文士。作《夏二子传》，略云：“天命商以伐夏，是以伊尹相汤伐桀，而声其刻剥之罪。当是时，清商飙起，义气播扬，劲风四扫，宇宙清廓。夏告终于鸣条。二子之族无大小长少，皆望风陨灭，殆无遗类。天下之民，始得安食酣饮，而鼓舞于清世矣。”夏二子，谓蚊蝇也。其乡人郑玮得之，往诉秦桧，谓其讥毁大臣。其家立潜光亭、商隐堂。怨家亦摘以告云：“亭号潜光，实有心于党李；堂名商隐，本无意于事秦。”李，谓泰发也。桧怒，编管容州，寻谪死于南雄。按韩昌黎诗曰：“朝蝇不可驱，暮蚊不可拍。蝇蚊满八区，可尽与相格。得时能几时，与汝恣啖咋。凉风九月到，扫不见踪迹。”正如元美所云。又郑文表《江表志杨鸾》诗曰：“白日苍蝇满饭盘，夜间蚊子又成团。每到更深人静后，定来头上咬杨鸾。”鸾即南唐汤悦。校文时，举子问欲用尧舜字，不知是几事者也。

高宗初至磁州时，磁人不欲其北行，谏不从。宗忠简欲假神道以止之，曰：“此有崔府君庙甚灵，可以卜珓。”仍言其庙有马更显应，遂入烧香。其马衔车辇等物，塞了去路，遂止不往。后感其事，就玉津园路口造崔府君庙。令曹泳作记。一日北使来，秦桧出接，少憩庙庑，不知何神。上告以故。桧曰："金以为功，今却归功于神，恐不便。"即日毁之。

曹泳、汤思退，皆桧晚年所信用者。曹凶狡尤甚。桧妻儿亲党，皆为其所离间。桧信爱之如子，凡事皆在其笼络中。桧死，其妻儿衔之，泣诉于上，遂编置海外而死。其妻更狡，要一军将取泳丧，恐其不从，先教一婢子云："待我使某军不从时，汝便仆地作侍郎语云：平日受我多少恩，今若不行，即有祸及汝。"及使其人，果不肯行。婢遂倒地如其教，其人遂行。

杀岳武穆，范同谋也。胡铨上封事，桧怒甚，问范如何处置，范曰："只莫采半年，便冷了。若重行遣谪，必成竖子之名。"桧甚畏范，后竟出之。

谄 媚

佞谀之巧，逐臭闻香。汤煮黄龙，甘心尝药；杯传白玉，皓腕行觞。牺充庙俎，狗吠山庄。岂无面目，是何肺肠。陈咸听之，不曰义方。集谄媚。

韩魏公在永兴。一日，有一幕官来参。公一见熟视，蹙然不乐。凡数月未尝交一语。仪公乘间问公："幕官者，公初不识之，胡然一见而不乐?"公曰："见其额上有块隐起，必是礼拜所致，当非佳士。恁地人缓急怎生倚仗。"

唐来鹏诗云："回眸绿水波初起，合掌白莲花未开。"嘉祐中，有王永年者，娶宗女。求举于窦卞、杨绘，得监金耀门书库。永年尝置酒延卞、绘，出其妻间坐，以左右手掬酒以饮卞、绘，谓之"白玉莲花盏"，意亦取鹏诗云。

程师孟尝请于王介甫曰："公文章命世。师孟多幸与公同时，愿得公为墓志，庶传不朽。惟公矜许。"介甫问："先正何官?"师孟曰："非也。师孟恐不得尝侍左右，欲豫求如椽，俟死而刻之耳。"介甫虽笑不许，而心怜之。及王雱死，有习学检正张安国，披发藉草，哭于柩前。曰："公不幸未有子。今郡君妊娠，安国愿死，托生为公嗣。"京师为之语曰："程师孟生求速死，张安国死愿托生。"

光禄卿巩申，佞而好进。老为省判，趋附不已。王荆公为相，每生日，朝士献诗颂，僧道献功德疏以为寿。舆皂走卒，皆笼雀鸽就宅放之，谓之放生。申既不娴诗什，又不能诵经，于是以大笼笼雀诣客次，搢笏开笼，且祝云："愿公一百二十岁。"时有边寨之主妻病，而虞候割股以献者，远近骇笑。或对曰："虞候为县君割股，大卿与丞相放生。"

王荆公当国，郭祥正知邵武州武岗县。实封附递奏书，乞以天下之计，专听王安石处画，凡议论有异于安石者，虽大吏亦当屏黜。表辞亦甚畅辨。上览而异之，一日问荆公曰："卿识郭祥正否？其才似可用。"荆公曰："臣顷在江东尝识之。其为人才近纵横，言近捭阖，而薄于行。不知何人引荐，而圣聪闻知也。"上出其章以示，荆公耻为小人所荐，因极口陈其不可用而止。是时祥正方从章惇辟，以军功迁殿中丞。及闻荆公上前之语，遂以本官致仕。

《朱子语录》：苏东坡子过，范淳夫子温，皆出梁师成门，以父事之。又有某人亦然。师成妻死，温与过欲丧以母礼。方疑忌某人，不得已衰绖而往，则某人先衰绖在帷下矣。（师成自谓东坡遗腹子，待叔党如亲兄弟。谕宅库云："苏学士使一万贯以下不须复。"）

薛昂赋蔡京君臣庆会诗云："逢时可谓真千载，拜赐应须更万回。"时人谓之薛万回。贾秋壑柄国时，浙漕朱浚深源，每有札子禀事，必称某万拜覆。时人谓之朱万拜。深源，晦翁之曾孙也。（元兵入闽，执建宁朱浚，欲降之。曰："岂有朱晦庵后，而失节者？"遂自杀。其即此朱万拜耶？薛昂避蔡京讳，至禁其家人俱不得犯。或不及检，而偶犯者，必加笞责。昂尝自误及，或以为言，乃举手自击其口。）

叶石林为蔡京客，故《避暑录》所书宣政间事，尊京曰鲁公。凡及蔡氏，每委曲回互，而于元祐，斥司马温公名。建炎绍兴初，仕宦者供家状，有不系蔡京、王黼等亲党一项。今日江湖从学者，人人讳道是门生。石林其矫一时之弊耶！

宣和初，有邓其姓者，留守西京，以牛酥百斤遗梁师成。江子我端友作《牛酥行》云："有客有客来长安，牛酥百斤亲自煎。倍道奔驰少师府，望尘且欲迎归轩。守阍呼语不必出，已有人居第一焉。其多乃复倍于此，台颜顾视初怡然。昨朝所献虽第二，桶以纯漆丽且坚。今君来迟数又少，青纸题封难胜前。持归空惭辽东豕，努力明年趁头市。"

元祐名卿朱绂，绍圣初不幸坐党锢。崇宁间亦有朱绂者，苏州人。初登第，欲希晋用，上疏自陈："与奸人同姓名，恐天下后世以为疑，遂易名谔。"蔡元长果大喜，不次擢用。明嘉靖中，浙人徐学诗劾严嵩去职。苏之嘉定有同姓名者，亟改诗为谟，遂登显要。何前后之一辙如此也。（蔡京为相，诣学自尝馒头。其中没见识士人，以手加额曰："太师留意学校。"）

毛德昭名文，江山人，喜大骂剧谈。绍兴初，招徕直谏，无所忌讳。德昭对客议时事，率不逊语，人莫敢与酬对，而德昭愈自若。晚来临安赴省试，时秦会之当国。数以言罪人，势焰可畏。有唐锡永夫者，遇德昭于朝天门茶肆中，素恶其狂，乃与坐，附耳语曰："君素号敢言，不知秦太师如何？"德昭大骇，亟起掩耳，曰："放气，放气！"遂疾走而去，追之不及。

杨存中人号为髯阉，以其多髯而善逢迎。谓形则髯，其所为则阉也。

秦桧在相位，建一德格天之阁。有朝士贺以启云："我闻在昔，惟伊尹格于皇天；民到于今，微管仲吾其左衽。"桧大喜，超擢之。又有选人投诗云："多少儒生新及第，高烧银烛照蛾眉。格天阁上三更雨，犹诵车攻复古诗。"桧亦即与改秩。时有蜀士投启于秦。其间一联云："乾坤二百州，未获托身之所；水陆八千里，来归造命之司。"秦得之尤喜。（沈丞相该，为楼贮书礼佛其上，人谓之五体投地之楼，以对一德格天之阁。）

秦会之初赐居第，时两浙转运司置一局曰箔场，官吏甚众，专应付赐第事。其孙女封崇国夫人者谓之童夫人，盖小名也。爱一狮猫，忽亡之，限令临安府访追。及期不获，府为考系邻居民家。官吏至步行求猫，凡狮形者悉捕致，而皆非也。乃赂入宅老卒，询其状，图百本于茶肆张之。京尹曹泳因嬖人以金猫祈恳，乃已。

秦会之尝问宋参政朴曰："某可比古何人？"朴遽对曰："太师过郭子仪，不及张子房。"秦颇骇曰："何故？"对曰："子仪为宦者发其先墓，无如之何。今太师能使此辈屏息畏慑，过之远矣，然终不及子房者。子房是去得底勋业，太师是去不得底勋业。"秦拊髀太息曰："好！"遂骤迁用至执政。秦之叵测如此。

秦会之有十客：曹冠以教其孙为门客，王会以妇弟为亲客，郭知运以离婚为逐客，吴益以爱婿为娇客，施全以剸刃为刺客，李季以设醮奏章为羽客，龚金以治产为庄客，丁禩以出入其家为狎客，曹泳以献计取林一飞还作子为说客。初止有此九客耳。秦既死，葬于建康。有蜀人史叔夜者怀鸡絮号恸墓前，其家大喜，因厚遗之，遂为吊客。足十客之数。（一以朱希真为上客，曾该为食客，曹冠为闲客，康伯可为狎客，汤鹏举为恶客，某人为词客。）

张说之为承旨也，士之无耻者皆趋之。时富川王质、吴兴沈瀛，俱有声学校。及同官枢属，时誉藉甚。每相谓以诣说为戒，众皆闻而壮之。一日质潜往诣说，升堂，瀛已先在，相视愕然。明日缙绅相传，清议鄙之，久皆不安而去。然则士何贵于文藻宦声也！

韩侂胄有爱姬，小故被谴。钱塘令程松寿亟召女侩，以八百千市之。舍之中堂，旦夕夫妻上食，事之甚谨。姬惶恐莫知所由。居数日，侂胄意解，复召之。知为松寿所市，大怒。松寿闻之，亟上谒献之。曰："顷有郡守辞阙者，将挟市去外郡。某忝赤县，恐忤钧颜，故为王匿之舍中耳。"侂胄意犹未平。姬既入，具言松寿谨待礼。侂胄大喜，即日躐除太府寺丞。自监察御史逾年进右谏议大夫，犹怏怏不满。乃更市一美人献之，名曰松寿。侂胄追问之曰："奈何与大谏同名?"答曰："欲使贱名常达钧听耳。"侂胄怜之，即除同知枢密院事。

侂胄有四妾，皆郡夫人。其三夫人号满头花。新进者号四夫人，尤宠幸。通籍宫中，慈明尝召入赐坐，四夫人即与慈明偶席。其次有十婢均宠。有献北珠冠四枚者，侂胄喜，以遗四夫人。十婢者皆愠曰："等人耳。我辈不堪戴耶?"侂胄患之。时赵师择以列卿守临安，闻之，亟出十万缗，市北珠冠十枚。瞰侂胄入朝献之，十婢者大喜，分持以去。侂胄归，十婢咸来谢。翌日，都市行灯，十婢皆顶珠冠而出，观者如堵。归语侂胄曰："我辈得赵太卿，光价十倍。王何吝酬一官耶?"侂胄许之。遂进师择工部侍郎。侂胄又尝与客饮南园，师择与焉。过山庄竹篱茅舍，曰："此真田舍景，但欠鸡鸣犬吠耳。"少焉，有犬嗥丛薄间。视之乃师择也。侂胄大悦，益亲幸之。太学诸生有诗曰："堪笑明庭鸳鹭，甘作村庄犬鸡。一日冰山失势，汤燖镬煮刀刲。"（师择，字从善，号墙东，千里侄也。侂胄败，有赠之谑词云："侍郎自号东墙，曾学犬吠村庄。今日不须摇尾，且寻土洞深藏。"）

侂胄用事十四年，威行宫省，权震宇内。尝凿山为园，下瞰宗庙，出入宫闱无度。孝宗畴昔思政之所，偃然居之。老宫人见之，往往垂涕。颜棫草制，言其得圣之清，易祓撰答诏。以元圣褒之，四方投书献颂者，谓伊霍旦奭不足以拟其勋，有称为我王者。余哲请加九锡，赵师择乞置平原郡王府官属，侂胄皆偃然当之。籍没之晨，放逐群婢，愿认父母者，听以身首服饰去。市人利其物，诈称某妾父母者，阗哄门巷，或牵裙揽臂而往。发其家藏斥卖之，败衣破絮亦各分包，往往有金珠裹匿，盖诸婢将挈之以为逃计者。慈明以四夫人偶坐之憾，特命京兆杖一百而遣之，流其嗣子于沙门岛。

傅伯寿为江西宪。韩侂胄用事，傅首以启贽之曰："澄清方效于范滂，跋扈遽逢于梁冀。人无耻矣，咸依右相之山；我则异于，独仰韩公之斗。首明趋向，愿出陶镕。"由是擢用至佥书枢密院事。韩败，追三官，夺执政。

贾师宪赐第葛岭，大小朝政，就决馆中，宰执取充位而已。当时为之语曰："朝中无宰相，湖上有平章。"尝作半闲亭以停云水道人。每治事毕，则入亭中打坐。有佞人上《糖多令》词，大称其意。词曰："天上谪星班，群真时往还，驾青牛早度函关。幻出蓬莱新院宇，花外竹、竹边山。○轩冕傥来间，人生闲最难，算真闲不到人寰。一半神仙先占取，留一半、与公闲。"

贾师宪卧治湖山，母犹在养。每岁八月八日生辰，四方善颂者以数千计，悉俾翘馆誊考以第甲乙。一时传诵，为之纸贵。陈惟善《宝鼎》词云："神鳌谁断，几千年再，乾坤初造。算当日、枰棋如许，争一着、吾其衽左。谈笑顷、又十年生聚，处处豳风葵枣。江如镜，楚氛余几，猛听甘泉捷报。天衣细意从头补，烂山龙、华虫黼藻。○宫漏永，千门鱼钥，截断红尘飞不到。六街九轨，看千貂避路，庭院五侯深锁了。一部太平六典，一一周公手做，赤舄绣裳，消得道、斑斓衣好。尽龙眉鹤发，天上千秋难老。甲子平头才一过，未说汾阳考。看金盘露滴瑶池，龙尾放班回早。"廖莹中《木兰花慢》云："请诸君着眼，来看我、福华编。记江上秋风，鲸鼇涨雪，雁徼迷烟。一时几多人物，只我公只手护山川。争睹阶符瑞象，又扶红日中天。○因怀下走奉櫜鞬，磨盾夜无眠。知重开宇宙，活人万万，合寿千千。凫鹥太平世也，要东还赴上是何年。消得清时钟鼓，不妨平地神仙。"陆景思《甘州》歌云："满清平世界，庆秋成，看看斗米三钱。论从来治国，抡功第一，无过丰年。办得闲民一饱，余事笑谈间。若问平戎策，微妙难传。○玉帝要留公住，把西湖一曲，分入林园。有茶炉丹灶，更有污鱼船。觉秋风未曾吹着，但砌兰长倚北堂萱。千千岁，上天将相，平地神仙。”奚倬然《齐天乐》云：“金飙吹尽人间暑，连朝弄凉新雨。万宝功成，无人解得，秋入天机深处。闲中自数。几心酌乾坤，手斟霜露。护了山河，共看光景在银兔。〇而今神仙正好，向清空、觅个冲淡襟宇。帝念群生，如何肯便，从我乘风归去。彝犹洞府。把月杼云机，教它儿女。水逸山明，此情天付与。”赵从橐《陂塘柳》云：“指庭前翠云金雨，霏霏香满仙宇。一清透彻浑无底，秋水也无流处。君试数。此样襟怀，顿得乾坤住。闲情半许。听万物氤氲，从来形色，每向静中觑。〇琪花落，相接西池寿母，年年弦月时序。荷衣菊佩寻常事，分付两山容与。天证取。此老平生，可向青天语。瑶卮缓举。要见我何心，西湖万顷，来去自鸥鹭。”郭居安《声声慢》云：“捷书连昼，甘洒通宵，新来喜沁尧眉。许大担当，人间佛力须弥。年年八月八日，长记他三月三时。平生事，想只和天语，不道人知。〇一片闲心鹤外，被乾坤系足，虹玉围腰。阊阖云边，西风万籁吹齐。归舟更归何处，是天教、家在苏堤。千千岁，比周公多个彩衣。”且侑以俪语云：“彩衣宰辅，古无一品之曾参；衮服湖山，今有半闲之姬旦。”所谓三月三者，盖颂其庚申坪草湖之捷，而归舟乃舫斋名也。贾大喜，既而语客曰：“此词固佳，但失之太俳。安得有着彩衣周公乎？”

贾师宪庚申岁自江上奏功而归。凡其家从行诸客，皆推恩赏。廖莹中以筹幄之劳，转官之外，复特赐黄金百两。廖遂用之铸匜盘以为酒器，且俾杨尚书平舟栋作古篆勒铭于器云：“皇帝御极之三十七年，国有大功，一相禹胼。曰余莹中，与随旆旃。余寔手扶，余后手牵。曰公何之，敌胁是穿。奇胜草坪，受降马前。公一何勇，敌一何恐。余讫济南，公饭余共。推汉倒江，一洗膻潼。彼徒彝矣，公归余从。内金惟精，上赏是重。文昌子孙，世宝是用。谁其铭之，史臣杨栋。”

廖莹中，字群玉，号药洲，邵武人，登科。为贾平章似道之客。尝除大府丞知某州，皆以在翘馆不赴。于咸淳间，命善工翻刻《淳化阁帖》十卷，《绛帖》二十卷，皆逼真。仍用北纸佳墨模拓，与元本并行于时。尝撰福华编以纪鄂功，虽夸张过实，然其文古雅颇奇可喜。似道褫职之夕，与莹中相对痛饮，悲歌雨泣，五鼓方罢。归舍不复寝，命爱姬煎茶，服冰脑数握。姬觉之，急夺救，已无及矣。持其妾而泣曰：“勿哭！勿哭！我从丞相二十年。一日倾败，得善死足矣。”言毕而死。莹中尝为园湖滨，有世彩堂，在勤堂，芳菲径，红紫庄，桃花流水之曲，绿荫芳草之间。

贾师宪尝刻《奇奇集》，萃古人用兵以少胜多。如赤壁、淝水之类，盖自诧其援鄂之功也。又开《全唐诗话》三帙，及自选本朝《十三朝国史》。如《类说》例为百卷，名《悦生堂随抄》。其所援引书，多目所未见者。复命婺州碑工王用和翻定武兰亭，凡三年而后成。至赏之以勇爵。纤发无遗恨，几与真本相乱。又缩为小字，刻之灵璧石，号玉版兰亭。

杨驸马赐第清湖，巨珰董宋臣领营建之事。拓四旁民居以广之。太学生方大猷之居最逼近，珰意其必雄据，未易与语。一日具礼物往访之，方延入坐。珰未敢有请，方遽云：“今日内辖相访，得非以小屋近墙，欲得之否?”珰愕不复对。方徐曰：“内辖意谓某太学生，必将梗化，所以先蒙见及。某便当首献作倡。”就案即书契与之。珰以成契奏知，穆陵大喜，视其直数倍酬之。方作表谢有云：“普天之下，莫非王土。一毫以上，悉出君恩。”（上毛诗，下东坡，谢表并全句）自是擢第登朝，皆由此径而梯焉。

科　名

贤豪间者，不称官阀。方幅齿遇，岂必巍科。然有第一之名流，不愧无双之国士。集科名。

太宗临轩放榜，三五名以前，皆出贰郡符，迁擢荣速。陈尧叟王曾初中第，即登朝领太史之职，赐以朱韨。尔后状元登第者，不十余年皆望柄用。每殿廷胪传第一，则公卿以下，无不耸观。虽至尊亦注视焉。自崇政殿出东华门，传呼甚宠。观者拥塞通衢，人肩摩不可过。锦鞯绣毂，角逐争先，至有登屋而下瞰者。庶士倾羡，欢动都邑。洛阳人尹洙，意气横跞，好辨人也。尝曰："状元登第，虽将兵数十万，恢复幽蓟，逐强蕃于穷漠，凯歌劳还，献捷太庙，其荣亦不可及也。"

太宗时，亲试进士。每以先进卷者，赐第一人及第。孙何与李庶几同在场屋，皆有时名。庶几文思敏速，何苦思迟。会言事者上言举子轻薄，为文不求义理，惟以敏速相夸。因言庶几与举子于饼肆中作赋，以一饼熟成一韵者为胜。太宗闻之，大怒。是岁殿试，庶几最先进卷，遽叱出之。由是何为第一。

陈正敏《遁斋闲览》：梁灏八十二岁，雍熙二年状元及第。其谢启云："白首穷经，少伏生之八岁；青云得路，多太公之二年。"后终秘书监。卒年九十余。此语既著，士大夫亦以为口实。及以国史考之，梁公，字太素。雍熙二年廷试甲科。景德元年，以翰林学士知开封府。暴疾卒，年四十二。子固亦进士甲科，至直史馆。卒年三十二。史臣谓梁，方当委遇，中涂夭谢，明白如此。遁斋之妄，不待攻也。

真宗东封六月，放梁固以下进士及第；祀后土于汾阴，放张师德以下进士及第。固父状元灏，师德父状元华。魏野诗曰：“封禅汾阴连岁榜，状元俱是状元儿。”

淳化二年，武当山道士邓若拙，出神至一处，见二仙官议曰：“来春进士榜有宰相三人，而一人名极低，奈何?”一人曰：“高下不可易也。独科甲可易耳。”道士既觉，与其徒言之。明年唱名，上适有宫中之喜，因谓近臣曰：“第一甲多放几人，言止即止。”遂唱第一甲。上意亦忽忽忘之，至三百人方悟。是年孙何榜三百五十三人，而第一甲三百二人，第二甲五十一人。丁谓第四人，王钦若第十一人，张士逊第二百六十人。后士逊入相，致仕游武当，若拙弟子为公言之。

王沂公曾布衣时，以所业质吕文穆公蒙正。卷有《早梅》句曰：“雪中未问和羹事，且向百花头上开。”文穆公曰：“此生次第，已安排作状元宰相矣。”后皆尽然。

郑毅夫獬，自负时名。国子监以第五人送，意甚不平。谢主司启，有“李广事业，自谓无双；杜牧文章，止得第五”。又云：“骐骥已老，甘驽马以先之；巨鳌不灵，因顽石之在上。”主司深衔之。他日廷策，主司复为考官，必欲黜落，以报其不逊。有试业似獬者，枉遭斥逐，而发封，则獬乃第一人及第。

嘉祐中，士人刘几好为怪险之语。学者翕然效之，遂成风俗。欧阳公深恶之。会公主文，决意痛惩。凡为斯谲者，一切弃黜。有一举人论曰："天地轧，万物茁，圣人发。"公曰："此必刘几也。"戏续之曰："秀才剌，试官刷。"乃以朱笔涂抹之。自首至尾，谓之红勒帛，大批谬字榜之，既而果几也。复数年，公为御试考官，而几仍在廷。公曰："除恶务尽，今必痛斥轻薄子，以清文章之害。"有一士人论曰："太上收精藏也，于冕旒之下。"公曰："吾已得刘几矣。"既黜，乃吴人萧稷也。是时试尧舜性之赋。有云："故得静而延年，独高五帝之寿。动而有勇，形为四罪之诛。"公大称赏，擢为第一。及唱名，乃刘辉。有识之者，此即刘几也。公愕然久之。

陈文忠公尧叟，字唐夫，端拱二年状元及第。文惠公尧佐，字希元，端拱二年进士。康肃公尧咨，字嘉谋，咸平三年状元及第。三人皆秦国公省华之子也。方希元登第之明年，赐维与父省华同日改秘书丞。故唐夫有启事云："蟾桂骊珠，连岁有弟兄之美；鱼章象简，同时联父子之荣。"乐平三淇，皆忠宣公皓之子也。兄弟连中词科。绍兴十三年，忠宣公以徽猷学士入翰苑。绍兴二十九年，其仲子文安公遵始入西省。隆兴二年，文惠公适继之。乾道二年，文敏公迈又继之，相距二十二年。故景卢有谢表云："父子相承，四上銮坡之直；弟兄在望，三陪凤阁之游。"二事实为有宋儒林之盛。

世以登科为折桂。此谓郤诜对策东堂，自云"桂林一枝也"。自唐以来用之。温庭筠诗云："犹喜故人新折桂，自怜羁客尚飘蓬。"其后以月中有桂，故又谓之月桂。而月中又言有蟾，故又改桂为蟾。以登科为登蟾宫。用郤诜事固已可笑，而展转相讹复尔，然文士亦沿袭因之弗悟也。烧尾之义，或谓虎化为人，唯尾不化，须为焚除，乃得成人。或谓鱼跃龙门，唯尾不化，必雷火烧之，乃成为龙。或又谓新羊入群，为诸羊所触，火烧其尾则定。

祥符中，西蜀有二举人同砚席。既得举，贫甚，干索旁郡以办行。将迫岁，始离乡里。惧引保后时，穷日夜以行。至剑门张恶子庙，号英显王。其灵蚤震三川，过者必祷焉。二子过庙，已昏晚，大风雪，苦寒不可夜行，遂祷于神。各占其得失，且祈梦为信。就庙庑下席地而寝。入夜风雪转甚，忽见庙中灯烛如昼，肴俎甚盛。人物纷然往来，俄呵导自远而至，声振四山，皆岳渎贵神也。既就席，宾主劝酬如世人。二子大惧，潜起，伏暗处观焉。酒行，忽一神曰："帝命吾侪作来岁状元赋，当议题。"一神曰："以铸鼎象物为题。"既而诸神分缀一韵，且各删润雕改。又商确久之，遂毕。朗然诵之曰："当召作状元者魂魄授之。"二子默喜，私相谓曰："此正为吾二人。"迨将晓，神复如前传呼而去。二子素聪警，尽记其赋，亟写于书帙后，相与拜赐鼓舞而去。在道笑语欣然，唯恐富贵之逼身也，志气扬扬。至御试，二子坐东西廊。题出，果铸鼎象物赋，韵脚尽同。东廊下者下笔思庙中所书，懵然一字不能上口，过西廊问之。西廊者曰："题验矣，我乃不能记。子幸无隐。"东廊者曰："我亦然，正欲问子耳。"于是二子交相怒曰："临利害之际，乃见平生。且此神赐，而独私以自用，天其福尔耶?"各愤怒不得意，草草信笔而出。及唱名，二子皆被黜。状元乃徐奭也。即见印卖赋，持比庙中所记，无一字异。二子叹息，始悟凡得失皆有假手者，遂皆罢笔入山，不复事进取云。

天圣初，宋元宪公在场屋日，梦魁天下故事。四方举人集京师当入见，而宋公姓名，偶为众人之首。礼部奏举人宋郊等，公大恶之，以为梦征止此矣。然其后卒为大魁。绍兴初，张子韶亦梦魁天下。比省试，类榜坐位图出，其第一人则张九成也。公殊怏怏。及廷试唱名，亦冠多士。

取士至仁宗时，始有糊名考校之律。虽号至公，然尚有识认字画之弊。其后袁州人李彝宾上言，请别加誊录，因着为令。仁宗赐进士及第诗云："恩袍草色动，仙籍桂香浮。"黄冕仲谢及第启，全用以为一联云："恩袍色动，迷芳草之依依；仙籍香浮，惹春风之拂拂。"东坡戏之曰："好作闻喜燕酸文。"

袁州自国初时，解额以十三人为率。仁宗时，查拱之郎中知郡日，因秋试进士，以"黄花如散金"为诗题，盖取《文选》诗"青条若聚翠，黄华如散金"也。学子多以秋景赋之，惟六人不失诗意，由是止解六人。后遂为额。无名子嘲之云："误认黄华作菊华。"

张芸叟治平初赴春试。时冯当世主文柄，以公生明为赋题。芸叟误迭押明字。试罢，自分黜矣。及榜出，乃居第四。芸叟每窃自念，省场中卤莽乃尔，然未尝以语人也。当世后不相闻。至元祐中，芸叟以秘书监使契丹，当世留守北门，经由始修门生之敬。置酒甚欢，酒半，当世谓芸叟曰："京顷知举时，秘监赋中重迭用韵。以论策佳，因自为改去，擢置优等。尚记忆否？"芸叟方饮，不觉杯覆怀中，于是再三愧谢而去。前辈成人之美有如此者。（张舜民，字芸叟，邠州人。冯京，字当世。）

元祐中，东坡知贡举，李方叔就试。将锁院，坡缄封一简，令送方叔。值方叔出，其仆受简置几上。有顷，章子厚二子曰持、曰援者来，取简窃观，乃扬雄优于刘向论一篇。二章惊喜，携之以去。方叔归，求简不得，知为二章所窃，怅惋不敢言。已而果出此题，二章皆模仿坡作。方叔几于阁笔。及拆号，坡意魁必方叔也，乃章援。第十名文意与魁相似，乃章持。坡失色。二十名间一卷颇奇，坡谓同列曰："此必李方叔。"视之乃葛敏修。时山谷亦预校文，曰："可贺内翰得人。此乃仆宰太和时，一学子相从者也。"而方叔竟下第。坡出院闻其故，大叹恨，作诗送其归。所谓"平生漫说古战场，过眼终迷日五色"者是也。其母叹曰："苏学士知贡举，而汝不成名，复何望哉?"抑郁而卒。

东坡帅武定，诸馆职饯于惠济官。坡举白浮欧阳叔弼、陈伯修二校理，常希古少尹，曰："三君但饮此酒。酒釂，当言所罚。"饮竟，东坡曰："三君为主司，而失李方叔，兹可罚也。"三君惭谢而已。张文潜舍人在坐，辄举白浮东坡曰："先生亦当饮此。先生昔知举而遗之，与三君之罚均也。"举坐大笑。

神宗理会得文字，极喜陈师锡文。尝于太学中取其程文阅之，每得则贮之锦囊中。及殿试，排卷子奏御，神宗疑非师锡之文，从头阅之。至中间见一卷子，曰："此必陈某之文也。"置之第三。已而果然。

徐遹，闽人。博学尚气，累举不第，久困场屋。崇宁二年，为特奏名魁，时已老矣。赴闻喜集，赐宴于琼林苑。归骑过平康，同年所簪花，多为群娼丐取，惟遹花独存。因戏题一绝云："白马青衫老得官，琼林宴罢酒肠宽。平康过尽无人问，留得宫花醒后看。”后仕至朝官，知广德军。谢事而归。

刘器之晚居南京，马巨济涓作少尹。巨济廷试日，器之作详定官所取也，而巨济每见器之，未尝修门生之敬。器之不平，因以语客。客以讽巨济，巨济曰：“不然。凡省闱解送，则有主文，故所取士得以称门生。殿试盖天子自为座主，岂可复称门生于人。幸以此谢刘公。”客以告器之，器之叹服其说，自是甚欢。

绍兴间，黄公度榜第三人陈修，福州人。解试四海想中兴之美赋。第五韵隔对曰：“葱岭金堤，不日复广轮之土；泰山玉牒，何时清封禅之尘。”时诸郡试卷多经御览，高宗亲书此联于幅纸，粘之殿壁。及唱名，玉音云：“卿便是陈修?”吟诵此联，凄然出涕。问卿年几何，对曰：“臣年七十三。”问卿有几子，对曰：“臣尚未娶。”乃诏出内人施氏嫁之。年三十。赀奁甚厚。时人戏为之语曰：“新人若问郎年几，五十年前二十三。”

清漳杨汝南，少年时以乡贡试临安，待捷旅邸。夜梦有人以油沃其首，惊而悟。榜既出，辄不利。如是者三，窃怪之。绍兴乙丑，复与计偕，惧其复梦也。揭晓之夕，招同邸市酒肴，明烛张博具，剧饮以达旦。夜向阑，四壁咸寂。有仆卧西牖下，呻吟如魇，亟振而呼之醒，乃具言：“初以执炙之勚，视博方酣。窃就枕，忽梦有二人者，扛油鼎自楼而登，苍皇若有所索。顾见主之在坐也，执而注之。我怒而争，是以魇。”汝南闻之大恸曰：“二千里远役，今复已矣。”同邸亦相与叹诧，为之罢博。及明，漫强之观榜，而其名俨然中焉。第觉榜署间黯然有迹，振衣拂之，油渍其上。盖御史莅书淡墨时，夜中仓猝覆灯碗，吏不敢以告耳。宛陵吴胜之柔胜，淳熙辛丑得隽于南宫，将赴廷对。去家数十里，有地名朱唐，舟行之所必经。里之士夜梦有语之者曰：“吴胜之入都，至朱唐而反矣。”起而告诸人。时吴有亲在垂白，意其或尼于行也，私忧之，既而无他。集英赐第，乃在第三甲。上曰朱端常，联之者曰唐廙，始悟所梦。里士怒曰：“吴胜之登科，何与我事，鬼乃侮我耶？”

雷申锡，江西人。绍兴中，一举中南省高第。廷试前三日，客死都下。捷音与讣踵至，其妻日夜悲哭。忽一夕梦申锡自言：“我宿生为太吏，有功德于民，故累世为士大夫。然尝误入死囚，故地下罚我凡三世如意时暴死。如此已两世矣，须更一世，乃足以偿宿谴耳。”其事可以为治狱者之戒。

钟炤之字彦炤，乐平人。长于词赋。绍兴己卯，春夜读书窗下，闻有吟哦者曰：“霖作商岩雨，薰来舜殿风。”诵至再。启户视之，无所见，以为神物所告，谨志于策。至秋试，以膏泽多丰年为诗题。钟押丰字韵，用此二句入第五联。考官读之，击节称赏。批其侧曰：“形容得膏泽意好。”置之高列。此与唐钱起夜宿客舍，闻有吟于庭中曰“曲终人不见，江上数峰青”，及就试日，作湘灵鼓瑟诗，用为末联，礼部侍郎李麟谓之绝唱，遂擢第，甚相类也。

程敦厚子山，东坡表兄士元之孙也。秦桧喜之。为中舍时，一日呼至第，请入内阁俟之终日。一室萧然，独案上有紫绫褾一册，书圣人以日星为纪赋。末后有学士类贡进士秦喧呈。文采富艳。子山兀坐静观，反复成诵。虽酒肴间劳沓至，及晚，竟不出。乃退，子山叵测也。后数日，差知贡举，宣押入院，始大悟。即以是命题，其孙果首选。

翀峰萧公登科岁，第一人本丞相忠定赵公。故事，设科以待草茅士。凡预属籍挂仕版者，法当逊避。唱名日，遂升萧为榜首，故萧对御吟有“名传玉陛星辰晓，泽霈金枝雨露春”之句。其谢启云：“预飞龙之选，淮安论次以当先，无汗马之劳，酂侯何功而居上。”盖用宗室及萧氏事。人多称之。

赵忠定公汝愚，初登第，谒赵彦端德庄。德庄故余干令，因家焉。故与忠定父兄游。语之曰：“谨毋以一魁置胸中。”又曰：“士大夫多被富贵诱坏。”又曰：“今日于上前得一二语奖谕，明日于宰相处得一二语褒拂，往往丧其所守者多矣。”忠定拱手曰：“谨受教。”前辈于后进如此。

金陵有僧嗜酒佯狂，时言人祸福，人谓之风和尚。陈莹中未第时，问之云：“我作状元否?”即应之曰：“无时可得。”莹中复谓之曰：“我决不可得耶?”又应如初。明年，时彦御试第一人，而莹中第二。方悟其无时可得之说。

毕渐为状元，赵谂第二。初唱第，而都人急于传报，以蜡刻印，渐字所模点水不着墨。传者厉声呼云：“状元毕斩，第二人赵谂。”识者皆云不祥。而后谂以谋逆被诛，则是毕斩赵谂也。

淳熙中，王季海为相，奏起汪玉山为大宗伯，知贡举，且以书速其来。玉山将就道，有一布衣友，平生极相得，屡黜于礼部，心甚念之。乃以书约其胥会于富阳一萧寺中，与之对榻。

夜分密语之曰：“某此行或典贡举，当特相牢笼。省试程文易义冒子中可用三古字，以此为验。”其人感喜。玉山既知举，搜易卷中，果有冒子内用三古字者，遂置之前列。及拆号，非其友也，窃怪之。数日友来见，玉山怒责之曰：“此必足下轻名重利，售之他人。何相负如此?”友指天自誓曰：“某以暴疾几死，不能就试。何敢泄之于他人?”玉山终不释然。未几，以古字得者来谒，玉山因问头场冒子中用三古字何也？其人沉吟久之，对曰：“兹事颇怪。先生既问，不敢不以实对。某之来就试也，假宿于富阳某寺中。与寺僧闲步庑下，见室陬一棺，尘埃漫漶。僧曰：‘此一官员女也。殡于此十年矣，杳无亲戚来问。’因相与默然。是夕梦一女子行庑下，谓某曰：‘官人赴省试，头场冒子中可用三古字，必登高科。但幸勿忘，使妾朽骨早得入土。’既觉，甚怪之。遂用其言，果获叨滥。近已往寺中葬其女矣。”玉山惊叹。（王淮，字季海，金华人。谥文定。汪应辰，字圣锡。玉山兵家子。）

李德远发解《本强则精神折冲赋》一联云：“虎在山而藜藿不采，威令风行；金铸鼎而魑魅不逢，奸邪影灭。”主司大喜。乃全用汪玉溪作黄潜相麻制。士人经礼部讼之。时樊茂实为侍郎，乃云：“此一联当初汪内翰用时，却未甚当，今李解元用此赋中方工。”

庆元癸酉秋试，两浙运司干官临川龚孟镤为考官。龚道出慈溪，忽梦有人以杯酒饮之，且作四字于掌中。晓起便觉目视𥇦𥇦。及入院发策，第一道中，误以一祖十三宗为十四宗。于是士子大哄，径排试官房闼，悉遭棰辱。至有负笈而逃者。龚偶得一兵负去而免。刘制使良贵亲至院外抚谕，遂权宜以策题

第二道为首篇。续撰其三，久之始定。于是好事者作隔联云："龚运翰出题疏脱，以十三宗作十四宗。刘制使下院调停，用第二道为第一道。"明年秋，度宗宾天，于是十四宗之语遂验。

吴人孙山，滑稽有才。赴举时，乡人托以子偕往。乡人子失意。山缀榜末，先归。乡人问其子得失，山曰："解名尽处是孙山，贤郎更在孙山外。"

三山苏大璋颙之，治易有声。戊午乡举，梦为第十一人。数为人言之。既试，将揭榜，同经人诉于郡，谓其自许之确，必与试官有成约。及拆号，第十一名果易也。帅携此状入院遍示考官，谓设如所言，诸公将何以自解？不若以待补首卷易之。众皆以为然。既拆号，则自待补为正解者，大璋也。由正解而易为待补之人者，乃诉牒之人也。次年，苏遂冠南宫。

莆田方翥试南宫，第三场欲出纳卷，有物碍其足。视之，则一卷子，止有前二篇，其文亦通畅。不解何以不终卷而弃于地也。翥笔端俊甚，以其绪余足成之，并携出中门，投之幕中。一时不暇记其姓名，翥既中第，亦不复省问。他年，翥为馆职，偶及试闱异事，间及之。有同年在坐，默不一语。翌日，具冠裳造方自叙本末，言："试日疾不能支吾，扶曳而出。试卷莫记所在，已绝望矣。一旦榜出，乃在选中，恍然疑姓名之偶同。幸未尝与人言。亟入京物色之，良是。借真卷观之，俨然有续成者，竟莫测所以。今日乃知出君之笔。君吾恩人也。"方笑谢而已。

黄致一初进科场，方十三岁。出"腐草为萤"赋题，未审有何事迹。同场皆以其童年忽之，漫告之曰："萤则有若所谓聚萤读书，草则若所谓青青河畔草，又若所谓君子之德风，小人之德草，皆可用也。"致一乃用此为一隔句曰："昔年河畔，尝叨君子之风；今日囊中，复照圣人之典。"遂发解。利无言年十七岁，在太学时称俊才。先季试读《司马穰苴传》曰："将在军，君命有所不受。"乃谓同舍曰："某明日策中必用此句。"明日问神宗日录所同，乃与昨日事殊。无言乃对曰："秉笔，权犹将也。虽君命有所不受。"遂作魁。此皆一时英妙可喜。故事无工拙，顾在下笔何如耳！

进士科试文字，学究科试墨义。凡试一大经者，兼一小经。每段举一句，令写上下文，以通不通为去取。应者多是齐鲁河朔间人。只能记诵，未晓文义，故当时有董五经黄二传之称，正如和尚转经相似。有司入试日，于进士则设案焚香，垂帘讲拜。至学究则撤幕以防传义，其法极严，有渴至饮研水而黔其口者，传以为笑。欧阳公诗云："焚香礼进士，撤幕待明经。"其取厌薄如此。荆公所以罢之。

隐逸

游即方外，隐亦人间。买山钱少，过院僧闲。避去何须金马，倦来且下松关。入林呼鹿，钓水盟鹇。集隐逸。

钱文僖公惟演，生贵家，而文雅乐善，出于天性。晚年以使相留守西京。时通判谢绛、掌书记尹洙、留守推官欧阳修，皆一时文士。游宴吟咏，未尝不同。洛下多水竹奇花，凡园囿之胜无不到。有郭延卿居水南，少与张文定、吕文穆游。累举不第，以文行称于乡闾。张、吕作相，更荐之，得宫职，然延卿未尝就。葺幽亭艺花，足迹不及城市。时年八十余。一日文僖率僚属往游，去其居一里外，即屏驺从，徒步访之。延卿道服延接，相与晤谈。数公疏俊爽闿，天下之选。延卿笑曰："陋居罕有过从。所接之人，亦无若数君者。老夫甚惬，愿少留对花小酌。"遂进陶尊果蔌。文僖爱其野逸，为引满不辞。既而吏报申牌，府史牙兵排列庭中。延卿徐曰："公等何官，而从吏之多也?"尹洙指而告曰："留守相公也。"延卿笑曰："不图相国肯顾野人。"相与大笑。复曰："尚能饮否?"文僖欣然，更为数举。盘筵礼节无少加于前，而谈笑自若。日入辞去，延卿送之门，顾曰："老病不能造谢，希勿讶也。"文僖登车，茫然自失。翌日语僚属曰："此真隐者。彼视富贵为何物耶!"因称叹屡日。

治平中，滕达道、钱醇老、孙莘老、孙巨源，同在馆中。花时各历数京师花最盛处。滕曰："不足道。"约旬休日，相率同游。三人者如其言。达道前行，出封丘门，入一小巷中。行数步，至一门，陋甚。又数步，至大门，特壮丽。造厅下马。主人戴道帽，衣紫半臂，徐步而出。达道素识之，因曰："今日风埃特甚。"主人曰："此中不觉。诸公宜往小厅。"至则杂花盛开，雕栏画楯，楼观甚丽，水陆毕陈，皆京师所未尝见。主人云："此未足佳。"顾指开后堂门。坐上已闻乐声矣。莘老时在谅阇中，辞之，众遂起去。莘老尝语人云："平生看花，只此一处。"

山谷题玄真子图词，所谓"人间底是无波处，一日风波十二时"者，固已妙矣。张仲宗词云："钓笠披云青嶂晓，橛头细雨春江渺。白鸟飞来风满棹，收纶了，渔童拍手樵青笑。○明月太虚同一照，浮家泛宅忘昏晓。醉眼冷看朝市闹，烟波老，谁能惹得闲烦恼。"语意尤飘逸。仲宗年逾四十，即桂冠。后因作诗送胡澹庵，贬新州；忤秦桧，亦得罪。其标致如此，宜其能道玄真子心事。

唐子西诗云："山静似太古，日长如小年。"余家深山之中，每春夏之交，苍藓盈阶，落花满径，门无剥啄，松影参差，禽声上下。午睡初足，旋汲山泉。拾松枝，煮苦茗啜之。随意读《周易》《国风》《左氏传》《离骚》《太史公书》，及陶、杜诗，韩、苏文数篇。从容步山径，抚松竹，与麛犊共偃息于长林丰草间。坐弄流泉，漱齿濯足。既归竹窗下，则山妻稚子，作笋蕨供麦饭，欣然一饱。弄笔窗间，随大小作数十字。展所藏法帖笔迹画卷纵观之，兴到则吟小诗，或草玉露一两段。再烹苦茗一杯。出步溪边，邂逅园翁溪友。问桑麻，说秔稻，量晴较雨，探节数时，相与剧谈一饷。归而倚杖柴门之下，则夕阳在山，紫绿万状，变幻顷刻，恍可人目。牛背笛声，两两来归，而月印前溪矣。味子西此句，可谓妙绝，然此句妙矣，识其妙者盖少。彼牵黄臂苍，驰猎于声利之场者，但见衮衮马头尘，匆匆驹隙影耳。乌知此句之妙哉！人能真知此妙，则东坡所谓："无事此静坐，一日是两日。若活七十年，便是百四十。"所得不已多乎！

松江一渔父，每棹小舟，往来长桥，扣舷饮酒，酣歌自若。绍圣中，闽人潘裕，自京师调官过吴，因就与语，且曰："先生澡身浴德。今圣明在上，盍出而仕？"父笑曰："君子之道，或出或处。吾虽不能栖隐岩穴，追园绮之踪，窃慕老氏曲全之义，且养志者忘形，养形者忘利，致道者忘心，心形俱忘，其视轩冕如粪土耳。与子出处异趣，无与吾事。"

车溪赟上人言，尝与其徒月夜登阁，听江贯道参鼓琴。贯道信手忘言，曲尽其妙。于是据琴而弗弹，坐客莫不自失。超然得意于丝桐之表。隆茂宗乃画为据琴图。（僧梵隆，字茂宗，号无住。吴兴人。善白描人物山水。师伯时，高宗极重其画。）

田承君有庐在乱山中，前有竹，旁有溪。溪畔有大石，前后树以梨枣。日与二弟穿竹渡溪，倦则坐石上，或藉以草。葛巾草屦，吟讽而归。以是遗老而忘忧。

刘十功，字子民，滨州安定人。弱不好弄，及长，筑室于环堵之间。不语不出者三十余年，或不食。徽宗闻其名，数遣郡县津致，间驰近侍召之。对曰："吾有严愿，不出此门。"上知不可夺，赐号高尚先生。王子常侍郎问以修行之术。书云："非道亦非律，又非虚空禅。独守一亩宅，惟耕已心田。"又云："以手扪胸，欲心清净。以手上下，欲气升降。"又云：

“常人以嗜欲杀身，以财货杀子孙，以政事杀民，以学术杀天下后世。吾无是四者，岂不快哉！”靖康之变，不知所终。以嗜欲杀身，货财杀子孙，举世之通患。以政事杀民，虽能吏有不自觉者。以学术杀天下后世，当时其有感于王安石之事乎？

康誉之叔闻云：“宣政间，杨可试、可弼、可辅兄弟，喜读书，精通易数，兼明风角鸟占云祲孤虚之术，于兵法尤邃。三人皆名将也。自燕山回，语先人曰：‘吾数载前在西京山中，遇一老人语甚款，劝余勿仕，隐去可也。问何地可隐，老人笑曰：欲知之否？乃引余入山，有一穴焉。老人入，余从之。穴渐小，挟服以入。约三四十步，即就宽。少顷出穴，见土田鸡犬，陶冶居民，大聚落也。至一家，有人来迎，笑谓老人久不来矣。乃为设酒，味薄而醇，其香郁烈。更杀鸡进黍，意极款洽。老人谓曰：此公欲来，能相容否？对曰：此中地颇阔，民居苦少，何为不可。但居是地者，皆信厚和睦，虽异姓犹同气也。今观子神宇毛骨，非贵官即名士，是翁肯相引至此，则子必贤者矣。此间凡衣服饮食，牛畜丝枲之类，皆不私藏，与众均之，故可共处。子果来，勿携金珠锦绣珍异诸物，在此俱无用，且起争端。徒手而来可也。指一家云：彼来亦未久。有绮縠珠玑之属，众共焚之。所享者惟薪米鱼肉果布，此殊不阙也。唯计口授地，以耕以蚕，不可取衣食于他人耳。余谢而从之。又戒曰：子或来迟，则以一丸泥封穴，不可复入矣。迫暮与老人同出。今吾兄弟皆休官以往矣。公能相从否？’于是三杨自中山归洛，乃尽捐囊箱所有，易丝与布绢等先寄穴中。俟天下果扰攘，便共入穴。后闻可试布袍卖卜于市；二弟筑室山中不出，自是杳不闻问。先人尝遣人至其地侦之，则屋已三易主。三杨所向不可得而知矣。及绍兴和好之成，金人归我三京。余至故都访旧居，忽有人问此有康通判家否，出一书相示，则杨手札也。书中致问殷勤，且云：余居山中，甘食安寝，终日无一毫事，何必更求仙乎？公能来甚善。余报以先人殁于辛亥岁，今移家宜兴。俟三京帖然，然后奉老母北还。先生再能寄声以命诸孤，则可寻高躅于清净境中矣。未几金人渝盟，余颠顿还江南，从此遂绝。”

苏翁者，初不知何许人。绍兴兵火末，来豫章东湖南岸，结庐独居。待邻右有恩礼。无良贱老稚，皆不失其欢心。故人爱且敬之，称曰苏翁。身长九天，美须髯，寡言笑。布褐草履，终岁不易。未尝疾病，筋力数倍于人。食啖与人亦倍。巨钟长柄，略与身等。披荆棘，转瓦砾，辟废地为圃。或区或架，或篱且埢，应四时蔬菜，不使一阙。艺植耘芟，皆有法度。灌注培壅，时刻不差。虽隆暑极寒，土石焦灼，草木冻死，圃中根荄芽甲，滋郁畅茂。以故蔬不绝圃，味视他圃蔬为最胜。市鬻者利倍而售速。每先期输直，不二价而人无异辞。昼尔治圃，宵尔织履。履坚韧，革舄可穿，屦不可败。织未脱手，人争贸之以馈远。号曰苏公履。薪米不至匮乏，且有余羡。喜周急人。有贷假，随力所及应之。负偿一不经意。闭门高卧，或危坐终日。人莫测识。先是高宗南渡，急贤如饥渴，时张公浚为相，驰书函金币，且移书履豫章曹及帅曰：“余乡人苏云卿，管乐流亚，遁迹湖海有年矣。近闻灌园东湖，其高风伟节，非折简所能屈。幸亲造其庐，为我必致之。”漕帅密谕物色。彼人曰：“此有灌园苏翁者，无云卿也。”漕帅即相与变服为游客，入其圃，翁运锄不顾。二客前揖与语，翁良久，问客何从来，乃延入室。土锉竹几，辉光溢然，地无纤尘。案上留《西汉书》一册。二客神融意消，恍若自失，默计曰：“此为苏云卿也必矣。”既而汲泉煮茗，意稍款接。客遂扣曰：“翁仙里何地？”徐曰：“广汉。”客曰：“张德远广汉人，翁当识之。”曰：“识。”客又问：“德远何如人？”曰：“贤人也。第长于知君子，短于知小人。德有余而才不足。”因问：“德远今何官？”二客曰：“今朝廷起张公欲了此事。”翁曰：“此恐怕他未便了得在。”盖其初不料张公使其访己而欲致之也。二客遂笑谓翁曰：“某等备乏漕帅，实非游者。张公今秉相权，令某等造庐以礼致公，共济大业。”出书函金币于其案上。翁色遽变，喉中隐隐有声，似怨张公暴己者。至是始知翁广汉人，即云卿是已，然终不知云卿其字耶，抑名耶。继旌旗填委，坚请翁同载以归。再三谢不可，许诘朝上谒。越夕，遣使迎伺，则扃户阒然。从他径排闼入，惟书币留案上，俨然如昨日。室空而人不可得而见矣。形迹辽绝，莫知所终。

刘先生者，河朔人。年六十余，居衡岳紫盖峰下，间出衡山县市。从人乞得钱，则市盐酪径归，尽则更出。日携一竹篮，中贮大小笔棕帚麻拂数事，遍游诸寺庙。拂拭神佛塑像，鼻耳窍有尘土，即以笔撚出之。率以为常。环百里人皆熟识之。县市一富人，尝赠以一衲袍，刘欣谢而去。越数日见之，则故褐如初，问之。云：“吾几为子所累。吾常日出庵，有门不掩。既归就寝，门亦不扃。自得袍之后，不衣而出，则心系念。因市一锁，出则锁之。或衣以出，夜归则牢关以备盗。数日营营，不能自决。今日偶衣至市，忽自悟以一袍故，使方寸如此，是大可笑。适遇一人过前，即解袍与之，吾心方坦然，无复系念。嘻，吾几为子所累矣。”尝至上封，归路遇雨。视道边一冢有穴，遂入以避。会昏暮，因就寝。夜将半，睡觉，雨止。月明透穴，照圹中，历历可见。甓甃甚光洁比壁，惟白骨一具，自顶至足俱全，余无一物。刘方起坐，少近视之，白骨倏然而起，急前抱刘。刘极力奋击，乃零落堕地，不复动矣。刘出每与人谈此异，或曰："此非怪也。刘真气壮盛，足以翕附枯骨耳。"

僧法一、宗杲自东都避乱渡江，各携一笠。杲笠中有黄金钗，每自检视，一伺知之。杲起奏厕，一亟探钗掷江中。杲还亡钗，不敢言而色变。一叱之曰："与汝共学了生死大事，乃眷眷此物耶！我适已为汝投之江流矣。"杲展坐具，作礼而行。

颍州阳翟县有杜生者，邑人谓之杜五郎。所居去县三十里。惟有屋两间，一间自居，一间其子居之。室之前有空地丈余，即是篱门。杜生不出篱门凡三十年矣。黎阳尉孙轸曾往访之，见其人颇潇洒。自陈村民无所能，何辱下访。孙问其不出门之因，其人笑曰："以告者过也。"指门外一桑曰："十五年前，亦曾到此桑下纳凉。"问其何以为生，曰："昔时居邑之南，有田五十亩，与兄同耕。后兄之子娶妇，度所耕不足赡，乃推田与兄，携妻子至此。偶乡人借此屋，遂居之。惟为人择日，又卖药以具饘粥，亦有时不继。乡人见怜，与田三十亩，令子耕之，尚有余力，又为人佣耕，自此食足。乡人贫，以医自给者甚多。自念食既足，不当更兼乡人之利。自尔择日卖药，一切不为。"又问常日何所为，曰："端坐耳。"问颇观书否，曰："二十年前亦曾观书。"问观何书，曰："曾有人惠一册书，无题号。其间多说净名经，亦不知净名经何书也。当时极爱其议论，今亦忘之，并书亦不知所在久矣。"气韵闲旷，言词精简，有道之士也。盛寒但布袍草履。室中枵然，一榻而已。问其子之为人，曰："村童也。然质性淳厚，未尝妄言嬉游。惟买盐酪则一至邑中。可数其行迹以待其归。径往径还，未尝旁游一步也。"

南安翁者，漳州陈元忠尝赴省试，过南安投宿。茅茨数椽，竹树茂密可爱。主翁麻衣草屦，举止谈对，宛若士人。几案间文籍散乱。陈叩之曰：“翁训子读书乎？”曰：“种园为生耳。”“入城市乎？”曰：“不出十五年矣。”问：“藏书何用？”曰：“偶有之耳。”少焉风雨暴作，其二子归。舍钮揖客，不类农家子。翁进豆羹享客。迟明别去。陈以事留城中，见翁苍黄行，陈追诘何以到此？曰：“大儿鬻果失税，为关吏所拘。”陈为谒监征，至则已捕送郡。翁与小儿偕诣庭下。长子当杖，翁恳白郡守：“若渠不胜杖，则翌日乏食矣。愿以身代。”小儿曰：“大人岂可受杖！某愿代。”大儿又以罪在己，甘心焉。三人争不决，小儿来父耳旁语，若将有所请。翁斥之，儿必欲前。郡守疑之，呼问所以。对曰：“大人原系带职正郎，宣和间屡典州郡。”翁急拽其衣使退，曰：“儿狂妄言。”守询诰敕在否，曰：“见作一束置瓮中埋山下。”立遣随儿发取，果得之。即延翁上坐，谢而释其子。次日访之，室已空矣。

陈观国，字用宾，永嘉胜士也。丙戌之夏，寓越。梦访友于杭，壁间有古画数幅。岩壑耸峭，竹树茂密。瀑飞绝巘，汇为大池，池中菡萏方盛开。一翁曳杖坐巨石上，仰瞻飞鹤翔舞，烟云空蒙中，仿佛有字数行，体杂真草。其辞曰：“水声兮激激，云容兮茸茸。千松拱绿，万荷凑红。爰宅兹岩，以逸放翁。屹万仞与世隔，峻一极而天通。予乃控野鹤，追冥鸿，往来乎蓬莱之宫。披海氛而一笑，以睹九州之同。”旁一人指曰：“此放翁诗也。”诗语清古，非思想之所及。异哉！

孙仲益山居，上梁文云：“老蟾驾月，上千崖紫翠之间。一鸟呼风，啸万木丹青之表。”又云：“衣百结之衲，扪虱自如。拄九节之筇，送鸿而去。”奇语也。

杨诚斋年未七十，退休南溪之上。老屋一区，仅庇风雨。聪明强健，闲退十有六年。宁皇初，与朱文公同召，公独不起。文公与公书云：“更能不以乐天知命之乐，而忘与人同忧之忧。毋过于优游，毋决于遁思，则区区犹有望于斯世也。”公已决于高蹈，遂自赞曰：“江风索我吟，山月唤我饮。醉倒落花前，天地为衾枕。”又云：“青白不形眼底，雌黄不出口中。只有一罪不赦，唐突明月清风。”

刘宰，字平国，号漫塘，润之金坛人。早有经世志，以微疾不乐出。或言其面黚点，不欲应诏，起者力辞以免。尝大书其印历，以示终身不起云：“怪矣面容，无食肉相。介然褊性，无容物量。智浅而虑不周，材疏而用则旷。不返初服，辄启荣望。岂特二不可，七不堪，正恐一不成，万有丧，故俯以自适，超然自放。衣敝缊袍，可无三褫之辱。饭疏饮水，何用八珍之饷。隐几余情，杖藜独往。或从田夫瓦盆之饮，或听渔人沧浪之唱。顾盼而花鸟呈伎，言笑而川谷传响。优游岁月，逍遥天壤。”路逢扁舟而去者，语之曰：“汝非霸越之人乎？陶天下之中，从子致富。亟去，毋乱吾乐。”遇篮舆而来者，揖之曰：“汝非不肯见督邮者乎？有谒于道者，纵得钱付酒家，终不若高卧北窗，日傲羲皇之上也。”

吕徽之家仙居万山中。博学能诗文，而安贫乐道。常逃其名，耕渔以自给。一日诣富家易谷种，大雪立门下，人弗之顾。徐至庭前，闻东阁中有人分韵作雪诗。一人得滕字，苦吟弗就。先生不觉失笑。诸贵游子弟辈闻得，遣左右诘之。先生初不言，众愈疑。亲自出见，先生露顶短褐，布袜草屦，辄侮之。询其见笑之由，先生不得已，乃曰：“我意举滕王蛱蝶事耳。”众始叹服。邀先生入坐，先生曰：“我如此形状，安可厕诸君子间？”请之益坚，遂入阁。众以藤滕二字请先生足之，即援笔书曰："天上九龙施法水，人间二鼠啮枯藤。鹜鹅声乱功收蔡，蝴蝶飞来妙过滕。"复请和昙字韵诗，又随笔写云："万里关河冻欲含，浑如天地尚函三。桥边驴子诗何恶，帐底羔儿酒正酣。竹委长身寒郭索，松埋短发老瞿昙。不如乘此擒元济，一洗江南草木惭。"写讫便出门，留之不可得。问其姓字，亦不答。皆惊讶曰："尝闻吕处士名，欲一见而不能。先生岂其人耶?"曰："我农家。安知吕处士为何如人?"惠之谷，怒曰："我岂取不义之财?"必易之，刺船而去。遣人遥尾其后，路甚僻远，识其所而返。雪晴往访焉，惟草屋一间，家徒壁立。忽米桶中有人，乃先生妻也。因天寒，故坐其中。试问徽之先生何在，答曰："在溪上捕鱼。"始知真为先生矣。至彼果见之，告以特来候谢之意。隔溪谓曰："诸公先到舍下，我得鱼，当换酒饮诸公也。"少顷，携鱼与酒至。尽欢而散。翌旦再蹑其踪，则先生已迁居矣。

铁脚道人者，虬髯玉貌，倜傥不羁。尝爱赤脚雪中，兴发则朗诵南华秋水篇。又爱嚼梅花满口，和雪咽之。或问咽此何为，曰："吾欲寒香沁入肺腑。"其后去采药衡岳，夜半登祝融峰。观日出，乃仰天大叫曰："云海荡吾心胸。"居无何，飘然而去。纂有九字经："勿欺心，勿妄语，守廉耻。"系之语曰："此经字约而义博，知之甚易，行之甚难。苟能实践，可谓君子。"

赵景道质，隐居燕南，教授为业。金章宗游春水过焉，闻弦诵声，幸其斋舍。见壁间所题诗，讽咏久之，赏其志趣不凡。召至行殿，命之官。固辞曰："臣僻性野逸，志在长林丰草。金镳玉络，非所愿也。况圣明在上，可不容巢由为外臣乎?"章宗益奇之。赐田千亩，复之终身。

躁竞

（忿狷附，以躁竞则必忿狷也）

落落布袍，萧萧尘甑。穷达早知，荣进素定。取势斜飞，窘步捷径。君不见昌黎送鬼以车船，鬼且揶揄而莫应。集躁竞。

陶縠自五代至国初，文翰为一时之冠，然其为人倾险狠媚。自汉初，始得用，即致李崧赤族之祸。由是缙绅莫不畏而忌之。太祖虽心不善，然借其词华足用，故尚置于翰苑。縠自以久次旧人，意希大用。建隆以后，为宰相者往往不由文翰，而闻望出谷下。縠不能平，乃俾其党与因事荐引。以为久在词禁，宣力实多，亦以微伺上旨。太祖笑曰："颇闻翰林草制，皆检前人旧本，改换词语。此乃俗所谓依样画葫芦耳。何宣力之有？"縠闻之，乃作诗书于玉堂之壁曰："官职须由生处有，才能不管用时无。堪笑翰林陶学士，年年依样画葫芦。"太祖益薄其怨望，遂决意不用矣。

世以陶縠文雅清致之士，多称赏之，然诸书所载秽德颇众。略举一二，已见大节。縠乃唐彦谦后也。避石晋讳，改曰陶。后纳唐氏为婿，已可怪矣。初因李崧得位，后乃排之。此负恩也。袖中禅诏，不忠孰甚。奉使两浙，献诗钱俶云："此生头已白，无路扫王门。"辱命无耻可知。又出使淫妇而有好姻缘之词。卧病思金钟，而有"乞与金钟病眼明"之句。至欺待诏，使书密旨以取良马。此何等人也！史称遇名望者巧言以诋之。呜呼！一人之身，众丑备焉，亦何贵于文雅哉！

苏易简特受太宗顾遇，在翰林恩礼尤渥，然性特躁进。罢参政，以礼部侍郎知邓州。才逾壮岁，而其心郁悒，有不胜闲冷之叹。邓州有老僧独处郊寺。苏赠诗曰："憔悴二毛三十六，与师气味不争多。"又移书于旧友曰："退位菩萨难做。"竟不登强仕而卒。时有夏侯嘉正，以右拾遗为馆职。平生好烧银，而乐文字之职。常语人曰："吾得见水银银一钱，知制诰一日，无恨矣。"然二事俱不谐而卒。钱文僖公维演，自枢密使为使相，勋阶品皆第一，而恨不得真宰。居常叹曰："使我得于黄纸尽处押一个字足矣。"亦竟不登此位。寇莱公年三十余，太宗欲大用，尚以其少。准遽服地黄兼饵芦菔以反之，未几皓白。旧制，学士以上，并有一人朱衣吏引马。所服带用金而无鱼。至入两府，则朱衣二人引马，谓之双引。金带悬鱼，谓之重金矣。世传馆阁望为学士者赋诗云："眼前何日赤？腰下几时黄？"及为学士，又作诗曰："眼赤何时两？腰黄几日重？"

《隋唐嘉话》云：崔日知恨不为八座。及为太常卿，于厅事前起一楼，正与尚书省相望。时号崔公望省楼。又御史久次不得为郎者，道过南宫，辄回首望之。俗号拗项桥。郑畋作学士时，金銮坡上南望诗云："玉晨钟韵上空虚，画戟祥烟拥帝居。极目向南无限地，绿烟虚处认中书。"乃知朝士妄想，古今一辙。

王文康公曙苦淋，百疗不差。洎为枢密副使，疾顿除。及罢而疾复作。或戏之曰："欲治淋疾，唯用一味枢密副使。仍须常服，始得不发。"梅金华询，久为侍从，急于进用。晚年多病，石参政中立戏之曰："公欲安乎？唯服一清凉散即差也。"

盖两府在京许张青盖耳。（曙字晦叔，寇莱公之婿。拜同中书门下平章事。逾月卒，谥文康。）

刘子仪侍郎，三入翰林。意望入两府，颇不怿。作诗云："蟠桃三窃成何事，上尽鳌头迹转孤。"称疾不出。朝士问候者继至，询之云："虚热上攻。"石中立在坐中云："只消一服清凉散。"意谓两府始得用清凉伞也。

梅侍读询，晚年躁于禄位。尝朝退过阁门，见箱中有锦轴，云："是胡侍郎则致仕告身。"同列取视，梅远避而过曰："币重而言甘，诱我也。何以视为？"时人多笑之。询年七十余，又病足。常抚其足而詈之曰："是中有鬼，令我不得至两府者汝也。"

皇祐嘉祐中，未有谒禁，士人多驰骛请托，而法官尤甚。有一人号望火马，又一人号日游神，盖以其日有奔趋，闻风即至，未尝暂息故也。

晏元献早入政府。逮出镇，皆近畿名藩，未尝远去王室。自南都移陈，离席官妓有歌千里伤行客之词。公怒曰："予平生守官未尝去王畿五百里，是何千里伤行客耶？"

陈彭年被章圣深遇。每圣文述作，俾加润饰，彭年竭精尽思以固恩宠。赞佞符瑞，急希进用。当其役虑时，虽寒暑燥湿不知也。休浣日，闲步于宅之廊庑，忽见红英堕地，讶曰："何花也？"左右对曰："石榴花耳。"彭年曰："此乃有石榴耶？"即弥年所居之僦地也。其锐进专一如此。时人目为九尾狐。言其非国祥而媚惑多岐也。及参毗宰政，未几而亡。（彭年在翰林，所兼十余职，皆文翰清秘之目。时人谓其署御为一条冰。）

孔道辅自以为圣人之后，常高自标置。性刚介，急于进用。或有劝其少通者。答曰：“吾岂姓张姓李者耶?”闻者每笑之。

赵稹厚结刘美人家婢，以干进用。天圣中以为枢密副使。命未下，有驰告者。稹问东头西头，盖意在中书也。闻者以为笑谈。

苏舜元为京西转运使，廨宇在许州。舜元好进，不喜为外官。常怏怏不自足。每语亲识：“人生稀及七十，而吾乃许州过了二年矣。”

宋朝翰林学士，多以知制诰久次而称职者充之。刘原父居外制最久，既誉望最高，一时咸以为宜充此选。刘亦雅以自负。然久不升进，出典两郡，还朝复居旧职，颇怏怏不自得。一日顾官属曰：“诸君闻殿前指挥使郝质，已拜翰林学士矣。”或以为疑者。徐笑曰：“以今日之事准之，固当然耳。”

奢汰

俭法防奢，多财尔宰。下箸何曾，曝衣元载。后必贻殃，身且获罪。然而郇公择米，至洁无伤；萧相治宫，虽侈何悔。惟夸服玩，陋矣鱼徐；争碎珊瑚，愚哉崇恺。集奢汰。

王师伐江南，大将获李后主宠姬，夜见灯辄闭目。曰：“烟气。”易以蜡炬，闭目云：“烟气愈甚。”问之曰：“然则宫中未尝点灯耶?”对曰：“宫中本阁每至夜，则悬大宝珠。光照一室，如白昼也。”

刘鋹据岭南，置兵八千人，专以采珠为事。目曰媚川都。每以石硾其足入海，一行至六百人，其溺而死者相属也。久之珠充积内库。所居殿宇梁栋帘箔，尽饰以珠，穷极奢丽。后王师之入，一火而烬。

赵韩王两京起第，外门皆柴荆，不设正寝。始入门，小厅事三间。堂中位七间，左右分子舍三间。南北各七位，与堂相差。每位东西庑凿三井。后苑亭榭，制作雄丽。厅事前有椅子十只，式样古朴。坐次分列，皆自韩王安排，至今不易。太祖幸洛，初见柴荆，既而至堂筵以及后圃。哂之曰：“此老子终是不纯。”堂中犹有当时酒，凝如胶漆，以木参之方可饮，馨烈倍常。初河南府岁课修内木植，或不时具，俾有司督按。乃曰：“为赵普修宅买木所分。”寻有旨，待赵普修宅了上供。（韩王治第，麻捣钱一千二百余贯，其他可知。涂壁以麻捣土，世俗遂谓涂壁麻为麻擣。）

真宗建玉清宫，自经始及告成，凡十四年。其宏大瑰丽，不可名似。远而望之，但见碧瓦凌空，耸耀京国。每曦光上浮，翠彩照射，则不可正视。其中诸天殿，外二十八宿，亦各一殿。楩楠杞梓，搜穷山谷。璇题金榜，不能殚纪。朱碧藻绣，工色巧绝。甍栱栾楹，全以金饰。入见惊恍褫魄，迷其方向。所费巨亿万，虽用金之数，亦不能会计。天下珍树怪石，内府奇宝异物，充牣襞积，穷极侈大。余材始及景灵会灵二宫观，然亦足冠古今之壮丽矣。议者以为玉清之盛，开辟以来未之有也。阿房建章，固虚语尔。天圣岁六月中宵，暴雨震雷，咫尺语不相闻。俄而光照都城如昼。黎明，宫灾无余。大像穹碑，悉坠煨烬，见者无不骇叹。明肃皇后垂帘对两府大臣而泣。追念先志，罢宫使王曾柄相，黜判官翰林学士归西垣。授夏竦以修宫使，力期兴复。议论喧然，言事者竞进说难复，乃止。

太宗志奉释老，崇饰宫庙。建开宝寺灵感塔，以藏师舍利。临瘗为之悲涕。兴国构二阁，高与塔侔，以安大像。远都城数十里，已在望。登六七级，方见佛殿腰腹。佛指大皆合抱。两阁又开通飞楼为御道。丽景门创上清宫，以尊道教。殿塔排空，金碧照耀，皆极一时之盛观。自景祐初至庆历中，不十年间，相继灾毁，略无遗焉。（开宝塔成，田锡上疏曰：“众以为金碧荧煌，臣以为涂膏衅血。”）

张耆既贵显，尝启章圣，欲私第置酒以邀禁从诸公，上许之。既昼集尽欢，曰：“更愿毕今夕之乐。幸毋辞也。”于是罗围翠幕，稠迭围绕，高烧红烛。列屋蛾眉，极其殷勤。豪侈不可状。每数杯，则宾主各少歇。如是者凡三数，诸公但讶夜漏如是之永。暨至撤席出户询之，则云:“已再昼夜矣。”古有长夜之饮，或以为达曙，非也。薛许昌宫词云:“画烛烧阑暖复迷，殿帷深密下银泥。开门欲作侵晨散，已是明朝日向西。”此所谓长夜饮也。

宋子京好客，尝于广厦中外设重幕，内列宝炬，百味具备。歌舞俳优相继，观者忘疲。但觉更漏差长，席罢已二宿矣，名曰不晓天。大宋居政府，上元夜在书院内读《周易》，闻小宋点华灯，拥歌妓醉饮。翌日谕所亲令诮让云:“相公寄语学士，闻昨夜烧灯夜宴，穷极奢侈。不知记得某年上元，同在某州州学内吃齑煮饭时否?”学士笑曰:“却须寄语相公，不知某年同某处吃齑煮饭是为甚底。”

丞相陈秀公治第于润州，极为闳壮。池馆绵亘数百步。宅成，公已疾甚，唯肩舆一登西楼而已。人谓之三不得:居不得，修不得，卖不得。

宋朝以亲王尹开封，谓之判南衙。羽仪列从，灿如图画。京师人叹曰:“好一条软秀天街。”近日士大夫骑吏繁华者，亦号半里桥。

石延年曼卿居蔡河下曲。邻有一豪家，日闻歌钟之声。其家僮数十人尝往来曼卿之门。曼卿呼一僮问豪为何人?对曰:“姓李氏。主人方二十岁，并无昆弟。家妾曳绮纨者数十人。”曼卿求欲见之。其僮曰:“郎君素未尝接士大夫，然喜饮酒。屡言闻学士能饮，意亦似欲相见。试探之。”一日果使人延曼卿，曼卿即着帽往。坐于堂上久之，方出。主人着头巾，系勒帛，不具衣冠。见曼卿，全不知拱揖之礼。引曼卿入一别馆，供帐赫然。坐良久，有二鬟妾各持一小盘至曼卿前，盘中红牙牌十余。其一盘是酒，凡十余品，令曼卿择一牌。其一盘是馔，亦各令择五品。既而二鬟去。有妓十余人，乐器妆服，亦皆整丽，一妓酌酒以进。酒罢，诸妓执果肴萃立其前。食罢，则分列左右。京师人谓之软盘。酒五行，群妓皆退。主人亦翩然而逝，略不知揖客。曼卿独步而出。言豪者之状，懵然不分菽麦，而奉养如此，极可怪也。他日试使人通郑重，则闭门不纳。问其近邻云："其人未尝与人通往还，虽邻家亦不识面。"古人谓之钱痴，信有之。

石曼卿独行京师，一豪士揖而语曰："公幸过我家。"石许之。同入委巷，抵大第。藻饰宏丽，锦绣珠翠，殆非人间所拟。歌舞欢醉。丐书，为挥筹笔驿诗数篇，以金帛数百千赠之，复使驺从送还。恍然不知其谁。翌日，殆无复省所居矣。他日遇诸途，又遗以白金数两，谓曰："诗中'意中流水远，愁外旧山青'最为佳句。"

徽宗登极之初，皇嗣未广。有方士言京城东北隅地协堪舆，但形势稍下。傥少增高之，则皇嗣繁衍矣。上遂命培其冈阜，使稍加于旧，而果有多男之应。自后海内乂安，朝廷无事，上颇留意苑囿。政和间，遂即其地大兴工役，筑山号寿山艮岳，命宦者梁师成专董其事。时有朱勔者，取浙中珍异花木竹石以进，号曰花石纲。专置应奉局于平江。所费动以亿万计。调民搜岩剔薮，幽隐不置。一花一木，曾经黄封，护视稍不谨，则加之以罪。斫山辇石，虽江湖不测之渊，力不可致者，百计以出之。至名曰神运。舟楫相继，日夜不绝。广济四指挥，尽以充挽士，犹不给。时东南监司郡守，二广市舶，率有应奉。又有不待旨，但进物至都。计会宦者以献者，大率灵壁大湖诸石。二浙奇竹异花、登莱文石、湖湘文竹、四川佳果异木之属，皆越海渡江，凿城郭而至。后上亦知其扰，稍加禁戢，独许朱勔及蔡攸入贡。竭府库之积聚，萃天下之技艺，凡六载而成，亦呼为万岁山。奇花美木，珍禽异兽，莫不毕集。飞楼杰观，雄伟瑰丽，极于此矣。越十年，金人攻城。大雪盈尺，诏令民任便斫伐为薪。是日百姓奔往，无虑十万人。台榭宫室，悉皆拆毁，官不能禁也。予顷读国史及诸传记，得其始末如此。每恨其他不得而详。后得徽宗《御制记文》，及蜀僧祖秀所作《华阳宫记》读之，所谓寿山艮岳者，森然在目也，因各摭其略以备遗忘云。《御制艮岳记略》曰："于是按图度地，庀徒僝工，累土积石，设洞庭、湖口、丝溪、仇池之深渊，与泗滨、林虑、灵璧、芙蓉之诸山。最瑰奇特异瑶琨之石，即姑苏武林明越之壤。荆楚江湘南粤之野，移枇杷橙柚橘柑榔栝荔枝之木，金蛾玉羞虎耳凤尾素馨渠那茉莉含笑之草。不以土地之殊，风气之异，悉生成长养于雕阑曲槛，而穿石出罅。冈连阜属，东西相望，前后相续，左山而右水，沿溪而傍陇。连绵弥满，吞山怀谷。其东则高峰峙立。其下植梅以万数，绿萼承趺，芬芳馥郁，结构山根，号绿萼华堂。又旁有承岚昆云之亭，有屋内方外圆如半月，是名书馆。又有八仙馆，屋圆如规。又有紫石之岩，祈真之磴，揽秀之轩，龙吟之堂。其南则寿山嵯峨，两峰并峙，列嶂如屏。瀑布下入雁池。池水清泚涟漪，凫雁浮泳水面，栖息石间，不可胜计。其上亭曰噰噰。北直绛霄楼，峰峦崛起，千迭万复，不知其几十里，而方广兼数十里。其西则参木杞菊，黄精芎䓖，被山弥坞，中号药寮。又禾麻菽麦，黍豆粳秫，筑室若农家，故名西庄。有亭曰巢云，高出峰岫。下视群岭，若在掌上。自南徂北，行冈脊两石间。绵亘数里，与东山相望。

水出石口，喷薄飞注如兽面，名之曰白龙渊、濯龙峡、蟠秀练光、跨云亭罗汉岩。又西半山间，楼曰倚翠。青松蔽密，布于前后，号万松岭。上下说两关。出关下平地，有大方沼，中有两洲：东为芦渚，亭曰浮阳；西为梅渚，亭曰雪浪。沼水西流为凤池，东出为研池。中分二馆，东曰流碧，西曰环山。馆有阁曰巢凤，堂曰三秀，以奉九华玉真安妃圣像。东池后结栋山，下曰挥云厅。复由嶝道盘行萦曲，扪石而上，既而山绝路隔，继之以木栈，倚石排空，周环曲折，有蜀道之难。跻攀至介亭最高诸山，前列巨石，凡三丈许，号排衙。巧怪巉岩，藤萝蔓衍，若龙若凤，不可殚穷。丽云半山居右，极目萧森居左。北俯景龙江，长波远岸，弥十余里。其上流注山涧。西行潺湲为漱玉轩。又行石间为炼丹亭、凝观圌山亭。下视水际，见高阳酒肆清澌阁。北岸万竹苍翠蓊郁，仰不见天。有胜筠庵、蹑云台、消闲馆、飞岑亭。无杂花异木，四面皆竹也。又支流为山庄，为回溪。自山溪石罅搴条下平陆，中立而四顾，则岩峡洞穴，亭阁楼观，乔木茂草，或高或下，或远或近，一出一入，一荣一雕。四面周匝，徘徊而仰顾，若在重山大壑深谷幽崖之底，不知京邑空旷，坦荡而平彝也；又不知郛郭寰会，纷萃而填委也。真天造地设，人谋鬼化，非人力所能为者。此举其梗概焉。”

祖秀《华阳宫记》曰：“政和初，诏作寿山艮岳于禁城之东陬。命阉人董其役，舟以载石，舆以辇土，驱散军万人，筑冈阜高十余仞，增以太湖灵璧之石，雄拔峭峙，功夺天巧。石皆激怒抵触，若蹄若齧，牙角口鼻首尾爪距，千态万状，殚奇尽怪。辅以磻木瘿藤，杂以黄杨青竹荫其上。又随其斡旋盘曲之势，斩石开径，凭险则设磴道，飞空则架栈阁，仍于绝顶增高树以冠之。搜远方珍材，尽天下良工绝伎而经始焉。山之上下，致四方珍禽奇兽以亿万计。凿池为溪涧，迭石为堤捍，随石之性，不加斧凿。因其余土积为冈陵，山骨暴露，峰棱如削，飘然有云姿鹤态，曰飞来峰。高于雉堞，翻若长鲸，腰径百尺，植梅万本，曰梅岭。接其余冈，种丹杏鸭脚，曰杏岫。又增土迭石，间留隙穴以栽黄杨，曰黄杨巘。筑修冈以植丁香，积石其间，从而设险，曰丁嶂。又赭石为山，任其自然而植以椒兰，曰椒崖。积众山之末，增土为大坡。植侧柏万数，枝干柔密，揉之不断，结为幢盖鸾鹤蛟龙之状，曰龙柏坡。循寿山而西，移竹成林。复开小径，至百数步。竹有同本而异干者，不可纪极，皆四方珍贡。又杂以对青竹，十居八九，曰斑竹麓。又得紫石，滑净如削。面径数仞，因而为山，贴山卓立。山阴置木柜，绝顶凿深池。车驾临幸，则开闸注水为瀑布，曰紫石壁，又名瀑布屏。从艮岳之麓琢石为梯，石皆温润净滑，曰朝真磴。又于洲上植芳木，以海棠冠之，曰海棠洲。寿山之西，别治园囿，曰药寮。其宫室台榭，卓然著闻者，曰琼津殿、绛霄楼、绿萼华堂。筑台高九仞，周览都城。近若指顾，造碧虚洞天，万山环之，开三洞为品字门，以通前后。中建八角亭，缘窗槛以玛瑙石。琢其地为龙础，导景龙江东出安远门，以备龙舟行幸。东西撷景二园。西则溯舟，造景龙门以幸曲江池亭。复自潇湘江亭，开闸通金波门，北幸撷芳堤，堤外筑垒卫之。濒水莳绛桃海棠芙蓉垂杨，略无隙地。又于其旁作野店麓治农圃，开东西二关夹悬崖磴，凡自苑中登群峰，皆由此出入。道绝窄险，石多峰棱，过者股栗。又为胜游六七，曰跃龙涧、漾春陂、桃花闸、雁池、迷真洞：总名之曰华阳宫。大抵众山环列，就中得平芜数十顷为园囿，而辟宫门于西。大石百余，株林立左右，名曰神运、昭功、敷庆。万寿峰独居道中，广百围，高六仞，锡爵盘固侯。束石为亭以庇之，高五十丈。御制记文，亲洒宸翰，碑高三丈，附于石之东南陬。其余众石，或若群臣入侍帷幄，正容凛不可犯。或战栗若敬天威，或俨然而立，或奋然而起，或翼然超群，或竦然危峙，或伛偻而趋，或奔赴而斗。上既悦之，悉与赐号。守吏以奎章画列于石之阳。其他轩榭庭径，各有巨石，棋列星布，并与赐名。惟神运峰前巨石，以金饰其字，余皆青黛。曰朝日升龙、望云坐龙、矫首玉龙、万寿老松、栖霞、扪参、衔日、吐月、排云、冲斗、雷门、月窟、蹲螭、坐狮、堆青、凝碧、金鳌、玉龟、迭翠、独秀、栖烟、亸云、风门、雷穴、玉秀、玉宝、锐云、巢凤、峙龙、雕琢浑成、登封日观、蓬瀛、须弥、老人、寿星、卿云、瑞霭、溜玉、喷玉、蕴玉、琢玉、积玉、迭玉、丛秀。而在于渚者曰翔鳞，立于涘者曰舞仙，独踞洲中者曰玉麒麟，冠于寿山者曰南屏小峰，附于池上者曰伏犀、怒猊、仪凤、乌龙。列于沃泉者曰留云、宿雾，又为藏烟谷、滴翠岩、搏云屏、积雪岭。其间黄石林于亭际者，曰抱犊天门。又有大石二枚配神运峰，异其居以压众石，作亭庇之。置于环春堂者，曰玉京独秀太平岩；置于绿萼华堂者，曰卿云万态奇峰。括天下之美，藏古今之胜，于斯尽矣。”靖康元年十一月，大梁陷。都人相与排墙避兵于寿山艮岳之巅。时大雪新霁，四望林銮，如在玉山琼宇。祖秀周览累日，咨嗟惊愕，信天下之杰观，而天造有所未尽也。明年春，复游华阳宫而民废之矣。（御制记几二千言，又命睿思殿应制李质、曹组作赋以进，赋各二千三百言。复命二臣各作七言百韵诗，极其铺张扬扢。俱载王明清《挥麈录》。）

艮岳既成，以为山在国之艮位，故名。及金芝产于万寿峰，故改名寿岳。宣和五年，朱勔于太湖取石，高广数丈。载以大舟，挽以千夫，凿河断桥，毁堰拆闸，数月乃至。会初得燕山之地，赐号敷庆神运石。石旁植两桧：一夭矫者名朝日升龙之桧，一偃蹇者名卧云伏龙之桧。皆金牌金字书之，御题云："拔翠琪树林，双桧植灵囿。上稍蟠木枝，下拂龙髯茂。撑拏天半分，连卷虹两负。为栋复为梁，夹辅我皇构。"嗟乎！桧以和议作相，不能恢复中原，已兆于半分两负，而一结更是高庙御名。要皆天定也。

艮岳之取石也，其大而穿透者，致远必有损折之虑。其法先以胶土实填众窍。其外用麻筋杂泥裹之，令圆混，日晒极坚，始用大木为车，致于舟中，直俟抵京。然后浸之水中，旋去泥土，则省人力而无他虑。又万岁山大洞数十，其洞中皆筑以雄黄及卢甘石。雄黄则辟蛇虺，卢甘石则阴能致云雾，滃郁如深山穷谷。后因经官拆卖，有回回者知之，因请卖之。凡得雄黄数千斤，卢甘石数万斤。

艮岳之建，诸巨珰争出新意，土木既宏丽矣。独念四方所贡珍禽之在籞者，不能尽驯。有市人薛翁，素以豢扰为优场戏，请于童贯，愿役其间，许之。乃日集舆卫，鸣跸张黄盖以游，至则以巨柈贮肉炙粱米，翁仿禽鸣以致其类，乃饱饫翔泳，听其去来。月余而囿者四集，不假鸣而至，益狎玩，立鞭扇间不复畏。遂自命局曰来仪所。一日徽祖来幸，闻清道声，望而群翔者数万焉。翁辄先以牙牌奏道左曰："万岁山瑞禽迎驾。"上顾罔测，大喜。命以官，赉予加厚。靖康围城之际，有诏许捕，驯籞者皆不去，民徒手得之以充餐云。

艮岳初成，令有司多造油绢囊，加水湿之。晓张于危峦绝巘之间，既而云尽入焉，遂括囊满贮。每车驾所临，辄开纵之。须臾滃然充塞，名曰贡云。

前世垒石为山，未见大显著者。至宣和艮岳，始兴大役。连舻辇致，不遗余力。其大峰伟秀者，不特侯封，或赐金带，且各图为谱，然工人特出于吴兴。盖其地北连洞庭，多产花石，而下山所出，类亦秀奇，故四方为山者，皆于此中取之。浙右假山最大者，莫如卫清叔吴中之园。一山连亘二十亩，位置四十余亭，然秀拔有趣，又不如俞子清侍郎家为奇绝。盖子清胸中自有丘壑，又善画，故能出心匠之巧。峰之大小凡百余，高者至二三丈。皆不事饾饤，而犀株玉树，森列傍午，俨如群玉之圃，奇奇怪怪，不可名状。大率如昌黎南山诗中，特未知视牛奇章为何如耳。乃于众峰之间，萦回曲涧，甃以五色小石，旁引清流激石高下，使之有声，淙淙然下注大石潭。上荫巨竹寿藤，苍寒茂密，不见天日。旁植名药奇草薜荔女萝，丝红叶碧。潭旁横石作杠，下为石渠，潭水溢自此出，然潭中多文龟斑鱼，夜月下照，光景零乱，如穷山绝谷间也。今皆为有力者负去，荒田野草，凄然动陵谷之感焉。

政和中，将作监贾谠明仲，奉诏为童贯治赐第于都城。既落成，贾往谢之。贯云："久劳神观，竟未能小款。翼早幸见过点心。"明仲诘朝往见，宾主不交一谈。顷之，一卒持二物，若宝盖璎珞状，张于贯及己之上，视之，皆真珠也。各命二双鬟，捧桌子一只至所座前，又令庖人持银镣灶，即厅之侧燎火造包子。以酒食行凡三，每一行，易一桌。凡果碟酒杯之属，初以银，次以金，又次以玉。其制作奇绝，目所未睹。三杯即撤，贾辞出归舍，见数人立于门云："太傅致意，适来大监坐间受用一分器皿及双鬟，悉令持纳。"计其值，逾数万缗。贾由此富闻湘中。

王黼盛时，库中黄雀鲊自地积至栋，凡满三楹。蔡京对客点检蜂儿现在数目，得三十秤。童贯既败，籍其家，有剂成理中丸几千斤。近官籍贾师宪第，果子库糖霜凡数百瓮。主者以为不可留，难载账册，遂辇弃湖中。民家濒湖居者，一时多汲得甘水。胡椒八百石，领军鞋一屋，不足多也。

王黼宅与一寺为邻。有一僧每日于黼宅旁沟中漉取流出雪色饭，洗净晒干，数年积成一囤。靖康城破，黼宅骨肉绝食。此僧即用所积干饭，复用水浸蒸熟，送入黼宅，老幼赖之无饥。

南渡后，禁中避暑，多御复古选德等殿及翠寒堂纳凉。长松修竹，浓翠蔽日。层峦奇岫，静窈萦深。寒瀑飞空，下注大池。池中红白菡萏万柄。园丁以瓦盎别种，分列水底，时易新者，庶几美观。并置茉莉、素馨、建兰、麝香藤、朱槿、玉桂、红蕉、阇婆、檐卜等南花数百盆于广庭，鼓以风轮，清芬满殿。御笐两旁，各设金盆数十架，积雪如山。纱厨后先，皆悬挂伽兰木、真蜡、龙涎等香珠百余。蔗浆金碗，珍果玉壶，初不知人间有尘暑也。洪景卢学士尝赐对于翠寒堂。当三伏中，肤栗体战，不可久立。上问故，笑遣中贵人以北绫半臂赐之。则其境界可想见矣。

杨和王沂中居殿岩日，建第清湖洪福桥，规制甚广。自居其中，旁列子舍四，皆极宏丽。落成之日，纵外人游观。一僧善相宅，云："此龟形也，得水则吉，失水则凶。"时和王方被殊眷，从容闻奏，欲引湖水以环其居。思陵首肯，曰："朕无不可，第恐外庭有语。宜密速为之。”退即督濠，寨兵数百，且多募民夫，夜以继昼。入自五房院，出自惠利井，蜿蜒萦绕，凡数百丈。三昼夜即竣事。未几台臣果有疏，言擅灌湖水入私第，以拟宫禁者。上晓之曰：“朕南渡之初，金人退而群盗起，遂用议者羁縻之策，刻印尽封之，所有者止淮浙数郡耳。会诸将尽平群盗，朕因自誓，除土地外，凡府库金帛俱置不问，故诸将有余力以给泉池园圃之费。若论平盗之功，虽尽以西湖赐之，曾不为过，况此役已。惟卿容之。”言者遂止。继而复建杰阁，藏思陵御札，且揭上赐“风云庆会”四大字于上，盖取大龟昂首，下视西湖之象，以成僧说。自此百余年间，无复火灾，人皆神之。至辛巳岁，其家以阁舍开元祐圣观，说者谓龟失首，疑为不祥。次年五月竟毁，延燎潭潭数百楹，不数刻而尽。益验毁阁之祸云。

宣政极盛时，宫中以河阳花蜡烛无香为恨，遂用龙涎沉脑屑灌烛内，列两行数百枝。焰光香滃，钧天所无也。建炎绍兴，久不进此。韦太后旋銮沙漠，复值称寿。高宗极天下之养，用宣政故事，燃仅列十数炬。太后阳若不闻。上至，奉卮白太后曰：“此烛颇惬圣意否?”太后曰：“尔爹爹每夜常设数百枝，赐诸人阁内亦然。”上因太后起更衣，微谓宪圣曰：“如何比得爹爹富贵?”

楼叔韶镛初入太学，与同窗友厚善。休日，友谓叔韶：“寂寂不自聊，吾欲至一处求半日适。饮醇膳美，又有声色之玩。但君性轻脱，或以利口败吾事。能息声，则可偕往。”楼敬诺。要约数四，乃相率出城。买小舟，沿苇行将十里，舍舟陟小坡，行道微高下。又二里得精舍，门径绝卑小，而松竹花草楚楚然。友款于门，即有小童应客。主人继出，乃少年僧，姿状秀美，进趋安详，殊有富贵家气象。揖客曰：“久别甚思款接，都不见过，何也？揖楼为谁？”友曰：“吾亲也。”遂偕坐。款语十刻许，僧忽回顾日影下庭西，笑曰：“日旰，二君馁乎？”便起推西边小户，入华屋三间。窗几如拭，玩具皆珍奇。唤侍童进点心，素膳三品，甘芳精好。撤器，命推窗。平湖当前，数十百顷。其外连山横陈，楼观森列。夕阳返照，丹碧紫翠，互相映发。渔歌菱唱，隐隐在耳。骋望久之，僧以麈尾敲阑干数声，俄有小画舫傍湖而来。二美人径出登岸，靓妆丽质，王公家不过也。僧命具酌，指顾间，觞豆罗陈，穷极水陆。左右执事童皆狡好。杯行，美人更起歌舞。僧与友谑浪调笑，欢意无间。楼神思惝恍，正容危坐，噤不敢吐一语。伺僧暂起，掣友臂扣所以。友愠曰：“子但饮食纵观，何用知如许？”而觞十余巡，夜已艾，僧复引客至小阁中，卧具皆备。曰：“姑憩此。”遂去。壁外即僧榻。试穴隙窥，则径拥二姬就寝。友醉甚，大鼾。楼独彷徨不寐，起如厕，一童执烛。密询之，此为何地？童笑曰：“官人是亲戚，何须问？”楼返室，展转通宵。时侧耳听声，但闻鼻息齁齁而已。将晓，僧已至客寝问安否，盥栉毕，引入一院。制作尤巧邃，帘幕蔽满。庭下奇花盛开，香气蓊勃。小山丛竹，位置惬当。回思夜来境界，已迷不能忆。迨具食，则器用张陈一新，独二姬竟不复出。食罢告去，僧送之门，郑重而别。由他径绝湖而归。楼惘惘累日，疑所到非人间。数问友，但笑不答，亦许寻旧游，而楼用他故亟归乡。其后出处参商，竟不克再谐。

赵邦永本姓李，李全将也。赵南仲爱其勇，纳之，遂更姓赵，入洛之师，实为统军。尝过灵壁县，道旁奇石林立，一峰巍然，嶒崪秀润，南仲立马盼赏久之。后数年家居，偶有持片石为献者，南仲因诧客以昔年符离所见。邦永适在旁，闻语即退。才食顷，数百兵舁一石来植之庭间，俨然马上所瞩也。南仲喜骇，扣所从来。则云："昔年相公注目之际，意谓爱之，随命部下五百人辇归，而未敢以献。适闻誉及，始得供玩耳。"南仲为之一笑。

吴郡王及韩平原郡王皆豪贵，以奢侈相高，争华竞靡，有石崇王恺之风。吴府后翠堂七楹，全以石青为饰，故名。专为诸姬教习声伎之所。一时伶官乐师，皆梨园名工。吹弹舞拍，各有总之者，号为部头。每遇节序生辰，则于旬日外依月律按试，名曰小排当。只笙一部已是二十余人。自十月旦至二月终，日给焙笙炭五十斤，用锦薰笼藉笙于上，复以四和香薰之，盖笙簧必用高丽铜为之，艶以绿蜡。簧暖则字正而清越，故必须焙而后可。陆天随诗云："妾思冷如簧，时时望君暖。"乐府亦有"簧暖笙清"之句。举此一事，余可想见也。（艶，音倩。注：艶𩇕，青果色也，盖藏果者必以铜青故耳。吴郡王益，宪圣太后弟也。）

张镃功甫，号约斋，循忠烈王诸孙。能诗。一时名士大夫莫不与游。园池声伎服玩之丽，甲天下。尝于南湖园作驾霄亭于四古松间，以巨铁絙悬之空半。当风月清夜，与客梯登之，飘摇云表。王简卿侍郎尝赴其牡丹会，云："众宾既集，一堂寂无所有。俄问左右云：'香发未?'答云：'已发。'命卷帘，则异香自内出，郁然满座。群伎以酒肴丝竹次第而至。别有名姬十辈皆衣白，襟领皆绣牡丹，首带照殿红。一伎执板奏歌侑觞，歌罢乐作乃退，复垂帘谈论自如。良久香起，卷帘如前。别十姬易服与花而出。大抵簪白花则衣紫，紫花则衣鹅黄，黄花则衣红。如是十杯，衣与花凡十易。所讴者皆前辈牡丹名词。酒竟，姬侍无虑百数十人。列行送客，烛光香雾，歌吹杂作。客皆恍然如仙游也。”功甫于诛韩有力，赏不满意，又欲以故智去史。事泄，谪象台而殂。

谭振言：“蔡京当国，一日感寒，振与数亲客问疾，见之后堂东阁中。京顾小鬟令焚香。久之，鬟白香已满。闻近北卷帘声，则见香气自他室而出。其蓬焞满室，蔼若云雾蒙蒙。坐客几不相睹，而无烟火之烈。京谓客曰：‘香须如此烧，乃无烟气。’既归，衣冠芬馥，非数十两不能如是之浓也。”

梅花为天下神奇，而诗人尤所酷好。淳熙乙巳，余得曹氏荒园于南湖之滨。有古梅数十，散漫弗治，爰辍地十亩，移种成列，增取西湖北山别圃红梅三百余本。筑堂数间以临之，又夹以两室。东植千叶湘梅，西植红梅，各一二十章。花时止宿其中，莹洁辉映。夜如珂月，因名曰玉照。后复开涧环之，小舟往来，未尝半日舍去。顷少保周益公秉钧日，余尝造东阁。坐定顾余曰：“一棹径穿花十里，满城无此好风光。”其佳境可见矣。盖余旧诗尾句，众客相与歆艳。值春凝寒，又能留花过孟月始盛。名人才士，题咏层委，可谓不负。但花方争艳竞秀时，非风日晴美不宜，兼标韵孤特。如三闾大夫，首阳二子，宁槁山泽，终不肯垂首屏气，受世俗湔拂。间有身亲貌悦，而此心落落莫相领会，甚至污亵附近，略不自揆。花虽眷客，然我辈胸中，几为之呼叫称冤，不特三叹屡叹不一叹而足也。因审其性情乖合，思所以为将护之策，凡数月乃得之。今疏花宜称、憎嫉、荣宠、屈辱四事，凡若干条。揭文堂上，使来者视之，亦有所警省云。绍熙甲寅人日，约斋居士书。

花宜称：　淡阴　晓日　薄寒　细雨　轻烟　佳月　夕阳

微雪　晚霞　珍禽　清溪　小桥　竹边　明窗
疏篱　苍崖　绿苔　古铜瓶　美人淡妆篸带

花憎嫉：狂风　连雨　烈日　苦寒　老鸦　谈时事
论差除　作诗用调羹驿使事

花荣宠：主人好事　列烛夜赏　专作亭馆　花边讴佳词

花屈辱：俗徒攀折　主人悭鄙　蟠结作屏　与粗婢命名
赏花命猥妓　酒店插瓶　树下有狗屎
枝上晒衣裳　青纸屏粉画　生猥巷秽沟边

余扫轨林间，不知衰老。节物迁变，花鸟泉石，领会无余。每适意时，相羊小园，殆觉风景与人为一。间引客携觞，或幅巾曳杖，啸歌往来，澹然忘归。因排比十有二月燕集次序，名之曰四并集。非有他故，当力行之。昔贤有云："不为俗情所染，方能说法为人。"盖光明藏中，孰非游戏？若心常清净，离诸取着于有差别境中，而能常入无差别定，则淫坊酒肆，遍历道场，鼓乐音声，皆谈般若。倘情知物隔，境逐源移，如鸟黏黐，动伤躯命，又乌知所谓说法度人者哉！圣朝中兴七十余载，故家流风，沦落几尽。有闻前辈典刑，识南湖之清狂者，必长哦曰："人生不满百，常怀千载忧。昼短苦夜长，何不秉烛游。"一旦相逢，不为生客。嘉泰元年岁辛酉十有二月，约斋居士书。

正月：　岁节家宴　立春日春盘　人日煎饼会　玉照堂赏梅
天街观灯　诸馆赏灯　丛奎阁山茶　湖山寻梅
揽月桥看新柳　安闲堂扫雪

二月：　现乐堂瑞香　社日社节　玉照堂西湘　梅堂东红梅
南湖挑菜　餐霞轩樱桃花　杏花庄杏花
群仙绘幅楼前打球　南湖泛舟　马塍看花

三月：　生朝家宴　寒食郊游　苍寒堂西绯碧桃满霜　亭北棠棣

碧宇观笋　芳草亭观草　斗春堂　牡丹芍药
宜雨亭千叶海棠　艳香馆林檎　宜雨亭北　黄蔷薇
花院赏煮酒　经寮斗茶

四月：初八日亦庵早斋　南湖放生食糕糜　芳草亭斗草
芙蓉池新荷　蕊珠洞荼蘼　玉照堂青梅
艳香馆长春花　安闲堂紫笑　群仙绘幅楼前玫瑰
餐霞轩樱桃　南湖杂花　鸥渚亭五色莺粟花

五月：清夏堂观鱼　听莺亭摘瓜　安闲堂解粽　烟波观看芦
夏至日鹅脔　南湖萱花　水北书院采蘋
鸥渚亭五色蜀葵　清夏堂杨梅　丛奎阁前榴花
摘星轩枇杷

六月：现乐堂南白酒　苍寒堂后碧莲　碧宇竹林避暑
芙蓉池赏荷花　约斋夏菊

七月：丛奎阁前乞巧　餐霞轩五色凤仙花　立秋日秋叶
玉照堂玉簪　应弦斋东葡萄　霞川水荭　珍林剥枣

八月：湖山寻桂　社日糕会　霞川野菊　浙江观潮
群仙绘幅楼观月　杏花庄鸡冠黄葵

九月：重九登城把萸　把菊亭采菊　苏堤看芙蓉
景泉轩金橘　芙蓉池三色拒霜　杏花庄刍新酒

十月：现乐堂暖炉　满霜亭蜜橘　烟波馆买市
杏花庄挑荠　诗禅堂试香

十一月：摘星轩枇杷花　冬至节馄饨　苍寒堂水仙
群仙绘幅楼观雪

十二月：绮互亭檀香蜡梅　天街阅市　安闲堂试灯
花院兰花　二十四夜糖果食　玉照堂看早梅
除夜守岁

景定三年正月，诏以魏国公贾似道有再造功，命有司建第宅家庙。贾固辞，遂以集芳园及缗钱百万赐之。园故思陵旧物。古木寿藤，多南渡以前所植。积翠四抱，仰不见日。架廊迭磴，幽渺委迤。极其营度之巧，犹以为未也。则隧地通道，杭以石梁。旁透湖滨，架百余楹。飞楼层台，凉亭燠馆。花卉精妙，金翠陆离。前揖孤山，后据葛岭。两峰映带，一水横陈。各随地势以创构焉。堂榭之名，有曰蟠翠（古松）、雪香（古梅）、翠岩（奇石）、倚绣（杂花）、挹露（海棠）、玉蕊（琼花荼蘼）、清胜（高宗御扁）、西湖一曲奇勋（理宗御书）、秋壑遂初容堂（度宗御书）、初阳精舍、熙然梦砌台。山之坳曰无边风月、见天地之心。水之滨曰琳琅步归身（旱船），通名之曰后乐园。四世家庙，则居第之左焉。庙有记。一时名士，拟作数十。独取平舟杨公栋者刊之石。又于第左数百步，瞰湖作别墅，曰光漾阁、春雨观、养乐堂、嘉生堂（千头木奴），生意潇然。生物之府，通名之曰养乐园。其旁则廖群玉之香月邻在焉。别于西邻之外，树竹千挺。架楼临之，曰秋水观、第一春梅坞、剡船亭，则通谓之水竹院落焉。后复葺南山水乐洞，赐园有声在堂、介堂、爱此留照、独喜玉渊、漱石、宜晚。上下四方之宇，诸亭据胜专奇，殆无余恨矣。其事志之郡乘，从而为之辞曰：园圃一也。有藏歌贮舞，流连光景者；有旷志怡神，逍遥尘外者；有澄想遐观运量宇宙，而游特其寄焉者，竟使苑囿常兴而无废，海宇常治而无乱。非后天下之乐而乐者其谁能。呜呼！当时为此语者，亦安知俯仰之间，遽有荒田野草之悲哉！昔陆务观作《南园记》于平原极盛之时，尚能勉之以抑畏退休。今贾氏当国十有六年，谀之者惟恐不极其至，况敢几微及此意乎？近时以诗吊之者甚众，李彭老一绝云：“淫房锦榭曲相通，能几番春事已空。惆怅旧时吹笛处，坏墙风雨剥青红。”

贾似道为相日，令陈振、谭玉、赵与楠等，广收奇玩珍宝。余玠有玉带殉葬，发冢取之。刘震孙有玉钩桶不献，辄罢去。人有珍异，求不能得，则以事罪之。建多宝阁，一日一登玩。一云：秋壑当轴以来，收畜古铜器，法书名画，金玉珍宝，俱付廖群玉辨验。其所狎妓曰潘称心。

淳祐间，吴妓徐兰擅名一时。吴兴乌墩镇有沈承务者，其家巨富，慕其名，遂驾大舟往游焉。徐知其富，初至，则馆之别室，开宴命乐，极其精腆。至次日，复以精缣制新衣奉之。至于舆台各有厚犒。如此兼旬日，未尝略有需索。沈不能自已，以白金五百星，并彩缣百四馈之。凡留连半年，糜金钱数百万而归。于是徐兰之声，播于浙右。豪侠少年，无不趋赴。其家虽不甚大，然堂馆曲折华丽，亭榭园池无不具。至以锦缬为地衣，干红四紧纱为单衾，销金帐幔。侍婢执音乐十余辈。金银宝玉器玩，名人书画，饮食受用之类，莫不精妙。遂为三吴之冠。其后死，葬于虎丘。太学生边云遇作墓铭云："此亦娼中之贵者。"其后如富沙之唐媚、魏华、苏翠，京口邢蕊、韩香；越之杨花、缪翠，皆以色艺称。士大夫之不自检者，往往为所污。屡见之于白简云。

叛逆

有性好乱，耽虎声豹，矮人痴梦，欲上天阶，斗矜穴鼠，骄负井蛙，谁贻桑椹，好音是怀。集叛逆。

景祐末有二狂生，曰张曰吴，皆华州人。薄游塞上，觇览山川风俗，慨然有志于经略。耻于自售，放意诗酒，语皆绝豪险惊人，而边帅豢安，皆莫之知。依无所适，闻西夏有意窥中国遂叛而往。二人自念不力出奇，无以动其听。乃自更其名，即其都门酒家剧饮终日，引笔书壁曰："张元、吴昊来饮。"此楼逻者见之，知其非国人也，迹其所憩执之。元、昊诘以入国问讳之义，二人大言曰："姓尚不理会，乃理会名耶?"时曩霄未更名，且用中国赐姓也。于是竦然异之，日尊宠用事。宝元西事盖始此。其事国史不书。洪文敏谓二人名偶与元昊同，实不详其所以更之意云。

宣和二年十月，睦州青溪县堨村居人方腊，托左道以惑众，知县事陈光不即鉏治。腊自号圣公，改元永乐。置偏裨将，以巾饰为别，自红巾而上凡六等。无甲胄，惟以鬼神诡秘事相扇摇，数日聚恶少千余。焚民居，掠金帛子女。提点刑狱张苑、通判州事叶居中不能招致，欲尽杀之，以故贼得胁掳良民为兵，旬日有众数万。陷睦、歙、杭、处、衢、婺六州五十二县。朝廷遣领枢密院童贯率禁旅及京畿关右河东蕃汉兵，至四年三月讨平之。用兵十五万，斩贼十五万，杀平民不下二百万。改睦为严州，歙为徽州。始唐永徽四年，睦州女子陈硕真反，自称文佳皇帝。故梓桐相传有天子基万年楼，方腊因得凭借以起。又以沙门宝志谶记，诱惑愚民而贫穷游手之徒，相乘为乱。青溪为睦大邑、梓桐帮源等号，山谷幽僻处，东北趋睦，西近歙。民物繁庶，有漆楮林木之饶。地势迂险，群党据险以守，因谓之洞。而浙人安习太平，不娴兵革，一闻金鼓声，则敛手听命。不逞小民往往反为贼乡导，劫富室，杀官吏士人以邀货利。所掠妇女，自洞逃出、裸而雉经于林中者，由汤岩榴树岭一带，凡八十五里九村，山谷相望，不知其数。

方腊之乱，愚民望风响应。其间聚党劫掠者，皆窃腊名字。人人曰:“方腊来矣。”所至瓦解。腊之妇，红妆盛饰，如后妃象。以镜置胸怀间，就日中行，则光彩烂然，竞传以为祥瑞。

张邦昌僭位，国号大楚。坐罪贬昭化军节度副使，潭州安置，寓居于郡之天宁寺。寺有平楚楼，盖取唐沈传师诗“目伤平楚虞帝魂”之句也。朝廷遣殿中侍御史马绯赐死，读诏毕，犹徘徊顾望，不能引决。执事者促之登楼，及仰首忽睹三字，长叹就缢。

靖康末，金人立张邦昌为帝。颜博文作赦书云“无德者亡，知讴歌之已去；当仁不让，信历数之有归”等语。无非吠尧之辞，闻者骇愕。其尊元祐皇后为宋太后策语有曰：“尚今宋氏之初，首崇西宫之礼。”盖用太祖即位，迎周太后入西宫故事。及以大宝归上表云：“孔子从佛肸之召，意在尊周；纪信乘汉王之车，誓将诳楚。”

施宜生，福人也。少游乡校，有僧过焉，与之言，引之鳣堂下，风檐杲日。援手周视曰：“余善风鉴，子有奇相，故欲验予术耳。归，他日当语子。”又数年遇诸途，宜生方踬场屋，不胜困，欲投笔漫征前说，以所向扣之。僧出酒一壶，与之藉草饮，复援其手曰：“面有权骨，可公可卿，而视子身之毛皆逆上，且覆腕，然则必有以合乎此而后可贵也。”时范汝为讧建剑，宜生心欲以严庄尚让自期，而未脱诸口。闻其言大喜，杖策径谒，干以秘策。汝为恨得之晚，亟遵用之。亡何而汝为败，变服为佣，渡江至泰。有大姓吴翁者，家僮数千指，擅鱼盐之饶。宜生佣其间三年，人莫之觉也。翁独心识之，一日屏人问曰：“天下方乱，英雄铲迹，亦理之常。我视汝非佣，必以实告，不然且捕汝于官。”宜生不服，曰：“我服佣事惟恭，主人乃尔置疑，请辞而已。”翁固诘之，则请其故。翁曰：“汝动作皆佣，而微有未尽同者。余日者宴客，执事咸骏，而汝独逊诸侪，撤器有噫声，若歆然不怡。此鱼服而角也。我固将全汝，而何以文为?”宜生惊汗，亟拜曰：“主实生我，不敢匿。”遂告之由。翁曰：“官购方急，图形遍城野，汝安所逃？龟山有僧，可托以心。余交之旧矣。介之入北，策之良也。”从之。翁赆之金，隐之衲，至寺服缁童之服以求纳。主僧者出，俨然乡校之所见也，启缄而留之。余数旬，持桡夜济宜生于淮，曰：“大丈夫富贵命耳。予无求报心，天实命汝，知复如何！必得志，毋忘中国。逆而顺，天所祐也。”金法，无验不可行。遂杀一人于道而夺其符，以至于燕。上书自言道：“国虚实不见用，縻而致之黄龙。会赦得释，因以教授自业。”金有附试畔归之士，谓之归义试。遭捷。金主时有意南牧，校猎国中。一日而获熊三十六，廷试多士，遂以命题，盖用唐体。宜生奏赋曰：“圣天子讲武功，云屯八百万骑，日射三十六熊。”主览而喜，擢为第一。不数年仕至礼部尚书。绍兴三十年，金来贺正旦，宜生以翰林侍讲学士为之使。朝廷闻之，命张忠定焘以吏部尚书侍读馆之都亭。时盟誓方坚，国备大弛，而谍者传造舟调兵之事无虚日。上意不深信，馆者因以首丘风之。至天竺，微问其的，宜生顾其介不在旁，忽廋语曰："今日北风甚劲。"又取几间笔扣之曰："笔来，笔来。"于是始大警。及高景山告衅，而我粗有备矣。宜生实先漏师焉。归为介所告，烹而死。宜生方显时，龟山僧至其国，言之于金而尊显之。俾乘驿至京，东视海舟，号天使国师，不知所终。僧踪迹有异，淮人能言之。出入两境如跳河，轻财结客。又有至术，髡而侠者也。逆而显，顺而戮，岂非其相然耶！推理于先，一折枝而赎其恶，固神理之所不容也。

建贼范汝为猖獗，建士如欧阳颖士施逵吴综者，善文章，多材艺。或已登科，皆望风往从之。建人陆业谢尚，有乡曲誉。贼声言使二人来招即降，朝廷遣之。既而拘系二人，反为贼用，贼败，欧阳颖士吴综先诛死，陆谢施逵以槛车送行在，至中途，逵谓二人曰："吾辈去必死。与其戮于市朝，极痛楚，曷若早自裁。"逵乃密令人为药三丸，小大形色俱相似，一乃无毒者。逵取无毒者服之，二人服药即死。既至行在，归罪于二人。理官无所考证，迄从未减，但编置湖南，中途又逸去。或为行者，或为道人，或为人典库藏，迤逦望淮去。有喜其才者，以女妻之。住数月，复北走降金，改名宜生。登伪科，擢用甚峻。金师将下淮时，为之奉使北来。

海寇郑广陆梁，莆福间帆驶兵犀，云合亡命，无不以一当百，官军莫能制，自号滚海蛟。有诏弗捕，命以官，使主福之延祥兵，以徽南溟。延祥隶帅闽广，朔望趋府，群僚以其故所为，遍宾次无与立谈者。广郁郁弗言。一日晨入，未衙，群僚偶语风檐，或乃诗句。广矍然起于坐曰："郑广粗人，欲有拙诗白之诸官可乎?"众属耳。乃长吟曰："郑广有诗上众官，文武看来总一般。众官做官却做贼，郑广做贼却做官。"满座惭噱。

熙宁中，福建贼廖恩聚党山林，招抚久之方出降。朝廷贳其罪，授右班殿直。既至，有司供脚色一项，云："历任以来，并无公私过犯。"见者无不笑之。

逆曦未叛时，尝岁校猎塞上。一日夜归，笳鼓竞奏，辚载杂袭。方垂鞭四视，时盛秋，天宇澄霁，仰见月中有一人焉。骑而垂鞭，与己惟肖。问左右所见皆符，殊以为骇，默自念曰："我当贵，月中人其我也。"扬鞭而揖之，其人亦扬鞭，乃大喜，异谋由是益决。(从事郎钱巩之尝梦曦祷神祠，以银杯为珓，掷之，神起立谓曰："公何疑，公何疑？后政事已分付安子文矣。"曦未省，神又曰："安子文有才，足能办此。"巩之觉以语曦，故召丙用事。)

曦年十许岁时，其父挺尝问其志，曦有不臣之语。其父怒，蹴之炉火中，灼其面，号吴巴子云。李顺与曦先后叛于蜀，俱僭即蜀王位。说者析顺字，谓居川之旁一百八日。析曦字，谓三十八日。我乃被戈，较其即位受策之日，不差毫发。安子文丙，与杨巨源合谋诛逆曦，旋杀巨源而专其功。久之，朝廷疑其跋扈，俾帅长沙。子文尽室出蜀，在长沙，广事资积。厅事前豢豕成群，粪秽狼藉，肥腯则烹而卖之。罢政捆载西归。厥后杨九鼎帅蜀，以刻剥失军心。牙校莫简倡乱，杀九鼎，刳其腹，实以金银，曰："使其贪腹饫饱。"时子文家居，散财结士，生擒莫简，剖心以祭九鼎，再平蜀难。

蜀父老言王小皤之乱，自言我上锅村民也，岂能霸一方。有李顺者，孟大王之遗孤。初蜀亡，有晨兴过摩诃池上者，见锦箱锦衾，覆一襁褓婴儿，有片纸在其中，书曰：“国中义士，为我养之。”人知其出于宫中，因收养焉。顺是也，故蜀人惑而从之。未几小皤战死，众推顺为主，下令复姓孟。及王师传城，城且破矣。顺忽饭城中僧数千人以祈福，又度其童子亦数千人，皆就府治削发僧衣。晡后分东西两门出，出尽，顺亦不知所在，盖自髡而遁矣。明日王师入城，捕得一髯士，状颇类顺，遂诛之，而实非也。天禧初，竟获于岭南，即狱中杀之。蜀人又谓顺逃至荆渚入一僧寺，有僧熟视曰：“汝有异相，当为百日偏霸之主。何自在此？汝宜急去。今年不死，尚有数十年寿。”亦可怪也。

宋稗类钞　卷之三

厚　德

情险山川，志惨铏镆。世偷俗弊，愈趋愈下。激薄停浇，还淳返朴。作德日休，为善最乐。集厚德。

徐鼎臣归朝后，坐事出陕右。柳开时为刺史。开性豪，不为加礼，又事多不法。朝廷命郑文宝治罪，文宝素师事鼎臣，开诣鼎臣求解。鼎臣曰:“彼昔为铉弟子，然时异事背，安能必其心?”开再拜力恳，鼎臣许之。顷文宝至，未见开，即屏从者，步趋入委巷，诣鼎臣。许觐省，立庭下，鼎臣徐出坐。文宝拜竟，升自西阶，通温凊，复降拜。鼎臣乃邀文宝上，立谈道旧，且戒文宝以持节之重，而铉闲慢废弃，后勿复来。文宝力询其所欲。鼎臣曰:“柳开甚相畏。”文宝默出，其事立散。

太祖与符彦卿有旧，常推其善用兵。知大名十余年，有告以谋叛者，亟徙之凤翔，而以王晋公祐为代，且委以密访其事。戒曰："得实吾当以赵普所居命汝。"面授旨，径使上道。祐到，察知其妄，数月无所闻。驿召面问，因力为辩曰："臣请以百口保之。"太祖不乐，徙祐知襄州，彦卿竟亦无他。祐后创居第于曹门外，手植三槐于庭曰："吾虽不为赵普，后世子孙必有登三公者。"已而魏公，果为太保。（祐，字景叔，大名莘人。其明彦卿无罪且曰："五代之君，因猜忌杀无辜，故享国不永。愿以为戒云。"文正公旦，祐子也。）

太平兴国中，赵普再入相，卢多逊已罢为兵部尚书。一日普召钱惟浚至中书谓曰："朝廷知卢多逊求取元帅（曹彬）财物甚多，今未亟行者，为元帅也。请具所遗之物，列状上之。"辞意重迭，冀在必致。惟浚归而白之，且曰："侍中之言，未必不是上旨。"彬曰："主上英明。大臣有过，行即自行，何假吾状？"惟浚惧，因与僚吏等又坚请曰："逆侍中意，恐致不测。"彬不听，乃取当时所与大臣财物之籍悉焚之。既而召谓曰："我受主上非常之恩，是以入朝之日上所顾遇者，皆以金帛为之土物耳。且非有他求，为上故也。况侍中而下皆有之，何独卢相。岂有见人之将溺，而又加石焉？汝等少年勿为此。按籍已焚，祸福吾自当之。"惟浚等惕息而退。后果知其事，非太宗意。

太宗征辽，直抵幽州，围其城。俄一夕大风，军中虚惊，南北兵皆溃散，而诸将不知车驾所在，惟节度使高琼随驾。上于仓卒中大怒诸将不赴行在。翌日欲行军法，高奏曰："夜来出不意，诸将若有知陛下所在，岂陛下之福耶？臣护在左右，亦偶然耳。诸将不可罪责。"上悟，皆释之。高之门出太皇，为天下母仪者，以为有阴德之助。

李文靖公沆为相，专以方严重厚，镇服浮躁。尤不乐人论说短长附己。胡秘监旦谪商州，久未召。尝与文靖同为知制诰，闻其拜参政，以启贺之。历诋前居职罢去者云：“吕参政以无功为左丞；郭参政以失酒为少监；辛参政非材谢病，优拜尚书；陈参政新任失旨，退归两省。”而誉文靖甚力，意将以附之。文靖愀然不乐，命小吏封置箧曰：“吾岂真有优于是者，亦适遭遇耳。乘人之后而讥其非，吾所不为。况欲扬一己而短四人乎？”终为相，旦不复用。

真庙时有卜者上封事。言于宫禁，上怒，令捕之系狱，坐以法。因籍其家，得朝士往还书尺。上曰：“此人狂妄，果臣僚与之游。尽可付御史狱案劾。”王文正公旦得之以归。翌日独对曰：“臣看卜者家藏文字，皆与之算命选日草本，即无言及朝廷事。臣托往来，亦曾令步推星辰，其状尚存。”因出以奏曰：“果行，乞以臣此状同问。”上曰：“卿意如何？”公曰：“臣不欲因以卜祝贱流累及朝臣。”上乃解。公至政府，实时焚去。继有大臣力言乞行，欲因而挤之。上令中使再取其状。公曰：“得旨已寝，焚去之。”

陈龙学从易，天禧中，坐失举送。宰相寇准素恶之，遂除知吉州。及准贬道州，从易为河南转运使。或谓曰：“可忘庐陵。”及准至，从易以故相礼敬之。言者为惭。

西蜀乱后，官府多不挈家以行。张忠定公咏知益州，单骑赴任。是时一府官属，惮张威严，莫敢蓄媵使。张不欲绝人情，遂自买一婢以侍巾栉。自是，官属稍稍置姬。张在蜀四年，被召还阙。呼婢父母，出资以嫁之，仍处女也。赵忠简公鼎平政日，使臣关永坚，亦西人。趋承云久，乃丐官淮上。贫不能办行，欲质息女。公怜之，随给所需。永坚乞纳女，公却之。请力，不得已，姑留之。后永坚解秩还，公一见语云："尔女无恙。"坚谓宿逋未偿，公笑不答，且助资送费，嘱求良配。遂归监平江梅里镇宗室汝霖。女言虽屡年日侍丞相巾栉，及嫁尚处子也。沈詹事持要，坐与叶丞相论恢复，贬筠州。沈方售一妾，年十七，携与俱行。处筠凡七年。既归，呼妾父母以女归之，犹处子也。时人以比张忠定公。会稽潘方仲矩，为安吉尉。献诗云："昔年单骑向筠州，携得歌姬共远游。去日正宜供夜直，归来浑未识春愁。禅人尚有香囊愧，道士犹怀炭妇羞。铁石心肠延寿药，不风流处却风流。"夫人之所最难制者欲，忠定、忠简，贤者或能自勉，沈詹事何人，而所操若此。

张忠定帅蜀时，择良家处子十人，执浣濯纫缀之役。张始不肯用，既而恐不便于后人，遂留之执事。偶悦一姬，中夜心动而起，绕屋而行。但云："张咏小人，张咏小人。"后赵清献继之，慕其风，然已不敢亲近，置之他所，有宴集则呼之。一日偶喜其中一人，酒罢留之外舍。公先入宅，曰："俟来呼汝则入。"女不胜喜。孔目官以下，皆通名谒见，求庇覆矣。公入不出，或觇之，则周行室中，连声自叱其名曰："赵抃不得无礼。"如是一时顷，乃呼吏云："适间女子，可支钱五百千，明日便令嫁人。"毛义夫云："清献公既留此女，入而濯足，且将复出，天大寒，炽炭。命老兵持盆水至，忽举盆浇炭上，烟火飞扬满室。公悟，乃遣女去。"

赵叔平概，与欧阳公同在馆。赵重厚寡言，公意轻之。公知制诰日，韩范在中书。以赵为不文，除天章阁侍制，赵不以屑意。会公甥女淫乱事觉，语连公。时疾韩范者，皆欲文致公罪，云："与甥乱。"上怒。狱急，群臣莫敢言。赵乃上言："修以文章为近臣，不得以闺房暧昧之事，轻加污蔑。臣与修踪迹素疏，修之待臣亦薄。所惜者朝廷大体耳。"书奏，上不悦。人皆为之惧，赵淡然如平日。

赵康靖公概，厚德长者，口未尝言人短。欧公被谤，密申辨理，至欲纳平生诰敕以保之，而文忠不知也。中岁，尝置黄黑二豆于几案间，自旦数之。每兴一善念，为一善事，则投一黄豆于别器；恶则投黑豆。暮发视之，初黑多于黄，渐久反之。既谢事归南京，二念不兴，遂撤豆，无可数云。

庆历三年，有李京者，为小官。吴鼎臣在侍从，二人相与通家。一日京荐其友人于鼎臣，求闻达于朝廷。鼎臣即缴其书奏之，京坐贬官。未行，京妻谒鼎臣妻取别，鼎臣妻惭不出。京妻立厅事，召鼎臣干仆语之曰："我来既为往还之久，欲求一别。亦为乃公尝有数帖与吾夫嘱私事，恐汝家终以为疑，索火焚之而去。"

太尉陈尧咨为翰林学士日，有恶马不可驭，蹄啮伤人多矣。一旦其父谏议入厩，不见是马，因诘圉人。乃曰："内翰卖之商人矣。"谏议遽谓翰林曰："汝为贵臣，左右尚不能制。商人安能畜此？是移祸于人也。"亟命取马而归其值。

苏子美以飨客得罪。言事者欲因子美以动一二大臣，弹击甚急。宦者操文符捕人，所逮皆一时名士。都下为之纷骇，左右无敢救解。韩魏公从容言于仁宗曰："舜钦一醉饱之过，止可付有司治之。何至如此？"帝悔见于色。

欧阳文忠公初以范希文事，得罪于吕相（文靖）。坐党人，远贬三峡，流落累年。比吕公罢相，公始被进擢。其后为范公作神道碑，言西事，吕公擢用希文，盛称二人之贤，能释私憾而共力于国家。希文子纯仁，大以为不然。刻石时，辄削去此一节。云："我父至死未尝解仇。"公叹曰："我亦得罪于吕丞相者，惟其言公，所以信于后世也。吾尝闻范公自言：'平生无怨恶于人。'兼其与吕公解仇书，现在范集中。岂有父子之性，相远如此？"公知颍州时，吕公著为通判，为人有贤行而深自晦默。时人未甚知公，后还朝力荐之，由是渐见进用。又陈恭公执中素不喜公。其知陈州时，公自颍移南京，过陈，拒而不见。后公还朝作学士，陈为首相，公遂不造其门。已而陈出知亳州，寻罢使相。公当草制，自谓必不得好词。及制出，词甚美。至云："杜门却扫，善避权贵以远嫌；处事执心，不为毁誉而更变。"陈大惊喜曰："使与我相知深者，不能道此。此得我之实也。"手录一本，寄门下客李师中曰："吾恨不早识此人。"

江邻几与欧阳公契分不疏。晚著《杂志》，诋公尤力。梅圣俞以为言，而公终不问。邻几既死，公往吊，哭之恸，且告其子曰："先公埋石，修当任其责矣。"故公叙铭邻几，无一字贬之。前辈云："非特见公能容，又使天下后世读公之文，知公与邻几始终如一，且将不信其所诋矣。"

庞相醇之籍判太原日，司马温公适倅并州。一日被檄巡边，温公因便宜，命诸将筑堡于穷鄙，而不以闻。后为西羌所败，杀一副将。朝廷深讶庞公擅兴，诘责不已。庞公既素重温公，略弗自言。久之，遂落使相，以观文殿学士罢归。庞公益默不一语，温公用是得免。（庄敏固不可及，然温公亦守阙，三上书乞独坐。时人两贤之。）

司门郎中王缮，潍州人。治三传《春秋》。得第，再调沂州录事参军。时鲁肃简公宗道，方为司户参军。家贫，食口众，禄俸不给。每贷于王，犹不足，则又恳王预贷俸钱。鲁御下严，库吏深怨之，诉鲁私贷缗钱，并劾王。王谕鲁曰："第归罪某，君无承也。"鲁曰："某贫不给以干于公。过实自某，公何辜焉?"王曰："某碌碌经生，仕无他志。苟仰俸入，以养妻子，得罪无害。矧以官物贷人，过不及免。君年少有志节，明爽方正，实公辅器，无以轻过辄累远业。并得罪何益?"卒明鲁不知，而独受私贷之罪。鲁深愧谢不自容。王处之裕如，无慊恨色。由是沉困二十余年。晚用荐者引对吏部，状其功过，奏内有鲁姓名。时鲁已参大政，立侍殿中。仁庙目鲁曰："岂卿耶?"鲁遽称谢，且具陈其实。仁庙叹曰："长者也。"先是有私过者，例改次等，由是得不降等。诏改大理寺丞，仕至省郎。累典名郡。晚年，田园丰腆，子孙蕃衍。寿八十九卒。亦庇贤为善之报也。

鲁肃简公劲正不徇爱憎，出于天性，素与曹襄悼不协。天圣中，因议茶法，曹力挤肃简，因得罪去。赖上察其情，寝前命，止从罚俸。独三司使李咨夺职谪洪州。及肃简病，有人密报肃简，但云："今日有佳事。"鲁闻之，顾婿张昷之曰："此必曹利用去也。"试往侦之，果襄悼谪随州。肃简曰："得上殿乎？"张曰："已差人押出门矣。"鲁大惊曰："诸公误也。利用何罪至此？进退大臣，岂宜如此之遽？利用在枢密院，尽忠于朝廷，但素不学问，倔强不识好恶耳。此外无大过也。”嗟惋久之，遽觉气塞。急召医视之，曰：“此必有大不如意事动其气。脉已绝，不可复治。”是夕薨。李咨在洪州，闻肃简薨，有诗曰：“空令抱恨归泉壤，不见崇山谪去时。”盖未知肃简临终之言也。王武恭公自枢密使谪知随州，孔道辅所论也。道辅死，或有告武恭：“害公者死矣。”武恭愀然出涕曰：“可惜朝廷又丧一直臣。”

至和中，范景仁为谏官，赵阅道为御史，以论陈恭公事有隙。熙宁中，王介甫执政，恨景仁，数毁之于上，且曰：“陛下问赵抃，即知其为人。”他日上以问阅道。对曰：“忠臣。”上曰：“卿何由知其忠?”对曰：“嘉祐初，仁宗违豫，镇首请立皇嗣，以安社稷。岂非忠乎?”既退，介甫谓阅道曰：“公不与景仁有隙乎?”阅道曰：“不敢以私害公。”

神宗时，陕西用兵失利，内批出令斩一漕臣。明日，宰相蔡确奏事。上曰：“昨日批出斩某人，已行否?”确曰：“方欲奏知。”上曰：“此事何疑?”确曰：“祖宗以来，未尝杀士人。臣等不欲自陛下始。”上沉吟久之曰：“可以刺面配远边处。”门下侍郎章惇曰：“如此即不若杀之。”上曰：“何故?”曰：“士可杀不可辱。”上失色曰：“快意事更做不得一件。”惇曰：“如此快意事，不做得也好。”

韩许公亿在中书日，尝见天下诸路有职司捃拾官吏小过，辄颜色不怿，曰：“今天下太平，主上之心，虽虫鱼草木，皆欲得所。夫仕者大则望为公卿，次则望为侍从职司，其下亦望京朝幕职。奈何锢之于圣世?”

东坡元祐间出帅钱塘。视事初，都商税务押到匿税人南剑州乡贡进士吴味道。以二巨卷作公名衔，封至京师苏侍郎宅。公呼讯其卷中何物，味道恐蹙而前曰:“味道今秋忝冒乡荐，乡人集钱为赴省之赆，以百千就置建阳纱，得二百端。因计道路所经场务，尽行抽税，则至都下不存其半。窃计当今负天下重名，而爱奖士类，惟内翰与侍郎耳。纵有败露，必能情贷，遂假先生名衔，缄封而来。不知先生已临镇此邦。罪实难逃。”公熟视笑，呼掌笺吏去其旧封，换题新衔，附至东京竹竿巷，并手书子由书一纸付之曰:“先辈这回将上天去也无妨。”明年，味道及第来谢。公甚喜，为延款数日而去。

曾鲁公公亮，布衣游京师，舍于市侧。旁舍泣声甚悲，诘朝过而问之。旁舍生意惨怆，欲言而色愧。公曰:“若第言之，或遇仁人戚然动心，免君于难。不然，继以血无益也。”旁舍生顾视左右，唏嘘久之。曰:“仆顷官于某，以某事而用官钱若干，吏督之且急。视其家无以偿之，乃谋于妻，以女鬻于商人，得钱四十万。行与父母诀别，此所以泣之悲也。”公曰:“商人转徙不常，且无义。爱弛色衰，则委为沟中矣。吾士人，孰若与我。”旁舍生跽曰:“不意君之厚贶小人如此。且以女与君，不获一钱，犹愈于商人之数。然仆已书券纳值不可退。”公曰:“第偿其值，索其券。彼不可，则讼于官。”旁舍生然之。即与钱四十万，约曰:“后三日以其女来。吾且登舟矣，俟君于水门之外。”旁舍生如公教，商人果不敢争。携女如期以往，觅公之舟无有也。询旁舟之人则曰:“其舟已去三日矣。”其女后嫁为士人妻。公墓石独遗此事。

罗可，沙阳硕儒也。性度宽宏，词学瞻丽。尝预乡荐，见黜于礼部，遂不复进取，疏放自适。乡人共以师礼事焉。有窃刈其园中蔬者，可适见，因躧足伏草间避之，以俟其去。又有攘杀其鸡者，可乃携壶就之，其人惭悚伏罪。可执其手曰："与子幸同闾里，不能烹鸡以待子，我诚自愧。"乃设席呼其妻孥环坐，尽醉而归。终不以语人，人由是相诫无犯。尝作百韵雪诗，有"斜侵潘岳鬓，横上马良眉"，诚佳句也。

正献吕公，常荐常彝甫秩。后差改节，吕对程伯淳有悔荐之意。伯淳曰："愿侍郎宁受人欺，不可使好贤之心少替。"（吕公著，字晦叔，赠申国公。谥正献。）

简池刘光祖，平生好施，不顾有无，来谒者皆周之。一日晨坐暖阁，夫人方梳沐，有旧友来访，公令夫人入内。夫人从窗隙中见士人拾所遗钗，入怀未稳。公将出，夫人掣公衣袖止之。少顷，公乃出。客退，问其故。夫人曰："偶遗小钗，彼方收拾未稳。士贫，得之可以少济，不欲遽恐之耳。"

张知常在上庠日，家以金千两附致于公。同舍生因公之出，发箧而取之。学官集同舍检索，因得其金。公不认，曰："非吾金也。"同舍生至夜，袖以还公。公知其贫，以半遗之。前辈谓公遗人以金，人所能也。仓卒得金而不认，人所不能也。

王和甫尝言苏子瞻在黄州，上数欲用之。王禹玉辄曰："轼诗有'世间惟有蛰龙知'之句。陛下龙飞在天，乃不敬，反欲求蛰龙乎？"章子厚曰："龙者非独人君，人臣皆可以言龙也。"上曰："自古称龙者多矣，如荀氏八龙，孔明卧龙。岂人君耶？"

及退，子厚诘之曰：“相公乃欲覆人家族耶?”禹玉曰：“闻舒亶言尔。”子厚曰：“亶之唾亦可食乎?”

姚雄初为将，以女许一寨主之子。无何，寨主物故，妻及子皆沦落。后雄以边帅赴阙奏事，呼一媪浣衣，喜其有士人家风。问所从来，媪曰：“昔良人守官边寨，有将姚其姓者，许以女归妾子。今夫既丧，无以自存，子亦货饼饵以自给。”姚曰：“汝尚记姚形容否?”媪曰：“流落困苦，不复省记。”姚曰：“某即是也。女自许归之后，不与他族，日望婿来。岂以父之存没为间耶?”媪泣下，气咽不语者久之。因留媪，呼其子至。浣濯衣服之，载还镇而毕其礼。(雄，字毅夫。绍圣间人。)

宣和用兵燕云，厚赋天下缗钱，督责甚峻。民无贫富，皆被其害。时海州杨六秀才之妻刘氏寡居，谓二子曰：“国家用兵，敛及下户。期会促迫，刑法惨酷。吾家积钱列屋，坐视乡党之困与官吏之负罪，而晏然不顾，于心安乎?”遂请于官，愿以缗钱一百万献之，以免下户之输。于是一郡数县之官吏，得以逃责，而下户得免于流离死亡者，皆刘氏之赐也。

赵忠简鼎，既以忤相桧，谪吉阳军。门人故吏皆不敢通问。广帅张宗元，时遣使渡海，以醪米遗之。桧令本军月具存亡申省。公知，遣人呼其子汾至，谓之曰：“桧必欲杀我。我不死，一家当诛。惟我死，尔曹无患。”乃不食而死。汾护丧归，葬于衢州。守臣章杰，知中外士大夫平时与公有简牍往来，至是又携酒会葬。意可为奇货，乃遣官兵下县。同县尉翁蒙之以搜私酿为名，驰往掩取。复疑蒙之漏言，潜戒左右伺察之。蒙之书片纸，走仆自后垣出，密以告汾，趣令尽焚箧中书及弓刀之属。比官兵至，一无所得，公之家赖以纾祸。（杰，丞相章惇诸孙。雅怨赵公当国时奉诏治惇罪，故欲败赵氏快私愤，且媚桧取美官。因翁漏言，又廉知翁女弟适胡寅，实当时草诏罪状惇者，益怒。并诬翁以他罪劾之。翁，字子功，崇安人。）

杨诚斋夫人罗氏，年七十余。每寒月，黎明即起诣厨，躬作粥一釜，遍享奴婢，然后使之服役。其子东山启曰："天寒，何自苦如此?"夫人曰："奴婢亦人子也。清晨寒冷，须使其腹中略有火气，乃堪服役耳。"东山曰："夫人老，且贱事。何倒行而逆施乎?"夫人怒曰："我自乐此，不知寒也。汝为此言，必不能如吾矣。"东山守吴，夫人尝于郡圃种苎以为衣。时年八十余矣。平居首饰止于银，衣止于紬绢。生四子三女，悉自乳。曰："饥人之子以哺吾子，是诚何心哉?"诚斋东山清介绝俗，固皆得之天资，而内助母仪，所裨亦已多矣。

舒之望江有富翁曰陈国瑞，以铁冶起家。尝为其母卜地，青鸟之徒辐集，莫适其意。有建宁王生者，以术闻。延之逾年，始得吉于近村，有张翁者业之。国瑞治家，未尝问有无，一以诿其子。王生乃与其子计所以得地，且曰："陈氏卜葬，环数百里莫不闻。若以实言，则垄断取资，未易厌也。"于是伪使其冶之隶，如张翁家议圈豕。若以祷者，因眺其山木之美而誉之曰："吾冶方乏炭，此可以薪而得资。翁许之乎?"张翁固弗疑也，曰："诺。"居数日，遂以钱三万成约。国瑞始来相其山，大喜。筑垣缮庐，三阅月而大备，遂葬之。明年清明拜墓上，王与子偕，忽顾其子曰："此山得之何人？厥直凡几?"子以实告。又顾王曰："使不以计胜，则为直当几何?"曰："以时价商之，虽廉犹三十万也。"国瑞亟归，命治具，鞁马谒张翁而邀之。至则馆焉。盛肴醖，相与款洽者几月，语不及他。翁既久留，将告归，复张正堂而燕之。酒五行，辇钱三百缗置之阼，实缣于篚，酌酒于斝，而告之曰：“予葬予母，人谓其直之朘，请以此为翁寿。”翁错愕曰：“吾他日伐山而薪，不盈千焉。三万过矣。此恶敢当？”国瑞曰：“不然。葬而买地，宜也。诡以为冶，则非也。余子利一时之微，以是绐翁。人皆曰：‘直实至是。’用敢以为请。凡予之为，将以愧吾子之见利忘义者。”翁卒辞曰：“当时固已许之，实又过直。子欲为君子，老夫虽贱，可强以非义之财耶？”固授之，往反撑拒。诘旦，拂衣去。国瑞乃怒其子曰：“汝实为是。必为我致之。”不得已，密召其子畀焉。曰：“是犹翁也。”翁竟不知。嗟夫，世之人以市道相交，一钱之争，至于死而不悔。闻二人之风，亦可以少愧乎！

京师人有以金银绘锦二箧，托付于其相知。数年而死，彼人归诣其子。子曰：“我父平日，未尝一言及此，且无券契之验。殆长者之误也？”其人曰：“我躬受之尔父，岂待券契。与汝必预闻哉！”两人相推无敢当。其人遂持以白于官。时包孝肃公尹京，究验其实，断与其子。

昌化章氏昆弟二人，皆未有子。其兄先抱育族人一子。未几，其妻得子。其弟言：“兄既有子，盍以所抱子与我。”兄告其妻。妻犹在蓐，曰：“不然。未有子而抱之，甫得子而弃之。人其谓我何？且新生那可保也。”弟请不已。嫂曰：“不得已，宁以吾新生者与之。”弟初不敢当，嫂即与之。已而二子皆成立。长曰翊，字景韩。季曰诩，字景虞。翊之子樵栖，诩之孙铸鉴，皆相继登第，遂为名族。孝友睦姻之报如此。妇人有识，尤可尚也。

临安府江夏陈宫干，家饶资财。偶买一婢，一日令揩浴，若不用力然。顾之，则见其以一手拭泪。陈疑之，与妻言其事。妻呼之，不至，寻至后阁，见其婢犹垂泪未已，扣其故。婢曰：“妾本宦家女。妾父性暴，居官时，令一婢揩浴，误以指爪伤背，重加之罪。妾今乃获此报。”言讫，涕泪俱下。妻还白之，即择偶嫁出。

维扬秦君昭，妙年游京师。其执友邓载酒祖饯，既而舁一殊色小鬟至前，令拜秦。因指之曰：“此吾为部主事某人所买妾也。幸君便航可以附达。”秦弗敢诺。邓作色曰：“纵君自得之，亦不过二百五十缗耳。何峻辞乃尔?”秦勉强从命。迤逦至临清，天渐暄，夜多虫蚋可畏，内之帐中同寝。直抵都下，置舍馆主妇处。持书往见主事，问曰：“足下与家眷来耶?”曰：“无有。”主事意极不悦，随以小车取归。逾三日，谒谢曰：“足下长者也。昨已作答简附便驿报吾邓公，且使知足下果能不负公付托之意矣。”遂相与痛饮尽欢而散。夫柳下惠、颜叔子之事，千古以为美谈。今秦之于此女子也，相从数千里，饮食起居，无适而不同，又非造次颠沛者之比。可谓厚德君子矣。后秦之子孙咸至显宦。

雅量

居常则易，遇险辄变。林回失声，舞阳色战。安石折屐，宏微投棋，一时镇物，矫情悉见。不罪然须，若忘唾面。有忍有容，德乃可美。集雅量。

郭进有材略，屡立战功。治第新成，聚族人宾客落之，下至土木之工毕预。乃设诸工之席于东庑，群子之席于西庑。人或曰："诸子安可与工徒齿?"进指诸工曰："此造宅者。"指其子曰："此卖宅者。卖宅者固宜坐造宅者下。"进殁未几，果为他人所有。

钱武肃王初有国，将筑宫，望气者言："因故府大之，不过百年。填西湖之半，可得千年。"武肃笑曰："世有千年而中不出真主者乎? 奈何困吾民为?"遂弗改。

吕文穆公蒙正，不记人过。初参政事，入朝堂，有朝士于帘内指之曰："此子亦参政耶?"文穆佯为不闻而过。同列令诘其官位姓名，文穆遽止之。朝罢，同列犹不能平，悔不穷问。文穆曰："若一知其姓名，则终身不复能忘，固不如弗知也。"时人服其量。

李文靖公沆秉钧日，所居陋巷。厅事无重门，颓垣败壁，不以屑虑。堂前药栏坏，夫人戒守舍者弗葺以试公，公经月终不言。夫人以语公，公笑谓其弟维曰："内典以此世界为缺陷，安得圆满如意。人生朝暮不保，岂可以此动吾念哉！”

王文正公旦，局量克厚，人未尝见其怒。饮食有不精洁者，但不食而已。家人欲试其量，以少埃墨投羹中，公惟啖饭而已。问其何以不食羹，曰：“我偶不喜肉。”一日又墨其饭，公视之曰：“吾今日不喜饭，可具粥。”其子弟诉于公曰：“庖肉为饔人所私，食肉不饱。乞治之。”公曰：“汝辈人料肉几何？”曰：“一斤。今但得半，其半为饔人所廋。”公曰：“尽一斤可得饱乎？”曰：“尽一斤固当饱。”曰：“此后人料一斤半可也。”尝宅门坏柱，撤屋新之，暂于廊庑下启一门以出入。公至，侧门低，据鞍俯伏而过，都不问。毕复行正门，亦不问。有控马卒岁满辞公。问：“汝控马几时？”曰：“五年矣。”公曰：“吾不省有汝。”既去，复呼回曰：“汝乃某人乎？”于是厚赐之。乃是逐日控马，但见背，未尝见其面。因去见其背，方省也。昔孙叔敖乘马三年，不知牝牡。其公之谓乎？

王沂公状元及第，还青州故郡。府帅闻其归，乃命父老倡乐迎于郊。公乃易服乘小驷，由他门入。遽谒守，守惊曰：“闻君来，已遣人奉迎。门司未报君至，何为抵此？”王曰：“不才幸忝科第，岂敢烦郡守父老致迓？是重其过也。故变姓名，诳迎者与门司而上谒。”守叹曰：“君真所谓状元矣。”遂卜其远大。

章郇公作三府日，寒食与丁晋公博，丁负。翌日封置所负银数百两归公。明年寒食复博，而公负，丁督索甚急。公即出旧物以偿之，而封缄尘已昏垢。丁服其气局之大如此。

丁晋公谓至朱崖，作诗曰："且作白衣菩萨观，海边孤绝普陀山。"作《青衿集》，皆为一字题，寄归西洛。又作《天香传》，叙海南诸香，及以州郡配古人姓名。著咏百余篇，盖未尝一日废笔砚也。后移道州，旋以秘书监致仕，许于光州居住。流落贬窜十五年，髭鬓无斑白者。人服其量。在光州日，四方亲知皆会，至食不足。转运使表闻。有旨给东京房钱一万贯，为其子珙数月呼博而尽。临终前半月已不食，但焚香危坐，默诵佛书。以沉水煎汁，时呷少许。启手足之际，神识不乱，正衣冠奄然而逝。其能荣辱两忘，大变不惧，当时称为异人。

向常之敏中拜右揆，宣麻日，李昌武在翰林，上谓之曰："朕自即位以来，未尝除仆射。今日有此殊命，敏中应甚喜，门下贺客必多。卿往观之，明日却对来。勿言朕意也。"向归，昌武往侯，见门阑悄无人。昌武径入见之，徐贺曰："今日闻降麻，士大夫莫不欢慰，朝野相庆。"公但唯唯。又言："自上即位，未尝降端揆。此非常之命，自非勋德隆重，眷倚殊越，何以有此?"公复唯唯，终未测其意。又历陈前代为仆射者勋劳德业之盛，礼命之重。公亦唯唯，卒无一言。既退，复使人至庖厨中问今日有无亲戚宾客，饮食宴会，亦寂无一人。明日，昌武具以所见对。上笑："向敏中大耐官职。"（李宗谔，字昌武，文正公昉之子。）

吕晦叔公著，平章军国时，门下因语次，或曰："嘉问败坏家法，可惜。"公不答，容愧而退。一客少留，曰："司空尚能容吕惠卿，何况族党！此人妄意迎合，可恶也。"公又不答。既归，子弟请问二客之言何如？公亦不答。（嘉问，字望之。常窃其从祖公弼论新法奏稿，以示安石。公弼遂斥于外，吕氏号为家贼。)

吕文靖生四子：公弼、公著、公奭、公孺，皆颖异。其少时，文靖与其夫人语：“四子他日皆显重，但未知谁作宰相？吾将验之。”他日四子居外，夫人使小鬟擎四宝器贮茶而往，教令至门，故跌而碎之。三子皆失声，或走归告夫人，独公著凝然不动。文靖谓夫人曰：“此儿必作相。”元祐中，果大拜。(吕彝简，字坦夫，寿州人。封许国公，谥文靖。)

吕文懿公初辞相位，归故里。海内仰之，如泰山北斗。有一乡人醉而詈之，吕公不动。语其仆曰：“醉者勿与较也。”闭门谢之。逾年，其人犯死刑入狱，吕始悔之曰：“使当时稍与计较，送公家责治，可以小惩而大诫。吾当时只欲存心于厚，不谓养成其恶，陷人于大辟也。”

吕元膺为东都留守，尝与处士对棋次。有文簿堆拥，元膺方秉笔阅览，棋侣谓吕必不顾局矣，因私易一子以自胜。吕已窥之，而棋侣不悟。翌日，吕请棋处士他适，以束帛赆之。内外人莫测，棋者亦不安。如是十年许。吕寝疾将亟，子侄列前。吕曰：“游处交友，尔辈宜精择。吾为东都留守，有一棋者云云。吾以他事俾去。易一着棋子亦未足介意，但心迹可畏。亟言之，即虑其忧慑；终不言，又恐汝辈灭裂于知闻。”言毕长逝。

仁宗久病废朝。一日康复，思见执政。坐便殿，促召二府。吕许公闻命，移刻方赴召。比至，中使数促公，同列亦赞公速行，公愈缓步。既见，上曰：“久病方平，喜与公等相见。何迟迟其来?”公从容奏曰:“陛下不豫,中外颇忧。一旦闻忽召近臣,臣等若奔驰以进,虑人惊动尔。”上以为得辅臣体。

欧阳公于修《唐书》,最后至局,专任《纪》《志》而已。《列传》则宋尚书祁所修也。朝廷以一书出两手,体不能一,遂诏公许看《列传》,令删革为一体。公虽受命,退而叹曰:“宋公于我为前辈,且人所见多不同,岂可悉如己意?”于是一无所易。及书成奏御,御史白,旧例修书,只列局中官高者一人姓名,而公官高宜书。公曰:“宋公于《列传》亦功深者,为日且久,岂可掩而夺其功乎?”于是《纪》《志》书公姓名,《列传》书宋姓名。宋公闻而喜曰:“自古文人不相让而好相陵,此事前所未闻也。”

富郑公致政归西都,尝着布直裰,跨驴出郊,逢水南巡检,威仪呵引甚盛。前卒呵骑者下,公举鞭促驴。卒声愈厉,又唱言:“不肯下驴,请官位。”公举鞭称名曰:“弼。”卒不晓所谓,白其将曰:“前有一人骑驴冲节,请官位不得。口称弼、弼。”将方悟曰:“乃相公也。”下马伏谒道左。其候赞曰:“水南巡检唱喏,公举鞭去。”又杜祁公以宫师致仕于南都。时新榜一巍峨者,出倅巨藩,道由应天。太师王资政举正,以其少年高科,方得意于时,尽假以牙兵宝辔,旌钺导从,呵拥特盛。祁公遇于通衢,无他路可避,乘款段,裘帽暗弊。二老卒敛马侧,立于旁,举袖障面。新贵人颇讶其立马而避,问从者曰:“谁乎?”对曰:“太师相公。”

退傅张邓公士逊,晚春乘安舆出南薰,缭绕都城,游金明。抵暮诣宜秋门而入。阍兵捧门牌,请官位。退傅止书一阕于牌云:“闲游灵沼送春回,关吏何须苦见猜。八十衰翁无品秩,昔曾三到凤池来。”

范忠宣谪永州。公夫人在患难中,每遇不如意事,则骂章惇曰:“枉陷正人,使我至此。”公每为一笑。舟行过橘洲,大风雨中船破,仅得登岸。公令正平持盖,自负夫人以登,燎衣民舍。稍苏,公顾曰:“船破岂亦章惇所为耶?”其在永州,闭门独处,人稀识面。客苦欲见者,或出,则问寒暄而已。家僮扫榻具枕,揖客解带对卧。良久鼻息如雷霆,客自度未起,亦熟睡。睡觉,常及暮乃去。(范正平,字子彝,忠宣次子。)

范忠宣云:“或相勉以摄生之理,不知人非久在世之物。假如丁令威千岁化鹤归乡,见城郭人民皆非,则独存亦何足乐?”

杨尚书玢致仕归长安,旧居多为邻人侵占。子弟欲诣府诉其事,以状白公。公批纸尾云:“四邻侵我我从伊,毕竟须思未有时。试上含元殿基望,秋风秋草正离离。”子弟不敢复言。

鉴　识

度务不易，知人孔艰。凭龟食墨，似豹窥斑。披发祭野，忧深百年。垢面谈经，辨着邪奸。总贵几先悬镜，莫于事后转圜。集鉴识。

李文正公昉为相，有求差遣，见其人材可取，必正色拒之，已而擢用；或不足收用，必和颜温语待之。子弟或问其故，公曰："用贤人主之事，我若受其请是市私恩也。故峻绝之，使恩归于上。若其不用，既失所望，又无善辞，此取怨之道也。"公尝期王旦为相，自小官荐进之。公病，召旦勉以自爱。既退，谓其子弟曰："此人后日必为太平宰相，然东封西祀，亦不能救也。"刘宋王弘自领选及当朝总录，将加荣爵于人者，每先呵责谴辱之，然后施行。若美相盼接语欣欢者，必无所谐。人问其故，答曰："王爵既加于人，又相抚劳，便成与主分功，此所谓奸以事君者也。若求者绝官叙之分，既无以为惠，又不微借颜色，即大成怨府，亦鄙薄所不在。"问者悦服。

真宗朝，李文靖沆、王文正旦同时执政。四方奏报祥瑞，沆故灭裂之。如有灾异，则再三疏陈，以为失德所招。上意不怿。旦退谓沆曰："相公何苦违戾如此？似非将顺之美。"沆曰："自古太平天子，志气侈盛。非事四译，则耽酒色，或崇释老，不过以此数事自败。今上富于春秋，须常以不如意事裁挫之，使心不骄，则可为持盈守成之主。沆老矣，公他日当见之。”旦犹不以为然。至晚年，东封西祀，礼无不讲。时沆已薨，旦绘像事之。每胸中郁郁，则摩腹环行曰：“文靖，文靖。”盖服其明识也。

曹玮久在秦州，屡章乞代。王旦荐李及，众疑及虽谨厚有行检，非守边才。韩亿以告旦，旦不答。及至秦州，将吏亦心轻之。会有戍卒白昼掣妇人银钗于市，吏执以闻。及方坐观书，召前略加诘问，其人服罪。及不复下吏，亟命斩之，复观书如故。将吏皆惊服。不日声誉达京师，亿闻之，见旦道其事，且称旦知人之明。旦笑曰：“戍卒为乱，主将斩之，此常事何足异？旦之用及，非为此也。夫以曹玮知秦州十年，羌人摄服。玮处边事已尽宜矣。使他人往必矜其聪明，多所变置，败玮之成绩。所以用及者，但以及重厚，必能谨守玮之规模而已。”亿益叹公之识度。

寇莱公始与丁晋公善，尝荐其才于李文靖屡矣，而终未用。一日莱公语文靖曰：“准屡言丁谓之才，而相公终不用，岂其才不足用耶？抑鄙言不足听耶？”文靖曰：“斯人才则才矣，顾可使之在人上乎？”莱公曰：“如谓者，相公终能抑之使在人下乎？”文靖曰：“他日后悔，当思吾言也。”晚年权宠相轧，交至倾夺，始服文靖先识。

唐侍制肃先与丁晋公为友。后居水柜街，宅正相对。丁将有弼谐之命，唐迁居州北。或问其故，唐曰：“谓之入则大拜，数与往还，事涉依附。经旬不见，情必猜疑，故避之耳。”后晋公南迁，唐曰：“丁之才术，李赞皇之流，动多而静少，任智而鲜仁。可以佐三事，但不可冢百官耳。”王魏公与杨文公品量人物。杨曰：“丁谓果何如？”公曰：“才则才矣，语道未可。他日在上位，使有德助之，庶保终吉。若独当权，必为身累。”后丁果被流窜。

章得象为职方，知洪州罢归。丁晋公与杨文公博，召数人皆不至。丁以为二人博无欢。杨曰：“有章职方者善博，可召之。”既至，丁不胜，输银器数百。章无喜色，亦不辞。他日又博，章输银器数百，亦无吝色。丁嘉其有度，援引以至清显。尝云：“章公他日必为公台。”

王沂公曾初就殿试，已有盛名。李文靖公沆为相，适求婿，语其夫人曰：“吾得婿矣。”乃举公姓名曰：“此人今次不第，后亦当为公辅。”是时吕文穆公家亦求姻于沂公，公闻文靖言曰：“李公知我。”遂从李氏。唱名果在第一。晏元献尝属范文正择婿。久之，文正言有二人，其一富高，一张为善。元献曰：“二人孰优？”文正曰：“富修谨，张疏俊。富君器业尤远大。”遂纳富，即郑公也。时犹未改名。以宰相得宰相，衣冠以为盛事。为善，亦安道旧名。

盛文肃公度为尚书右丞，知杨州，简重少所许可。时夏有章自建州司户参军授郑州推官，过扬州，文肃骤称其才雅，置酒召之。有章荷其意，为一诗谢别。公先得诗不发封，即还之，谢不见。有章殊不意，往见通判刁绎，具言所以。绎疑将命者有忤，诣公问故。公曰：“无他也。吾始见其气韵清秀，谓必远器。今封诗乃自称新圃田从事。得一幕官，遂尔轻脱。君但观之，必止于此官，志已满矣。”明年除馆阁，坐旧事寝夺，改差国子监主簿，仍带郑州推。未几，卒于京师。

景德中，契丹南牧，真宗用寇莱公计，使供奉官曹利用议和，许岁遗银绢三十万匹两。利用之行也，面请所遗之数。上曰："必不得已，虽百万亦可。"及还，上在帷宫方进食，未之见。使内侍问所遗，利用曰："此机事，当面奏。"上复使问之曰："姑言其略。"利用终不肯言，而以三指加颊。内侍入白："三指加颊，岂非三百万乎？"上失声曰："太多。"既而曰："姑了事亦可耳。"帷官浅泊。利用具闻其语。既对，上亟问之，利用再三称罪曰："臣许之银绢过多。"上曰："几何？"曰："三十万。"上不觉喜甚，由此利用被赏尤厚。然当时朝论皆以三十万为过多，惟宰相毕士安曰："不如此，契丹所愿不满，和事恐不能久。"众未以为然也。然自景德至元祐将百年，自古汉蕃和好所未尝有。毕公之言得之矣。

鞠咏为进士，以文受知于王公化基。及王公知杭州，咏擢第。释褐为大理评事，知杭州仁和县。将之官，先以书及所作文寄王公，以谢平昔奖进。今复为属吏，得以文字相乐之意。王公不答。及至任，略不加礼。课其职事甚急，鞠大失望。于是不复冀其相知，而专修吏干矣。其后王公入为参知政事，首以咏荐。人或问其故，答曰："鞠咏之才，不患不达，所忧者气峻而骄。我故抑之以成其德耳。"咏闻之，始以王公为真相知也。

张忠定公咏知通进银台司，并州有军校笞他部卒至死，狱具奏上。法官谓非所部，当如凡人。公执奏之曰："并接羌胡，兵数十万。一旦因一卒抵校死，卒有轻所部之心。不如杖遣之，于权宜为便。”上如法官议。不数日，并卒有怨本校，白昼五六辈提刀趋喧，争前刺校胸，狼藉户下，遂窜去。朝廷方以公所执为是。一云：公在银台时，张永德为并代帅。小校犯法，杖之而死。有诏按罪，公封还诏书曰：“永德方被边寄，若责一小校遂摧辱之，臣恐帅体轻而小人慢上矣。”不纳。既而果有营卒胁刺其大校者。上始悟公言，面加慰劳。

张尚书乖崖镇蜀。时承旨彭公乘始冠，欲持所业为贽，求文鉴大师为之先容。鉴曰：“请君遇旌麾游寺日，具襕鞹与文候之。老僧先为持文奉呈，果称爱方可出拜。”盖八座之性靡测。一日果来，鉴以彭文呈之。公默览殆遍，无一语褒贬，掷之于地。彭公大沮。后将赴阙，临岐，托鉴召彭至，语之曰：“向示盛编，心极爱叹。不欲形言者，子方少年，若老夫以一语奖借，必凌忽自惰，故掷地以奉激，他日子之官亦不减老夫，而益清近。留铁缗钞二佰，道为缣缃之助。勉之。”后果尽然。

赵清献帅蜀日，有妓戴杏花，公喜之，戏谓曰：“头上杏花真可幸。”妓应声曰：“枝头梅子岂无媒。”赵益惑之，谓直宿老兵曰：“汝识某妓所居乎？”曰：“识之。”曰：“为我呼来。”去已二鼓不至，复令人速之，旋又令止。老兵忽自幕后出，公怪问之。兵曰：“某度相公不过一个时辰，此念息矣。虽承命，实未尝往也。”

李允则尝宴军，而甲仗库火，允则作乐饮酒不辍。少顷火熄，密遣吏持檄瀛州，以茗笼运器甲。不浃旬，军器完足，人无知者。枢密院请劾不救火状，真宗曰：“允则必有谓，姑诘之。”对曰：“兵械所藏，儆火甚严。方宴而焚，必奸人所为。

若舍宴救火，事当不测。”

景祐末，西鄙用兵，大将刘平死。议者以宦官监军，主帅不得专，致平失利。请罢诸帅监军。仁宗以问宰臣吕文靖公。公曰：“不必罢，但择谨厚者为之。”仁宗委公择之。对曰：“臣待罪宰相，不当与中贵私交，何由知其贤否？愿诏都知押班保举，有不称者与同罪。”仁宗从之。翌日都知叩头乞罢监军。时嘉公有谋。夫不动声色，坐罢监军，哲人举事，固自不凡。陈窦之祸，皆由谋之不足也。是以君子立朝贵有智。

庆历中，余靖、欧阳修、蔡襄、王素为谏官，时谓四谏。四人者，力引石介，而执政亦欲从之。时范仲淹为参知政事，独谓同列曰：“石介刚正，天下所闻，然性亦好为奇异。若使为谏官，必以难行之事，责人君以必行。少拂其意，则引裾折槛，叩头流血，无所不为矣。主上虽富有春秋，然无失德。朝廷政事，亦自修举。安用如此谏官也？”诸公服其言而罢。介专以径直狂徼为务，人多畏其口。或有荐于上，谓介可为谏官者。上曰：“此人若为谏官，恐其碎首玉阶。”盖疑其效刘栖楚也。（余靖为人不事修饰。作谏官日，因赐对面陈。时方盛暑，上入内云：“被一汗臭汉薰杀，喷唾在吾面上。”）

宝元中，赵元昊叛。上问边备，辅臣皆不能对，明（镐）枢密四人皆罢，王忠穆谪虢州。翰林学士苏公仪与忠穆善，出城见之。忠穆谓公仪曰：“鬷之此行，前十年已有人言之。”公仪曰：“必术士也。”忠穆曰：“非也。昔时为三司盐铁副使，决狱囚至河北。是时曹南院自陕西谪官，初起为定帅。鬷至定治事毕，玮谓鬷曰：‘决事已毕，自此当还。明日欲少留有所言。’既爱其雄材，又闻欲有所言，遂为之留。明日，具馔甚简俭。食罢，屏左右曰：‘公满面权骨，不为枢辅即边帅。或谓公当为相，则不然也。顾不十年必总枢柄。此时西方，当有警。公宜预讲边备，搜阅人材，不然，无以应卒。’曰：‘四境之事，惟公知之。何以见教？’曹曰：‘玮实知之，今当为公言。玮在陕西日，河西赵德明尝使人以马博易于中国。怒其息微，欲杀之，莫可谏止。德明有一子方十余岁，极谏不已。曰以战马资邻国，已是失计。今更以货杀边人，则谁肯为我用者？玮闻其言，私念之曰：此子欲用其人矣。闻其常往来牙市中，玮欲一识之，屡使诱致之不可得，乃使善画者图其形容。既至观之，真英物也。此子必为边患。计其时，正在公秉政之日。公其勉之。’尔时殊未以为然。今知其所画乃元昊，竟如其言也。”

张邓公士逊为殿中丞，王城东一见厚遇之，语必移时。王公素所厚惟杨大年。公有一茶囊，惟大年至则取囊具茶，他客莫与也。公之子弟，但闻取茶囊，则知大年至。一日公命取茶囊，群子弟皆出窥大年，及至乃邓公也。一日公复命取茶囊，又往窥之，邓公也。子弟乃问：“公张殿中者何人，公待之如此？”公曰：“张有贵人法，不十年当据吾座。”后果如其言。又文潞公为太常博士，通判兖州回，谒吕许公，公一见器之。问潞公：“太博曾在东鲁，必当别墨。”令取一丸墨，频揩磨之，揖潞公就观此墨何如，乃是欲从后相其背。既而密语潞公曰：“异日必大贵达。”即日擢为监察御史，不十年入相。至七十九岁，以太师致仕。凡带平章事三十七年，未尝改易。名位隆重，福寿康宁，近世未有其比。

张芸叟云：“吕申公知人，故多得于下僚。家有茶罗子：一银饰，一金饰，一棕栏。方接宾，索银罗子，常客也；金罗子，禁近也；棕栏则公辅必矣。家人常排列于屏间以候之。

密云龙茶极为甘馨。黄、秦、晁、张，号苏门四学士，子瞻待之厚。每来，必令侍妾朝云取密云龙。一日又命取密云龙，家人谓是四学士。窥之乃廖正一明略也。

前辈名公巨卿，往往具知人之哲。如马尚书亮之于吕许公、陈恭公，曾谏议致光之于晏元献，吕许公之于文潞公，夏英公之于庞颖公，皆自布衣小官时，即许以元宰之贵，不可一二数。初非有袁李之术，但眼力高阅人多故耳，史传所载以为名谈。近世如史忠献弥远，赵忠肃方，亦未易及。忠献当国日，待族党加严。犹子嵩之子申，初官枣阳户曹，方需远次，适乡里有佃客邂逅致死者，官府连逮急甚。欲求援于忠献，而莫能自通，遂寅缘转闻，因得一见留饭，终席不敢发一语。忽问何不赴枣阳，以尚需次对，忠献曰："可急行，当作书与退翁矣。"子申拜谢，因及前事。公曰："吾已知之。弟之官，勿虑也。"公平昔严毅少言，遂谢而退。少间，公元姬林夫人因扣之。公曰："勿轻此子。异日当据我榻也。"其后信然。又赵葵南仲通判庐州日，往谒公。时候见者数十人，皆谢去，独召两都司及赵。延入小阁会食，且出两金奁，贮龙涎水脑，俾坐客随意爇之。次至赵，即举二合尽投炽炭中，香雾如云。左右皆失色。公亟索饭送客，俾赵听命客次，人皆危之。既而出札知滁州，填现阙即命之任，而信公平生功业，实肇于此焉。又赵忠肃开阃西京日，郑忠定清之，初任彝陵教职，首诣台参。郑素癯瘁，若不胜衣。赵一见即异人待之。延入中堂，出三子，俾执弟子礼。郑局蹐不自安，旁观怪之。即日免衙参等礼。及行，复命诸子饯之前途，且各出云萍录书之而去。他日忠肃问诸子曰："郑教何如？”长公答曰：“清固清矣，恐寒薄耳。”公笑曰：“纵寒薄不失为太平宰相。”后公疾革，诸子侍侧，顾其长蕿曰：“汝读书可喜，然不过监司太守。”次语文仲范曰：“汝开阃恐无结果。三哥葵甚有福，但不可作宰相耳。”时帐前提举官赵胜，素与都统制扈再兴不协，泣而言曰：“万一相公不讳，胜必死于再兴之手。”时京西施漕在旁，公笑谓施曰：“赵胜会做殿帅，扈再兴，安能杀之？”其后所言无一不验。

御史台有阍吏，隶台中四十余年，事二十余中丞矣。颇能道其事，尤善评其优劣。每声喏之时，以所执之挺验中丞之贤否。贤则横其挺，否则直其挺。此语喧闻，凡为中丞者惟恐其挺之直也。范讽为中丞，闻望甚峻。阍吏每声喏，必横其挺。一日范视事次，阍吏报事，范视之，其挺直矣。范大惊，立召问曰：“尔挺忽直，岂睹我之失耶？”吏初讳之。苦问乃言曰：“昨日见中丞召客，亲谕庖人以造食，中丞指挥者数四。庖人去又呼之，复丁宁教诫者数四。大凡役人者受以法而观其成，苟不如法，有常刑矣。何事喋喋之繁？若使中丞宰天下事，皆欲如此喋喋，不亦劳而可厌乎？某心鄙之，不觉其挺之直也。”范大笑，惭谢。明日视之，挺复横矣。

唐世士大夫崇尚家法。柳氏为冠，公绰唱之，仲郢和之。其余名士亦各修整。旧传柳氏出一婢，婢至宿卫韩金吾家，未成券。闻主翁于厅事上买绫，自以手取视之，且与驵侩议价。婢于窗隙见之，因作中风状仆地。其家怪问之，婢云：“我正以此疾，故出柳宅也。”因出外舍问曰：“汝有此疾几何时矣？”婢曰：“不然。我曾服事柳家郎君，岂忍为此卖绢牙郎指使耶？”其标韵如是。

吕献可待对于崇政殿，时司马温公为翰林学士，相遇朝路。温公密问曰："今日请对何所言?"献可举手曰："袖中弹文，乃新参也。"温公愕然曰："王介甫素有学行，命下之日，众皆喜于得人，奈何论之?"献可正色曰："君实亦为此言耶？安石虽有时名，好执偏见，不通物情，轻信奸回，喜人佞己。听其言则美，施于用则疏。若在侍从，犹或可容。置诸宰辅，必天下受其祸矣。"温公又谕之曰："与公相知，有所怀不敢不尽。未见其不善之迹，遽论之不可。"献可曰："上新嗣位，富于春秋，朝夕谋议者二三执政尔。苟非其人，则败国事。此乃腹心之疾，治之惟恐不及，顾可缓耶?"后安石变法，人始服献可先见。（吕诲，字献可，正惠公端之孙。其弹荆公文有云"外示朴野，中怀险诈，学师孔孟，术慕管商"等语。）

张乐全守陈，富郑公在亳社，以不行新法谪知汝州，假道宛丘，与乐全相见。富叹曰："人果难知。某三次荐安石，谓其才可大用。不意今日乃如此。"乐全曰："自是彦国未识人。"方平昔年知举，辟为点检试卷官。每向前来论事，则满院无一人可其意者，自是绝之，至今无一字往还。或荐宋莒公兄弟可大用，昭陵曰："大者可。小者每上殿，则廷臣无一人是者。"已而莒公果相，景文终于翰长。乐全与昭陵之见同。

李待制在仁宗朝，尝为州县官，因邸吏报包希仁拯拜参政。或曰："朝廷自此多事矣。"承之正色曰："包公无能为。今知鄞县王安石者，眼多白，甚似王敦。他日乱天下者必此人。"

元祐间，东坡在禁林。张无尽以书自言曰："觉老近来见解与往时不同，若得一把茅盖头，必能为公呵佛骂祖。"盖欲坡荐为台谏也。温公颇有意用之，尝以问坡。坡云："犊子虽俊可喜，终败人事，不如求负重有力而驯良服辕者。使安行于八达之衢，为不误人也。”温公乃止。

王荆公初见晏元献，元献熟视无他语，但云：“能容于物，物亦容矣。”荆公唯唯。退而思之，此语有所本，或自为之言。识者谓荆公平日所短正在乎此，何元献遂知其然耶！

熙宁初，王宣徽之子正甫，字茂直，监西京粮料院。一日约邵康节、吴处厚、王平甫共饭，康节辞以疾。明日茂直来，康节谓曰：“某之辞会有以。吴处厚者好议论。平甫者，介甫之弟。介甫方执政行新法，处厚每讥刺之。平甫虽不甚主其兄，若人面骂之，则亦不堪矣。此某所以辞会也。”茂直叹曰：“先生料事之审如此。昨处厚席间毁介甫，平甫作色，欲列其事于府。某解之甚苦乃已。”呜呼！康节以道德尊一代，平居出处，一饭食之间，其慎如此。

姚麟为殿帅，王荆公当轴。一日折简召麟，麟不即往。荆公因奏事，白之裕陵。裕陵询之，麟对曰：“臣职掌禁旅，宰相非时以片纸召臣，臣不知其意，故不敢擅往。”裕陵是之。又有语麟驭下过严者。裕陵亦因事励之，麟恐伏而对曰：“诚如圣训，然臣自行列，蒙陛下拔擢，使掌卫兵于殿廷之间。此岂臣当以私恩结下为身计耶！”裕陵是之。

熙宁中，高丽入贡，所经州县，悉要地图。所至皆造送。山川道路，形势险要，无不备载。至扬州，牒州取地图。是时丞相陈秀公守扬，给使者欲尽见两浙所供图，仿其规模供造。及图至，都聚而焚之，具以事闻。

神宗升遐，会程颢以檄至府。留守韩康公之子宗师，问朝廷之事如何，曰：“司马君实、吕晦叔作相矣。”又问果作相当何如，曰：“当与元丰大臣同。若先分党与，他日可忧。”韩曰：“何忧?”曰：“元丰人臣皆嗜利者，使自变其已甚害民之法则善矣。不然，衣冠之祸未艾也。君实忠直难与议，晦叔解事，恐力不足耳。”已而皆验。

建中初，江公望为左司谏，上言：“神考与元祐诸臣，非有斩祛射钩之隙也。先帝信仇人黜之。陛下若立元祐以为名，必有元丰绍圣为之对。有对则争兴，争兴则党复立矣。徽宗初欲革绍圣之弊以靖国，于是大开言路。众议以瑶华复位，司马光等叙官为所当先。陈瓘时在谏省，独以为幽废母后，追贬故相，彼皆立名以行，非细故也。今欲正复，当先辨明诬罔，昭雪非辜，诛责造意之人，然后发诏以礼行之，庶无后患。不宜欲速贻悔。”朝议以公论久郁，速欲取快人情，遽施行之。至崇宁间，蔡京用事，悉改建中之政。人皆服公远识。

元祐初政，司马光居政府。凡王安石、吕惠卿所建新法，划革略尽。至罢雇役复差役，人情未协。范纯仁谓光曰：“治道去其太甚可也。差役一事，尤当熟讲而缓行，不然，滋为民病。愿公虚心以延众论，不必谋自己出；谋自己出，则谄谀得乘间迎合矣。设议或难回，则可先行之一路，以观其究竟。”光不从，持之益坚。纯仁曰：“是使人不得言耳。若欲媚公以为容悦，何如少年合安石以速富贵哉?”纯仁素与光同志，及临事规正如此。后绍述之兴，果借此为词。

邵伯温常论元祐绍圣之政曰：“公卿大夫，当知国体。以蔡确之奸，投之死地，亦何足惜？范忠宣知国体者也，故每欲薄确之罪。时既不能用，退而行确词命，然后求去。君子长者用心也。刘挚、梁焘、王岩叟、刘安世疾恶太甚，卒贻后日缙绅之祸，可奈何！”

司马温公为相，每询士大夫私计足否？人怪而问之，公曰：“倘衣食不足，安肯为朝廷而轻去就耶？”内翰贾公廷试第一，往谢杜祁公，公独以生事有无为问。贾退，谓祁公门下士曰：“黯以鄙文冠天下。往谢公，公不问，而独问生事，岂以黯为不足魁乎？”公闻而言曰：“凡人无生事，虽为显官，不能无俯仰依违。今贾名列第一，则其学不问可知，其为显官亦不问可知。衍独惧其生事不足，以致进退皆为廪禄所拘管耳。”贾为之叹服。

杜正献公有门生为县令者，公戒之曰：“子之材器，一县令不足施，然切当韬晦，无露圭角，不然无益于事，徒取祸耳。”门生曰：“公平主以直亮忠信取重天下，今反诲某以此，何也？”公曰：“衍历任多，历年久，上为帝王所知，次为朝野所信，故得以伸其志。今子为县令，卷舒休戚，系之长吏，长吏之贤者固不易得。若不见知，子乌足以伸其志，徒取祸耳。予非欲子毁方瓦合，盖欲求和于中也。此言味做涉世语，便是老乡愿；味做用世语，便是古大臣。”

国家与辽结欢，两国之誓，败盟者祸及九族。宣和伐燕之谋，用其降人马植之言，由登莱航海，以使于女真，约尽取辽地而分之。子女玉帛归女真，土地归本朝。时主其事者王黼也，时论多以为不可。宇文虚中在西掖，昌言开边之非策，论事亹亹数千言。设喻以为犹富人有万金之产，与寒士为邻，欲肆吞并以广其居，乃引暴客而与谋曰：“彼之所处，汝居其半；

彼之所畜，汝得其全。”暴客从之，寒士既亡。虽有万金之富，日为切邻强暴所窥。欲一日高枕安卧，其可得乎？种师道亦言今日之举，如寇入邻家不能救，又乘之分其室也。两喻最为切当。当事者既失之于女真，复用之于蒙古，而社稷随之矣。宣和元年，高丽国王病，遣使求医。上择二良医往，岁余方归。医奏王馆待甚勤，谓曰：“高丽小国，世荷国恩，不敢忘报。闻天子用兵，辽实兄弟国，苟存之，犹足为中国捍边。女真乃强暴，不可交也。愿二医归告天子，早为之备。”用兵之失策，虽高丽亦知之。天朝君臣，其谋反出小裔下耶？

承平时，宰相入省，必先以秤秤印匣而后开。蔡元长秉政，一日印匣颇轻，疑之。摇撼无声，吏以白元长。元长曰：“不须启封，今日不用印。”复携以归私第。翌日入省，秤之如常日。开匣则印在焉。或以询，元长曰：“是必省吏有私用者，偶仓卒未及入。倘入措急索，则不可复得，徒张皇耳。”盖即裴晋公之事也。

刘豫揭榜山东，妄言御药冯益遣人收买飞鸽。因有不逊语，知泗州刘纲奏之。张浚请斩益以释谤。赵鼎继奏曰：“益事诚暧昧，然疑似间有关国体，倘朝廷略不加罚，外议必谓陛下实尝遣之，有累圣德。不若暂解其职，姑与外祠，以释众惑。”上欣然出之浙东。浚怒鼎异己。鼎曰：“自古欲去小人者，急之则党合而祸大，缓之则彼自相挤。今益罪虽诛不足以快天下，然群阉恐人君手滑，必力争以薄其罪。不若谪而远之，既不伤上意。彼见谪轻，必不致力营求。又幸其位，必以次窥进，安肯容其入耶？若力排之，此辈侧目吾等，其党愈固而不破矣。”浚始叹服。

张浚与赵鼎同志辅治，相得甚欢，行且并相。史馆校勘喻樗独曰：“二人宜且同在枢府。他日赵退则张继之，立事任人，未甚相远，则气脉长。若同处相位，万一不合而去，则必更张。是贤者自相悖戾矣。”

秦桧当国，有假其书谒扬州守。守觉其伪，缴原书管押其回。桧见之，即假其官资。或问其故？曰：“有胆敢假桧书，此必非常人。若不以一官束之，则北走胡南走越矣。”

韩范不能用张元李昊，遂奔西夏，大为边患。桧此举胜韩范矣，所谓下下人有上上智。有人作韩魏公书谒蔡君谟，君谟虽疑之，然士颇豪。与之三千，因回书遣四兵送之，并致果物于魏公。客至京谒公谢罪，公徐曰：“君谟手段小，恐未足了公事。夏太尉在长安，可往见之。”即为发书。子弟疑谓包容已足，书可勿发。公曰：“士能为我书，又能动君谟，其才器不凡矣。”至关中，夏竟官之。

韩蕲王之夫人，京口娼也。尝五更入府，伺候贺朔，忽于庙柱下见一虎蹲卧，鼻息齁齁然。惊骇急走出，不敢言。已而人至者众，复往视之，乃一卒也。因蹴之起，问其姓名，为韩世忠。心异之，密告母，谓此卒定非凡人。乃邀至家，具酒食卜夜尽欢。深相结纳，资以金帛，约为夫妇。蕲王后立殊功，为中兴名将，遂封两国夫人。王尝邀兀术于黄天荡，几成擒矣。一夕凿河遁去，夫人抗疏言世忠失机纵敌，乞加罪责。举朝为之动色。其明智英伟如此。

张循王罢兵就第。一日秦丞相召见，言：“有少事烦郡主。建康镇江军皆阙帅，请荐其人。”张唯唯而退。越日又言之，张辞以居闲已久，部曲悉离散，无可荐者。秦曰："教郡王荐翰林学士则难，荐军帅，职也。复何辞？"张不得已，乃以刘宝、王权名上。二人实尝隶韩蕲王，其远嫌杜患如此。绍兴中，车驾幸张循王第，过午尚欲从容。循王再三趋巨珰白上，乞早早归内，皆莫测其所以。他日有叩之者，答曰："臣下岂不愿天子款留私第为荣？但幸秦太师府，时未晡也，即登辇。"闻者叹服其识虑之高远焉。

张循王之兄保，尝怨循王不相援引。循王曰："今以钱十万缗，卒五千付兄。要使钱与人流转不息，兄能之乎？"保默然久之曰："不能。"循王曰："宜弟之不敢轻相援引也。"王尝春日游后圃，见一老卒卧日中，王蹴之曰："何慵眠如是？"卒起声喏，对曰："无事可做，只得慵眠。"王曰："汝会做甚事？"对曰："诸事薄晓，如回易之类，亦粗能之。"王曰："汝能回易，吾以万缗相付何如？"对曰："不足为也。"王曰："付汝五万。"对曰："亦不足。"王曰："汝需几何？"对曰："不能百万，亦五十万乃可耳。"王壮之，予五十万，恣其所为。其人乃造巨舰极丽，市美女能歌舞音乐者百余人，广收绫锦奇玩、珍羞佳果及黄白之器，募紫衣吏轩秀都雅若书司客将十数辈，驺从百人。乐饮逾月，忽飘然浮海去。逾岁而归，珠犀香药之外，且多得骏马，获利殆十倍。时诸将皆缺马，惟循王得此，军容独壮。王大喜，问其何以致此？对曰："到海外诸国，称大宋回易使谒戎王。馈以绫锦奇玩，并招其贵人用事者。珍羞毕陈，女乐迭奏，皆其国中所未尝睹。其君臣大悦，遂以名马易美女，且为治舟载马。以犀珠香药易绫锦等物，馈遗过当，是以获利如此。"王咨嗟褒赏，赐予优厚。问能再往乎？曰："此戏也，更往则败矣。愿仍为卒退老园中。"（此卒颓然甘寝苔阶花影之下，而其胸中之智圆转恢奇乃如此。然以一弊衣老卒，慨然捐五十万畀之，使得从容尽其展布，其意度之恢弘何如哉！人谓循王在钱眼里坐，其然岂其然乎？）

杨和、王沂中闲居郊行，遇一相押字者。杨以所执杖书地上作一画，相者再拜曰："阁下何为微行至此？宜自爱重。"王愕然诘其所以，相者曰："土上一昼，乃王字也。"王笑批缗钱五百万。仍用常所押字，命相者翌日诣司帑。司帑持券熟视曰："汝何人？乃敢作王伪押来赚物，吾当执汝诣有司问罪。"相者具言本末。至声屈，冀动王听。王之司谒与司帑，打合五千缗与之。相首大恸，痛骂司帑而去。异日乘间白王，王怪问其故。对曰："他今日说是王者，来日又胡说增添，则王之谤厚矣。且思王已开王社，何所复用相？"王起抚其背曰："尔说得是。"即以予相者几百万旌之。

赵卫公雄相孝宗。一日奏事，上从容语及郑丙，曰："郑丙不晓事。问他吴挺，乃云：小孩儿解甚的。"卫公曰："以大将比小儿，丙诚不晓事。然以臣管见，挺虽有长，亦有所短。"上曰："何故？"公曰："为人细密警敏，此其所长；然敢于欺君父，及恃其险巧，而愚弄士大夫，此其所短。但朝廷用之不得其地耳。"上曰："何谓不得其地？"公曰："往年恢复至德顺，中原父老，箪食壶浆，以迎王师者，肩摩袂接。悉取免敌钱，大失民望，迄于无功。中原之人，至今怨此子深入骨髓，而朝廷乃使之世为西将，西人又以二父故，莫不畏伏。挺亦望宣抚之任久矣。蜀虽名三军，二军仅当其偏裨。虽陛下神武御将，百挺何能为？然古帝王长虑却顾，为子孙万世计，似不如此。"上大感悟。后挺死，朝虽略行其言，已而复故。开禧丁卯，吴曦僭叛，世始思卫公之言。

赵汝愚与韩侂胄既定策欲立宁宗。谕殿帅郭杲，以军五百至祥禧殿祈请御宝。杲入索于职掌内侍羊驷、刘庆祖。二人私议曰："今外议汹汹如此。万一入其手，或以他授，岂不利害！"于是封识空函授杲，二珰取玺从间道诣德寿宫，纳之宪圣。及汝愚开函奉玺之际，宪圣自内出玺与之。

赵汝愚先借韩侂胄力，通宫掖，立宁宗。侂胄所望不过节钺，刘弼从容谓汝愚曰："此事侂胄不能无功，亦须分些官职与他。"徐谊亦曰："侂胄异时必为国患，宜饱其欲而远之。"叶适亦谓汝愚曰："观侂胄意，止望节钺，宜与之。"朱熹曰："汝愚宜以厚赏酬侂胄，勿令预政。"汝愚谓其易制，皆不听，止加侂胄防御使。侂胄大怨望，遂构汝愚之祸。赵从道有诗云："庆元宰相事纷纷，说着令人暗断魂。好听当时刘弼语，分些官职乞平原。"罗大经亦有云："斋坛一钺底须悭，坐见诸贤散似烟。不使庆元为庆历，也由人事也由天。"

元廉希宪礼贤下士如不及。方为中书平章时，江南刘整以尊官往见，公毅然不命之坐，刘去。宋诸生褴褛冠衣，袖诗请见。公亟延入坐语，稽经抽史，饮食劳苦如平生欢。既罢，公兄弟等请于公曰："刘整贵官也，而兄简薄之。宋诸生寒士也，而兄加礼殊厚。某等不能无疑，敢问。"公曰："此非汝所知。我国家大臣，语默进退，系天下轻重。刘整官虽贵，背其国以叛者。若夫宋诸生，所谓朝不坐，燕不与，彼何罪而羁囚之。况今国家起朔漠，我于斯文不加厚，则儒术由此衰熄矣。"公之卓识若此。

才 干

贼事以需，决机以夬。虞掺利器，盘错可游。粪理乱丝，剑刀辄卖。诸若口如胶含，腹将书晒。虚盗名声，仅随呼拜。是率天下于无用，胡为不杀！集才干。

戚里有分财不均者，更相讼。张齐贤曰：“是非台府所能决，臣请自治之。”齐贤坐相府，召讼者问曰：“汝非以彼分财多，汝所分少乎？”曰：“然。”具款。乃召两吏，令甲家入乙舍，乙家入甲舍，货财无得动，分书则交易。明日奏闻。上曰：“朕固知非君不能定也。”

马军副都指挥使张旻，被旨选兵。下令太峻，兵惧，谋为变。上召二府议之，王旦曰：“若罪旻，则自今帅臣何以御众？急捕谋者，震惊都邑。陛下数欲任旻以枢密，今若擢用使解兵柄，反侧者当自安矣。”上谓左右曰：“王旦善处大事，真宰相也。”

西夏赵德明求粮万斛，王旦请敕有司具粟百万于京师，而诏德明来取。德明大惭曰：“朝廷有人。”乃止。契丹奏请岁给外，别假钱币。真宗以示旦，旦曰：“东封甚近，车驾将出，以此探朝廷之意耳。可于岁给三十万外，各借三万，仍谕次年额内除之。”契丹得之大惭。次年复下有司，契丹所借金帛六万，事属微末，仰依常数与之，今后永不为例。盖不借则违其意，徒借又无其名。借而不除，则无以塞侥幸之望；借而必除，又无以明中国之大。如是处分方妥。

祥符中，中禁火。丁晋公主营缮宫室，患取土远，公乃令凿通衢取土。不日皆成巨堑，乃决汴水入堑中，引诸道竹木排筏，及船运杂材，尽自堑中入公门。事毕，却以斥弃瓦砾灰壤实于堑中，复为街衢。一举而三役济，计省费以亿万计。

真宗幸澶渊。丁谓知郓州兼齐濮等州安抚使。时契丹深入，民大惊，争趋杨刘渡。舟人邀利，不急济。谓取死罪囚诈作驾舟人，立命斩之。舟遂集，民乃得渡。遂立部分，使沿河执旗帜击刁斗自卫。契丹乃引去。

张忠定知益州，民有诉主帅帐下卒恃势吓取民财者。其人闻知，缒城夜遁。咏差衙役往捕之，戒曰："尔生擒得，则浑衣扑入井中，作逃走投井申来。"是时群党汹汹，闻自投井，故无他说，又免与主帅有不协名。

吕正惠公端为相，保安军奏获李继迁母。枢密副使寇准欲斩于保安军北门之外。端以为必若此，非计之得者也。请对，具道准言，且言："昔项羽得太公欲烹之，汉高祖曰：'愿分我一杯羹。'夫举大事者固不顾其亲，况继迁异类悖逆之人哉？且陛下今日杀继迁之母，继迁可擒乎？不然，徒树怨仇，而益坚其叛心耳。宜置于延州，使善养视之，以招徕继迁。虽不能即降，终可以系其心，而母生死之命在我矣。"上拊髀称善曰："微卿，几误我事。"

大凡临事无大小，皆贵乎智。智者何？随机应变，足以弭患济事者是也。小而文潞公幼年之浮球，司马温公幼年之击瓮，亦皆于仓卒之中，有变通之术。张乖崖守蜀，兵火之余，人怀反侧。一日大阅，方出军，众忽嵩呼，乖崖亦下马随众东北望三呼，揽辔复行，众不敢欢。真宗不豫，李文定公迪以宰相宿内祈禳。时太子尚幼，八大王元俨颇有威名，问疾留禁中，屡日不出，执政患之。偶翰林司以金盂贮热水过，王所需也。文定取案上墨笔搅水中尽黑，王见之大骇，意其为毒也，即上马去。文潞公知成都，大雪会客，帐下卒有谇语，共拆井亭，烧以御寒。军将以闻，公徐曰："今夜诚寒。亭弊矣，正欲改造，更有一亭，可尽拆为薪。"乐饮如常。明日，乃究问先拆亭者，杖而流之。赵从善尹临安，宦寺欲窘之。一日内索朱红桌子三百只，限一日办。从善命于市中取茶桌一样三百只，糊以清江纸，用朱漆涂之，咄嗟而成。两宫幸聚景园回，索火炬三千枝，限以时刻。从善命于倡家取竹帘束之，顷刻而办。辛幼安在长沙，欲于后圃造楼赏中秋，时已八月初旬矣。吏白他皆可办，惟瓦难办。幼安命于市上每家以钱一百，赁檐前瓦二十片，限两月。以瓦收钱，于是瓦不可胜用。嘉熙间，江西峒丁反，吉州万安宰黄炳鸠兵守备。一日五更探报寇且至，炳亟遣巡尉领兵迎敌。众皆曰："空腹奈何？"炳曰："第速行，饭即至矣。"炳乃率吏辈携竹箩水桶，沿市民之门曰："知县买饭。"时人家晨炊方熟，皆有熟饭熟水。厚酬其值，负之以行。于是士卒皆饱餐，一战破寇。

康定中，河西用兵。石曼卿与吴安道遵路，奉使河东。既行，安道昼访夕思，所至郡县，考图籍，见守令，按视民兵刍粟。山川道路莫不究尽利害，尚虑未足以副朝廷眷使之意，而曼卿吟诗饮酒，若不为意者。一日，安道曰：“朝廷不以遵路不才，得与曼卿并命。今一道兵马粮刍，虽已留意，而窃惧愚不能烛事。以曼卿之才，如略加之意，则事无遗举矣。”曼卿笑曰：“国家大事，安敢忽耶？已熟计之矣。”因条举将兵之勇怯，刍粮之多寡，山川之险易，道路之通塞，纤悉具备，如宿所经虑者。安道大惊服，以为天下奇才，且叹其不可及也。

建炎初，驾幸钱塘，而留张忠献浚于平江为后镇。时汤东野适为守将。一日闻有赦令当至，心疑之，走白张公。公曰：“亟遣吏属解事者往视，缓驿骑而先取以归。”汤遣官发视，乃伪诏也。度不可宣，而事已彰灼。卒徒急于望赐，惧有变，复谋之张公。公曰：“今便发库钱示行赏之意。”乃屏伪诏，而阴取故府所藏登极赦书置舆中，迎登谯门，读而张之，即去其阶。禁无敢辄登者，而散给金帛如郊赉时。于是人情略定，乃决大计。

金人破汴，銮舆南幸。寇退，以宗公汝霖尹开封。初至，物价腾贵，至有十倍于前者，郡人病之。公谓参佐曰：“此易事。自都人率以食饮为先，当治其所先，缓者不忧不平也。”密使人问米面之值，且市之。计其值，与前此太平时初无甚增。乃呼庖人取面，令作市肆笼饼，大小为之。及取糯一斛，令监军使臣如市酤酝酒。各估其值，而笼饼枚六钱，酒每觚七十足。出勘市价，则饼二十，酒二百也。公先呼作坊饼师至，讯之曰：“自我为举子时来京师，今三十年矣。笼饼枚七钱，而今二十，何也？岂麦价高倍乎？”饼师曰：“自都城经乱以来，米麦起落，初无定价，因袭至此。某不能违众独减使贱市也。”公即出兵厨所作饼示之，且语之曰：“此饼与汝所市，重轻一等，而我以日下市值，会计新面工值之费，枚止六钱。若市八钱，则有二钱之息。今为将出令，止作八钱，敢擅增此价而市者，罪应处斩。今借汝头以行吾令也。”即斩以徇。明日，饼价仍旧，亦无敢闭肆者。次日，呼官酤任修武至，讯之曰：“今都城糯价不增，而酒值三倍，何也?”任恐悚以对曰：“某等开张承业，欲罢不能。而都城自遭寇以来，外居宗室及权贵亲属私酿至多。不如是，无以输官曲之值，与工役油烛之费也。”公曰：“我为汝尽禁私酒，汝减值百钱，亦有利入乎?”任叩头曰：“若尔则饮者俱集。多中取息，足办输役之费。”公熟视久之曰：“且寄汝头在颈上，出率汝曹即换招榜。一角止作百钱足，不患乎私酝之搀夺也。”明日出令敢有私造曲酒者，捕至，不问多寡，并行处斩。于是倾糟破瓻者不胜其数。数日之间，酒与饼值既并复旧。其他物价，不令而次第自减。既不伤市人，而商旅四集，兵民欢呼，称为神明之政。时杜充守北京，号南宗北杜云。

故老言贾丞相当国时，内后门火。飞报已至葛岭，贾曰：“火近太庙乃来报。”言竟，后至者曰：“火已近太庙。”贾乘两人小肩舆，四力士以锤剑护轿。里许即易轿人，倏忽至太庙。临安府已为具赏犒，募勇士，树皂纛，列刽手，皆立具于呼吸间。贾下令肃然，不过曰：“火到太庙斩殿帅。”令甫下，火沿太庙八风，两殿前卒肩一卒飞上斩八风板落，火即止。登验姓名转十官，就给金银赏之。贾才术若此类亦可喜。

绍定辛卯，临安之火，比辛酉加五分之三，虽太庙亦不免，而史丞相府独存。洪舜俞诗云：“殿前将军猛如虎，救得汾阳令公府。祖宗神灵飞上天，可怜九庙成焦土。”时殿帅盖冯榯也。

吴兴富翁莫氏者，暮年忽有婢怀娠。翁惧其妪妒，且以年迈，惭其子妇若孙，亟遣嫁之，已而得男。翁岁时给以钱米缯絮，不绝。其夫以鬻粉羹为业。子稍长，且十许岁，莫翁告殂。里巷群不逞遂指为奇货，悉造婢家啗之。婢方哭，则谓之曰："汝富贵至矣，何以哭为?"问其说，乃曰："汝之子莫氏也，其家田园屋业，汝子皆有分，盖归取之，不听则讼之可也。"其夫妇皆曰："吾固知之。奈贫无资何?"曰："我辈当贷汝。"即为作数百千文约，且曰："我为汝经营，事济则偿我。"然实无一钱，止为作衰服被其子以往。且戒曰："汝至灵帏则大恸，且拜，拜讫可亟出。人问汝，谨勿应。我辈当伺汝于屋左某家，当即告官可也。"其子谨受教，既入其家，哭且拜，一家骇然辟易。妪骂，欲殴逐之。莫氏长子亟前曰："不可。是将破吾家。"遂抱持之曰："汝非花楼桥卖羹之子乎?"曰："然。"遂引拜其母曰："此汝母也。吾乃汝长兄也，汝当拜。"又遍指其家人曰："此为汝长嫂，此为汝次兄若嫂，汝皆当拜。"又指曰："此为汝长侄，此为次侄，汝当受其拜。"既毕，告去。曰："汝吾弟，当在此伴丧，安得去?"即命栉濯，尽去故衣，易新衣，使与诸兄弟同寝处。已又呼其所生，谕之以月廪岁衣，如翁在日，且戒以非时。母辄至，亦欣然而退。群小方聚委巷茶肆俟之，久不至，既而物色之，乃知已纳，相视大沮，计略不得施。他日投牒持券诉其子负贷钱，郡逮莫妪及其子问之，遂备陈首尾。太守唐少尉象叹服曰："其子可谓孝义矣。"于是尽以群小置狱，杖脊编置焉。顷刻而弭奸计，化有事为无事，且家完而能承先志，又博孝义之名，一举而数善备矣。

品　行

言笑三缄，取与一介。菩萨不外庄严，头陀岂容破戒。太丘道广，虽登常侍之丧；伏波年高，独受梁松之拜。漫学惠和，勿讥彝隘。集品行。

太祖时，窦仪在翰林。忽一日宣入禁中，行至屏障间，觇见太祖犹衩衣，潜身却退。中书谓曰："官家坐多时，请速进见。"窦曰："圣上衩衣，必是未知仪来，但奏云宣到翰林学士窦仪。"太祖闻之，遂起索衫带，着后方召见。仪素称方正，其自重应尔。同时陶穀为学士，尝晚召对。太祖亵服御便殿，穀望见，将前而复却者数四。左右催宣甚急，谷终彷徨不进。太祖笑曰："此措大索事分。"顾左右取袍带来，上束带竟，穀乃趋入。

太宗一日谓宰臣曰："朕何如唐太宗?"众皆曰："陛下尧舜也，何太宗可比?"李文正昉独无言，徐诵白乐天诗曰："怨女三千放出宫，死囚四百来归狱。"太宗曰："朕不如也。"

张知白守亳，亳有豪士修佛庙成，知白召穆修作记。记成，不书士名。士以五百金遗修，求载名于记。修投金庭下，促治装去，曰："吾宁糊口为旅人，终不以匪人污吾文也。"

富郑公为枢密使，英宗初即位，赐大臣永昭陵遗留器物。已拜赐，又例外独赐公加千。公力辞，东朝遣小黄门谕公："此微物不足辞，虽家人亦以为不害大体，屡辞恐违中旨。”公曰：“此固微物，要是例外也。大臣例外受赐不辞，若人主例外作事，何以止之？”竟辞不受。

张宣徽安道守成都，眷籍娼陈凤仪。后数年，王懿敏仲仪出守蜀，安道祝仲仪致书与之。仲仪至郡，呼凤仪曰：“张尚书顷与汝留情乎？”凤仪泣下。仲仪曰：“亦尝遗尺牍，今尚存否？”曰：“迨今蓄之。”仲仪曰：“尚书有信至，汝可尽索旧帖，吾欲观之，不可隐也。”遂悉取呈。韬于锦囊甚密，仲仪谓曰：“尚书以刚劲立朝，少与多仇，汝毋以此黩公。”乃取书付凤仪，并囊尽焚之。后语安道，甚感之。

张文定公安道，平生未尝不衣冠而食。尝暑月与其婿王巩同饭，命巩褫带，而己衫帽自如，巩顾见不敢。公曰：“吾自布衣诸生遭遇至此，一饭皆君赐也。享君之赐，敢不敬乎？子自食某之食，虽衩衣无害也。”（巩，字定国，王旦子。素谥懿敏。诸子中巩素最知名。）

孙资政沔，出帅环庆。宿管城，值夏州进奉使至，或言当避驿者。公曰：“使夏国王自入朝，亦外臣也，犹当在某下，况陪臣乎？”遂宿白沙。仁庙闻而嘉之。

石守道为举子时，寓学于南都，固穷苦学，世罕其比。王侍郎渎闻其勤约，尝以盘餐遗之。守道谢曰：“甘脆者亦某之愿，但常享之则可。若止修一餐，则明日何以复继？朝享膏粱，暮厌粗粝，人之情也，某所以不敢当赐。”王大嗟重之。范文正公为举子时，读书南都学舍。留守有子居学见公食粥，归告其父以公厨食馈，公不食。留守子曰：“大人闻公清苦，故遗以食物，而不下箸，得非以相浼为罪乎？”公谢曰：“非不感厚意，盖食粥安之已久，今遽享盛馔，后日岂能复啖此粥乎？”二公同时人，其所守相类若此。（石介，字守道，兖州人。王渎，应天府，虞城人，尧臣父也。）

明道先生尝憩一僧寺，夜闻察察有声，命火烛之，乃鼠于佛脐中衔一书欲出，先生取视之，乃丹书也，即手抄讫，而纳旧本佛腹。明日，召塑工补其孔。先生后如其法炼月余。人见其屋有光，以为火，竞趋扑之，至则非也，遂不复炼。试以将成之丹涂银器，涂处辄成金。或讽先生服之，先生曰：“吾腹中安可著此。”与一道士善，拟传之。比至，先生已易箦矣。

元祐初，起文潞公平章军国重事，召程正叔为崇政殿说书。正叔以师道自居，每侍讲，色甚庄，继以讽谏，上畏之。潞公对上恭甚。进士唱名，侍立终日。上屡曰：“太师少休。”潞公顿首谢，立不去。时年九十矣。或谓正叔曰：“君之倨，视潞公之恭，议者以为未尽。”正叔曰：“潞公三朝大臣，事幼主不得不恭。吾以布衣为上师傅，其敢不自重。吾与潞公所以不同也。”识者服其言。

范忠宣永州命下，公之诸子，闻韩少师维谪均州。其子告惇以少师执政日，与司马公论议多不合，得免行，欲以忠宣与司马公议役法不同为请，以白公。公曰：“吾用君实荐以至宰相，同朝论事不合即可。汝辈以为今日之言，不可也。有愧而生者，不若无愧而死。”诸子遂止。

神宗尝对章惇称张安道之美，问惇识否。惇退以告吕惠卿，惠卿明日与安道同行入朝，告以上语，且曰：“行当大用矣。”安道缩鼻不对。其夕安道适与客坐，惇呵引到门，谒入。安道使谢曰：“素不相识，不敢受谒。”惇惭怍而退。

范蜀公有子弟赴官，乞书诣见朝贵，公不许，曰：“仕宦不可广求人知。受恩多，则难为立朝。”

荆公熙宁初召还翰苑。初侍经筵之日，讲《礼记·曾子易箦》一节曰：“圣人以义制礼，其详见于床笫之间。君子以仁行礼，其勤至于垂死之际。姑息者，且止之辞也。天下之害，未有不由于且止者也。”

王荆公初参大政。一日因阅晏元献小词，荆公曰：“为宰相何讵作词?”平甫曰：“彼亦偶然自喜而为尔。顾其事业，亦不止此。”时吕惠卿为馆职，亦在坐，遽曰：“为政必先放郑声，况自为之乎?”平甫正色曰：“放郑声，不若远佞人。”吕大惭。

范淳甫祖禹尝语李方叔云：“李文正有言：‘士人当使王公闻名多而识面少。’此最名言。盖宁使王公讶其不来，无使王公厌其不去。”（范祖禹其母梦邓禹至寝室而生，遂以为名。初，字梦得。温公以传称邓仲华笃行淳备，故改字淳甫。）

刘安世年既老，名望益重。梁师成用事，心服其贤，令人啖以大用，因劝为子孙计。安世笑曰：“吾为子孙，不至是矣。废斥三十年，未尝有一点墨与当朝权贵。吾欲为元祐完人，见司马光于地下，不可破戒也。”还其书不答。

陈莹中初任颍川教官，时韩持国为守，开宴用乐语，左右以旧例必教授为之。公因命陈，陈曰：“朝廷师儒之官，不当撰俳优之文。”公闻其言，不以为忤，而荐于朝。

元遗山好问裕之，北方文雄也。其妹为女冠，文而艳。张平章当揆欲娶之，使人嘱裕之。辞以可否在妹，妹以为可则可。张喜，自往访，觇其所向。至则方自手补天花板，辍而迎之。张询近日所作，应声答曰：“补天手段暂施张，不许纤尘落画堂。寄语新来双燕子，移巢别处觅雕梁。”张悚然而出。

吕元直颐浩作相，遇堂吏绝严。一日有忤意者，辄批其颊。吏官品已高，惭于同列，乃叩头曰：“故事，堂吏有罪当送大理寺准法行遣。今乃受辱如苍头，某辈贱役不足言，望相公少存朝廷体面。”吕大怒曰：“今天子巡行海甸，大臣皆着草履行沮洳中。此何等时，汝辈要存体面？俟大驾返旧京，还汝体面未迟。”群吏相顾称善而退。

高宗南幸，方在道中。每泊近岸，执政登舟朝谒，行于沮洳，则蹑芒鞋。吕元直时为相，顾同列曰：“草履便将为赤舄。”既而旁舟水深，乃积稻秆以进。参政范觉民曰：“稻秸聊以当沙堤。”

高宗在徽宗服中，用白木椅子。钱大主入觐见之，曰：“此檀香椅子耶？”张婕妤掩口笑曰：“禁中用胭脂皂荚多，相公已有语，更敢用檀香作椅子？”时赵鼎张浚作相。

赵鼎在潮五年，杜门谢客，时事不挂口。及移吉阳军，有谢上表曰：“白首何归，怅余生之无几；丹心未泯，誓九死以不移。”秦桧见之曰：“此老屈强犹昔。”

金人来取赵彬等三十人家属，诏归之。时洪皓曰：“昔韩起谒环于郑，郑小国也。能引义不与。金既限淮，官属皆吴人，宜留不遣。彼方困于蒙兀，姑示强以尝中国。若遽从之，则知我虚实，谓秦无人，益轻我矣。”桧变色曰：“公无谓秦无人。”

自绍兴讲和以来，金使经由官私牌额，悉以纸蒙覆之，盖常年之例也。隆兴间，金使往天竺山烧香，过太学门，临安尹命吏持纸幂太学二字。有直学程宏图者，襕襆立其下曰：“太学贤士之关，国家储才之地，何歉于远译?”坚执不令登梯，吏以白尹。尹以上闻，阜陵嘉叹久之，遂免，至今循之。宏图后登第，上记其姓名，擢大理司直。迁丞而卒。

太学蕴道齐有小池，忽一鸥飞来，容与甚久。一同舍生题诗云：“朝来池上有新事，火急报教同舍知。昨夜雨余春水满，白鸥飞下立多时。”读者赏其蕴藉。

胡汲仲长儒，号石塘。特立独行，刚介有守。赵松雪尝为罗司徒奉钞百锭，为先生润笔，请作乃父墓铭。先生怒曰：“我岂为宦官作墓铭耶!”是日先生正绝粮，其子以情白，坐客咸劝受之，先生却愈坚。一毫不苟取，虽冻馁有所不顾也。先生送蔡如愚归东阳诗有云：“薄縻不继袄不暖，讴吟犹是钟球鸣。”语之曰：“此余秘密藏中休粮方也。”

忠义

在天者日，在人者心。握拳爪透，嚼齿龈深。豫子漆身，亦酬殊遇；渐离矐目，总尽微忱。死生不二，神鬼式临。岂乏全躯之哲，惟赓正气之吟。集忠义。

徐铉归朝，为左散骑常侍，迁给事中，太宗一日问曾见李煜否，铉对以臣安敢私见之。上曰："卿第诣之，但言朕令卿往见可矣。"铉遂径诣其居，望门下马。但一老卒守门。徐言愿见太尉，卒言有旨不得与外人接。铉云："奉旨来见。"老卒进报，徐入立庭下久之，老卒遂取旧椅子相对，铉遥见，止之曰："但正衙一椅足矣。"顷间李主纱帽道服而出。铉方拜，而遽下阶引其手以上。铉辞宾主之礼，李主曰："今日岂有此礼？"铉引椅少偏，乃敢坐。后主相持大笑，及坐，默不言，忽长吁叹曰："当时悔杀了潘佑李平。"铉既去，有旨召对，询后主何言，铉不敢隐，遂有秦王赐牵机药之事。牵机药者，服之前却数十回，头足相就如牵机状。又后主七夕在赐第，命故伎作乐，声闻于外。太宗闻之，大怒。又传"小楼昨夜又东风"及"一江春水向东流"之句，并坐之，遂被祸云。（后主虞美人词云："春花秋月何时了，往事知多少。小楼昨夜又东风，故国不堪回首月明中。○雕轮玉砌应犹在，只是朱颜改。问君还有几多愁，恰似一江春水向东流。"）

太平兴国中，吴王李煜薨，太宗诏侍臣撰神道碑。时有与徐铉争名，欲中伤之，因奏知吴王事迹，莫若徐铉为详。太宗遂诏铉为之。铉遽请对而泣曰："臣旧事李煜，陛下容臣存故主之义，乃敢奉诏。"太宗许之。铉为碑，但推言历数已尽，天命有归而已。其警句云："东邻遘祸，南箕扇疑。投杼致慈亲之惑，乞火无里妇之谈。始劳因垒之师，终后涂山之会。"又有偃王仁义之比。太宗览读叹赏，每对宰臣称其忠。异日复得铉所撰《吴王挽词》三首，尤加咨挹。今记者二首曰："倏忽千龄尽，冥茫万事空。青松洛阳陌，芳草建康宫。道德遗文在，兴衰自古同。受恩无报补，反袂泣途穷。""士德承余烈，江南广旧恩。一朝人事变，千古信书存。哀挽周原道，铭旌郑国门。此生虽未死，寂寞已消魂。"

苏叔党过，坡公季子也。翰墨文章，能世其家，士大夫以小坡目之。靖康中，得莅真定。赴官次河北，道遇绿林，胁使相从。叔党曰："若曹知世有苏内翰乎？吾即其子也。肯随尔辈求活草间耶？"通夕痛饮。翌日视之，卒矣。惜乎世不知其此节也。

贾表之公望，文元公孙也。资禀甚豪。尝谓："仕当作御史，排击奸邪。否则为将帅，攻讨羌戎。余皆不足为也。"平居惟好猎，常自饲犬。有妾熊氏者，为之饲鹰鹞。寝食之外，但治猎事。曰："此所以寓吾意也。"晚守泗州，翁彦国勤王，久留泗上不进，表之诘责之，且约以不复饷其军。彦国愧而去。及张邦昌伪赦至，率郡官哭于天庆观圣祖殿，而焚其赦书，伪命不能越泗而南。所试才一郡，而所立已如此。许颍之间猎徒，谓之贾大夫云。

四明陈秀实禾，政和初为右正言，明目张胆，展尽底蕴，时称得人。除给事中。会宦官童贯、黄经臣恃贵幸骄险，且与中执法卢航相为表里。搢绅侧目，莫敢言者。禾曰："吾备位台谏，朝廷有至可虑者，一迁给舍，则非其职。此而不言，后悔何及?"未受告命，即抗疏上言，力陈汉唐之祸，不可不戒。此隙一开，异日有不可胜言者，惟陛下留意于未然。论列既久，上以日晚颇饥，拂衣而起。禾牵挽上衣泣奏曰："陛下少留，容臣罄竭愚衷。"上为少留。禾曰："此曹今日受陛下之利，陛下他日受危亡之祸，孰为重轻，愿陛下择之。"上衣裾脱落，曰："正言碎朕衣矣。"禾奏曰："陛下不惜碎衣，臣又岂惜碎首以报陛下。"其言激切。上为之变色，且曰："卿能如此，朕复何忧。"内侍请上易衣，上止之曰："留以旌直节。"翌日，经臣率其党诉于上前曰："国家极治如此，安得此不祥之语?"继而卢航上章，谓禾一介书生，言事狂妄。东台之除既寝，复责授信州监酒。久之，自便丐祠，奉亲还里。先是陈莹中寓居郡中，禾交游日久，又遣其子正汇来从学。后莹中论列蔡元长得罪，禾上书力为救解。及正汇告发蔡氏事，父子俱就逮。监狱者知莹中与禾游，谓言必自禾发。移文取证，禾答以事诚有之，罪不敢逃。人谓禾曰："岂宜以实对。"禾曰："祸福死生，吾自有处。岂肯以一死易不义邪！倘得分贤者罪，固所愿也。"朝廷指以为党，勒停。宣和中，起守龙舒以卒。

献陵嗣位，未几，而汴梁失守。躬蹈大难，以纾京邑之酷，天下归仁。炎兴中天，八骏忘返，朝野咸有攀龙髯泣乌号之痛。任元受时为下僚，率中原搢绅为位佛宫而致哀焉，并作疏文以叙其志。文赡意真，读者洒涕。其词曰："时巡万里，群心久阻于望霓；岁阅三星，仙跸俄迁于奔电。悲缠率士，冤薄层空。臣等迹忝簪缨，心增荼蓼。从君以出，始惭晋国之亡臣；御主而还，终愧赵家之养卒。攀号奚及，摧殒何穷。尝闻无罪而杀一夫，尚复有辞而吁上帝，矧兹二载，丧我两君。义不戴天，叩九阍而靡愬；礼应投地，希十力之可凭。爰竭蚍蜉之忱，仰于龙象之驭。恭惟大行孝慈渊圣皇帝，夙跻上哲，遽属多艰。嗣服几年，躬勤庶政。遥羁元朔，只为苍生。已深露盖之嗟，更剧辌车之惨。遗弓安在，凭几莫闻。万乘墨缞，将御徐戎之难；六军缟素，咸声义帝之冤。自怜草野之踪，莫效涓埃之报。惟依妙果，式佐神游。伏愿法证三乘，趣超十地。如天子名为菩寂，万有皆空；犹世尊身入涅槃，一真不坏。兜离响灭，恒闻梵呗之潮音；区脱尘空，来即宝华之法会。然后神明助顺，中外谋全。载木主以徂征，誓修幽壤之怨；奉梓宫而旋穸，冀慰在天之灵。”

建炎初，朱弁孝章，以两宫通问使为金人所拘，亦作徽庙哀辞。其序曰：“臣等茂林丰草，被雨露于当年；异域殊乡，犯风霜于将老。节上之旄尽落，口中之舌徒存。叹马角之未生，魂消雪窖；攀龙髯而莫逮，泪洒冰天。”王伦自金还，得其辞，帝读之为洒涕。官其子三人。徽宗殂于五国城，洪皓方流递冷山，闻之，北面泣血，惨文以祭。《容斋三笔》云：先忠宣遣使臣沈珍，往燕山建道场于开泰寺。作功德疏曰：“千岁厌世，莫遂乘云之仙；四海遏音，同深丧考之戚。况故宫为禾黍，改馆徒馈于秦牢；新庙斿衣冠，招魂漫歌于楚些。虽遣河东之赋，莫止江南之哀。遗民失望而痛心，孤臣久挚惟呕血。伏愿盛德之祠，传百世以弥昌；在天之灵，继先后而不朽。”北人读之亦堕泪，争相传诵。此疏疑即世所谓掺文以祭者。

楚州东渐民张尚，家巨富，好施与，务济贫困，不责人之报。年方壮，遭乱流离，骨肉散落。独与一仆羁栖于射阳湖中，乞食以活，为贼所掠，求货不得，缚于大木之下，将生啖之，已刲股数脔，仆窜既脱矣。见之恸哭而出，举身遮护，而拜贼曰："此是我主，虽本富豪，今赤身逃难，尚无饭吃，岂得更挟财货？如欲饱其肉，则又瘦瘠。愿脍我以代之。"贼虽嗜杀，亦为义所激。闻言嗟异，亟解嵩缚，并仆释去，且遗以钱帛。迨绍兴中，淮上安定。嵩归里，资产尚赢百万。仆亦存，嵩以弟待之。张氏子弟悉事之如诸父。

王达者，屯田郎中李昙仆夫也。事昙久，昙亲信之。既而去昙，应募为兵，以选入捧日营，凡十余年。会昙以子学妖妄言事，父子械系御史台狱。上怒甚，狱急。平生执友，无一人敢饷问之者。达旦夕守台门不离，给饮食候信问者四十余日。昙贬恩州别驾，仍实时监防出城。诸子皆流岭南，达追哭送之。防者遏之，达曰："我主人也。岂不得送之乎？"昙河朔人，不习岭南水土。其家人皆辞去，曰："我不能从君之死乡也。"数日，昙感恚自缢死，旁无家人。达使母守昙尸，出为之治丧事。朝夕哭如亲父子，见者皆为流涕。殡昙于城南佛舍，然后去。呜呼！达贱隶也。非知有古忠臣烈士之行，又非矫迹求令名以取朊仕也。独能发于天性至诚，不顾罪戾，以救其故主之急，终始无倦如此，岂不贤哉！嗟乎，彼所得于昙，不过一饭一衣而已。今世之士大夫，因人之力，或致位卿相。已而故人临不测之患，屏手侧足，戾目窥之，犹惧其祸之延及己也，若畏猛火远避去，又或从而挤之以自脱，敢望其忧恤拯救也耶？彼虽巍然衣冠类君子哉，稽其行事，则此仆夫必羞之。

四明戴献可者，疏财尚气，喜从贤士大夫游处，而家世雄于财。凡客至必延款，士闻风而归者，皆若平生欢也。猷可死，止一子伯简，年十八九，未历世故，暴承家业，用度无艺。里中恶少因得与交狎邪，不数岁破家。止有昌国县鱼盐竹木之利尚存，旧仆杨忠主之，自猷可无恙时，出纳无纤毫欺。伯简家业既荡，独忠所掌，犹可赖为衣食资，遂往焉。忠拜哭尽哀，日与妇共事之。籍其资财之簿以献，伯简大喜，谓："我固有之物。"仍复妄为。其游从辈闻之，又欲诱荡焉。忠哭谏不顾。一日伯简与其徒会饮呼蒲，忠挺刃而前，执其尤者捽首顿之地，数曰："我事主人三十余年，郎君年少，尔辈诱之为不善，家产扫地，幸我保有此业。汝必欲荡之，靡有孑遗耶？我断汝首，告官请死，报吾主人于地下。"又大叱令伏地受刃，其人哀号伏罪，请自今不敢复至。忠噤咽良久，收刃却立曰："尔畏死给我耶？"其人号曰："请自今不敢复至。"忠曰："如此贷尔命，再至必屠裂尔躯。"遂出帛数端曰："可负此亟去。"其人疾走。忠遂挥涕谢伯简曰："老奴惊犯郎君，自今改前所为，但听老奴尽心力役，不二三年旧业可复。不然，老奴当即日自沉于海，不忍见郎君饿死，以贻主人门户羞也。"伯简渐泣，自是谢绝群不逞，修谨自守，一听忠所为。果数年尽复田宅，忠事之弥谨。吁，忠其贤矣哉！真不负其名矣。其视幸主人之祸败，从而取之者，孰非忠之罪人乎！

唐琦，开封人，绍兴卫士也。高宗南渡，金帅海金琶八追至绍兴。太守李邺以城降。琦资性忠勇，誓与贼偕死以报国。一日，邺方与琶八并马而行，琦持二大甓登小阁上，祝曰："愿天相我，一击杀此两贼。"不幸甓中马，琦被执。琶八曰："大金兵数百万，汝杀我一人何益？"琦曰："愿碎尔脑，以愧降贼者耳。"因骂邺曰："我月请官一石米，且不肯负国。汝受国厚恩，乃甘心从贼，尚得为人耶?”琶八怒曰:“汝愿何以死?”琦曰:“我愿以布裹尸，灌油焚三日。”琶八如其言焚之。琦恐琶八追及高宗，故以焚尸缓其程耳。会稽帅傅崧请为立庙祀之。琦以卫士自奋，古今罕俦；至以焚尸缓追，则段太尉之风矣。异哉!

孝宗追复岳武穆官爵，收召其子孙，令给还原资。主者具当时没入之数，止九千缗耳。其毙于狱也，实请具浴，拉胁而殂。狱李隗顺负其尸出葬于北山之湄，身故有一玉环，亦以徇，树双橘于上识焉。将死，嘱其子曰:“异时朝廷求而不获，必悬官赏购之，汝始以告。棺上一铅筒，有棘寺勒字，吾埋殡之符也。”后果访其瘗不得，以一斑职为赏，其子乃上告官。悉如所言，而尸色如生，尚可更敛礼服也。

岳少保既死狱，籍其家，仅金玉犀带数条，及锁铠兜鍪，南蛮铜弩，镔刀弓剑鞍辔，布绢三千余匹，粟麦五千余斛，钱十余万，书数千卷而已。视同时诸将如某某等，莫不宝玩充堂寝，田园占畿县。享乐寿考，妻儿满前。祸福顿悬，天道亦自有不可知者。飞墓在栖霞下，其子云附焉。名人佳士多以诗吊之。天台陶九成诗云:“精忠祠宇西湖上，再拜荒坟感昔游。断碣草深蒙奰屃，空山日落叫钩辀。天移宋祚难恢复，帝幸燕云困掠囚。逆桧阴图倾大业，思陵无意问神州。偷安甫遂邦家志，饮痛甘忘父母仇。信使北和怜屈膝，策文南驻忍含羞。两宫五国瞻征帜，丹诏班师下节楼。万里长城真自坏，中兴武绩遂云休。呜呼竟死奸邪手，颠沛谁为社稷忧。黯黯冤魂游狴犴，纷纷雨泪洒貔貅。惟余满地苌弘血，不见中流祖逖舟。氛辈已尘金匼匝，冕旒终换铁兜鍪。姓名竹帛书千载，父子英雄土一丘。老树尚知朝禹穴，遗黎总解说王猷。复田起废怜僧寺，移檄褒嘉赖省侯。圣世即今崇祀典，伫看宠渥到松楸。”

武穆家《谢昭雪表》云：“青编尘乙夜之观，白简悟壬人之谮。”最工。武穆有《满江红》词云：“怒发冲冠，凭栏处，潇潇雨歇。抬望眼，仰天长啸，壮怀激烈。三十功名尘与土，八千里路云和月。莫等闲，白了少年头，空悲切。○靖康耻，犹未雪。臣子恨，何时灭。驾长车，踏破贺兰山缺。壮志饥餐胡虏肉，笑谈渴饮匈奴血。待从头，收拾旧山河，朝天阙。”

绍兴间，金人遣其秘书监刘陶来聘，因问岳飞以何罪而死。馆伴者无以对，但曰：“意欲谋叛，为部将所告，以抵诛。”陶曰：“江南忠臣善用兵者，止有岳飞。所至纪律甚严，秋毫无犯。所谓项羽有一范增而不能用，所以为我擒。如飞者，其亦江南之范增乎？”馆伴者默不能对。秦桧闻之，约束勿奏。俄以不职贬其人。

胡澹庵上书乞斩秦桧，金人闻之，以千金求其书，三日得之。君臣失色曰：“南朝有人，盖足以破其阴遣桧归之谋也。”乾道初，金使来，犹问胡铨今安在。张魏公曰：“秦太师专柄十九年，只成就得一胡邦衡。”

秦桧秉权寖久，植党缔交，牢不及破。高皇首更大化，惩言路壅蔽之弊。召汤元枢鹏举于外，执法殿中，继迁侍御史。时有选人任尽言者，居下僚，好慷慨论事。闻其除，亟以启贺之曰：“伏审光奉明纶，荣跻横榻。国朝更西都三府之制，故御史不除大夫；端公居南司五院之中，与独坐迭为宪长。自昔虽称于雄剧，比岁或乖于选抡。汗我霜台，赖公雪耻；辄陈管见，少助风闻。请言有宋之奸臣，无若亡秦之巨蠹。十九载辅国而专政，亘古无之；二百年列圣之贻谋，扫地尽矣。乃若糊名而较艺，亦复肆志而任私。敢以五尺之童，连冠两科之士。老牛舐犊，爱子谁无；野鸟为鸾，欺君独甚。公攘名器，报微时箪食之恩；峻立刑诛，钳当世搢绅之口。一时谪籍，半坐流言。父子至于相持，道路无复偶语。每除言路，必预经筵。盖缘乳臭之雏，实预金华之讲。受其颐旨，应若影从。忠臣不用，而用臣不忠；实事不闻，而闻事不实。逮政府枢庭之有阙，必谏官御史而后除。第图复鹰犬之报，而搏吠已憎；奚顾尘鹓鹭之班，而孤危主势。私窃富贵之垄断，岂止于子弟而为卿；仰夺造化之炉锤，至不容人主之除吏。方当宁之意，未罪魏其，而在位之中。专阿王氏，致学官之献佞，假题目以文奸。引前代兴王之诗，为其孙就试之谶。旋从外幕，擢至中都。冀招致于妖言，启包藏之异意。忠愤扼腕，智识寒心。上愧汉臣，既乏朱云之请剑；下惭唐室，未闻林甫之斫棺。坐令存勿之奸，备极宠荣之典。正缘和议，常赞睿谋。故圣主念功，务曲全于体貌；然宪台议罪，当明正于典刑。赏当功，所以示朝廷之至恩；罚当罪，所以贻臣子之大戒。政若偏废，国将若何？敢为上言，莫如君重。恭惟侍御，气刚而志烈，学老而才雄。自亲擢于宸衷，即大符于民望。明目张胆，士林日讲于谠言；造膝沃心，天下咸受其阴赐。虽直道尽更其覆辙，而宏纲独漏于吞舟。惟九重之委任浸隆，故四海之责望尤备。愿言弹击，无置渠魁。矧今日之新除，有昔人之故事。韦仁约自称雕鹗，才固绝伦；张文纪不问狐狸，恶惟诛首。纵黄壤之已隔，在白简以难逃。使六合之间，忠义之心如日；九泉之下，邪佞之骨常寒。庶几绍兴汤御史之名，不在庆历唐子方之下。其他世俗之谄语，谅非方正所乐闻。侧听褒迁，别当修致。”汤得之喜，袖以白上。天颜甚悦。一时公议，遂大申矣。任，字元受。有集名《小丑》，杨诚斋为之序。仕亦不大显。

尽言事母尽孝。母老多病，未尝离左右。每自言其母得疾之由：或以饮食，或以燥湿，或以语话稍多，或以忧喜微过，皆朝夕候之，无毫发不尽。五脏六腑中事，皆洞见曲折，不待切脉而后知，故投药必效。虽名医不逮也。张魏公作都督，欲辟之入幕。乃力辞曰："尽言方养亲，使得一神丹可以长年，必持以遗老母，不以献公。况能舍温凊而与公军事耶？"魏公叹息而许之。

光尧之丧，金使来吊祭。京仲远以检正假礼部尚书为报谢使。康元弼馆伴，赐宴汴亭。仲远因元弼请免宴，不许；请撤乐如哀告遗留使，亦不许。至期，促入席，传呼不绝。仲远曰："若不撤乐，有死而已。不敢即席。"元弼等知不可夺，乃传言曰："请先拜酒果之赐，徐议撤乐。"仲远方率其属拜受。北典签连呼曰："北朝燕南使，敢不即席！"声甚厉。仲远趋退复位，甲士露刃阖扉。仲远令左右叱曰："南使执礼，何物卒徒，乃敢阻遏？"排闼而出。元弼等以闻其主。仲远留馆俟命，赋诗云："鼎湖龙驭去无踪，三遣行人意则同。展币原应成好会，开筵何意变华风。设令耳预笙镛末，只愿身靡鼎镬中。已办滞留期得请，不辞筑馆汴江东。"越七日，始获免乐之命。既还，孝宗劳之曰："卿能守礼如此，为朕增气。何以赏卿？"对曰："北朝畏陛下成德，非畏臣也。政使臣死于北，亦其分耳。敢觊赏乎？"上喜，谓宰相曰："京镗，今之毛遂也。"除权侍郎，以至大用。

襄樊自咸淳丁卯被围以来，生兵日增。既筑鹿门之后，水陆之防日密。又筑田河虎头及鬼关于中，以挺出入之道。自是孤城困守者凡四五岁，往往扼关隘不克进。所幸城中有宿储，可坚忍，然所用盐薪布帛为急。时张汉英守樊城，募泅者置蜡书髻中，藏积草下，浮水而出。谓鹿门既筑，势须自荆郢进援。既至隘口，守者见积草颇多，钩致供焚爨用，遂为所获。于是郢邓之道复绝矣。既而荆阃移屯旧郢州，而诸帅重兵，皆驻新郢及均州河口，以扼要津。又重赏募死士得三千人，皆襄邓民兵之骁悍善战者。求将久之，得民兵部官张顺、张贵（军中号张贵为矮张），所谓大张都统、小张都统者，其智勇素为诸军所服。先于均州上流名中水峪立硬寨，造水哨轻舟百艘。每艘三十人，盐一袋，布二百匹，且令之曰："此行有死而已，或非本心，亟去，毋败吾事。"人人感激思奋。岁五月，汉水方生。于二十二日稍进团山下。越二日，又进高头港口，结方阵，各船置火枪、火炮、炽炭、巨斧、劲弩。夜漏下二刻，起矴出江，以红灯为号。贵先登，顺为殿，乘风破浪，径犯重围。至磨江滩以上，敌舟布满江面，无罅可入。鼓勇乘锐，凡断铁絙攒栈数百，屯兵数万皆披靡避其锋，转战一百二十余里。二十五日黎明，乃抵襄城。城中久绝援，闻救至，人踊跃气百倍。及收军点视，则独失张顺，军中为之短气。越数日，有浮尸逆流而上，被介胄，执弓矢，直抵浮梁，视之，顺也，身中四枪六箭，怒气勃勃如生。军中惊以为神，结冢殓葬，立庙祀之。然自此围益密，水道连锁数十里，以大木下撒星桩，虽鱼鳖不能度矣。外势既蹙，贵乃募壮士至夏节使军求援，得二人，能伏水中数日不食。使持书以出，至桩若栅，则腰锯断之，径达夏军，得报而还。许以军五千驻龙尾洲，以助夹击。克日既定，贵提所部军点视登舟，失帐前亲随一人，乃宿来有过遭挞者。贵惊叹曰："吾事泄矣。"然急出乘，未及知耳。乃乘夜鼓噪，冲突断絙，破围冒进，众皆辟易。既渡险要之地，时夜半天黑。至小新城，敌方觉，遂以兵数万邀击之。贵又为无底船百余艘，中植旗帜，各立军士于两舷以诱之。敌皆竞跃以入，溺死者以万余，亦昔人未出之奇也。至勾林滩，将近龙尾洲，远望军船栉栉，旗帜纷披。贵军皆喜跃，举流星以示之。军船见举火，皆前相迎，逮势近欲合，则来军皆北军也。盖夏军前二日以风水惊疑，退屯三十里，而北军得逃卒之报，遂据洲上，以逸待劳。猝不及备，杀伤殆尽。贵身背被数十枪，力不支，遂为生得，至死不屈。是岁十一月十七夜也，北军以四降卒舆尸至襄，以示援绝，且谕之降。吕帅文焕尽斩四卒，以贵附葬顺冢，为立双庙而祀之，以比巡远。明年正月十三樊城破，三月十八襄阳降，此天意非人力也。同时有武功大夫范大顺者，与顺、贵同入襄。及城降，仰天大呼曰："好汉谁肯降？便死也做忠义鬼。"就所守分地，自缢而死。又有右武大夫马军统制牛富，樊城守御，立功尤多。城降之际，伤重不能步，乃就战楼触柱数四，投身火中而死。

郝经，字伯常。元中统元年，拜翰林侍读学士，充国信使使宋。贾似道拘之真州，凡十有六年，始得归。先是有以雁献者，命畜之。雁见公，辄鼓翼引吭，似有所诉者。公感悟，择日率从者具香案，北向拜。舁雁至前，手书尺帛，亲系雁足而纵之。其辞曰："霜落风高恣所如，归朝回首是春初。上林天子援弓缴，穷海累臣有帛书。中统十五年九月一日放雁，获者勿杀。国信大使郝经书于真州忠勇军营。"后虞人获之苑中，以闻，世皇恻然曰："四十骑留江南，曾无一人雁比乎？"遂进师南侵。越二年而宋亡。

临安将危日，文天祥语幕官曰：“事势至此，为之奈何？”客曰：“一团血。”文曰：“何故？”客曰：“公死，某等请皆死。”文笑曰：“君知昔日刘玉川乎？与一娼狎，情意绸密，相期偕老。娼绝宾客，一意于刘。刘及第授官，娼欲与赴任，刘患之，乃绐曰：‘朝例不许携家，愿与汝俱死，必不独行也。’乃置毒酒令娼先饮。以其半与刘，刘不复饮矣。娼遂死，刘乃独去。今日诸君，得无效刘玉川乎？”客皆大笑。

文文山死宋，而其弟璧号文溪者仕元。时有诗云：“江南见说好溪山，兄也难时弟也难。可惜梅花各心事，南枝向暖北枝寒。”迨元皇庆中，丞相子升，仕为集贤学士，奉使赣州，道卒。时有挽之者云：“地下修文同父子，人间读史各君臣。”按升是璧之子。丞相子道生、佛生，并流离中死亡。治命以升为后耳。

张毅夫千载，庐陵人，丞相文信公友也。公贵显时，屡以官辟不就。暨公被执北行，毅夫偕行至燕，寓于公囚所侧近。日以美馔馈，凡三载，始终如一。且潜置一椟藏公元，收拾骸骨，袭以重囊，南归付公家葬之。后公之子忽梦公怒曰：“绳锯发断。”明日起视，果有绳束发。其英爽尚如此。刘须溪纪其事，赞于公画像上曰：“闲居忽忽，万古咄咄。天风惨然，如动生发。如何寻约，亦念束刍。岂其英爽，犹累形躯。同时之人，能不颡泚。昔忌其生，今妒其死。”

邓中斋剡，字光荐，丞相信国公客也。宋亡，以义行著。其所赋《鹧鸪词》有曰：“行不得也哥哥，瘦妻弱子羸牸犊。天长地久多网罗，南音渐少北语多。肉飞不起可奈何，行不得也哥哥。”其意可见矣。其所赞文丞相像有曰：“目煌煌兮，疏星晓寒。气英英兮，晴雷殷山。头碎柱兮璧完，血化碧兮心丹。呜呼！孰谓斯人，不在人间！”时虞伯生集挽丞相诗曰：“徒把金戈挽落晖，南冠无奈北风吹。子房本为韩仇出，诸葛安知汉祚移。云暗鼎湖龙去远，月明华表鹤归迟。何须更上新亭饮，大不如前洒泪时。”

闽人谢皋羽翱，倜傥有大节。刻厉愤激，不混流俗。意所不顾，虽万夫莫回。每慕屈平，托兴远游，因号晞发子。宋亡，文天祥被执，翱悲不能禁。严有子陵台，孤绝千尺。时天凉风急，挟酒登之。设天祥主，跪酬号恸。取竹如意击石，作楚歌招之。其辞曰：“魂来兮何极，魂去兮江水黑。化为朱鸟兮，其咮焉食。”歌阕，竹石俱碎，失声大哭。作西台恸哭记，其志益汗漫不可御。视世间无足当其意者。

谢君直枋得号迭山，信州弋阳人。宋景定间，校文发策，问权奸误国，赵氏必亡。忤贾似道，贬兴国军。三年，遇赦得还。元兵南下，郡城溃，弃家入闽。至元二十三年，御史程文海，承旨留梦炎等交荐，累召不赴。二十六年春正月，福建行省参知政事魏天祐，复被诏旨，集守令戍将，迫蹙上道。临行，以诗别常所往来者曰：“雪中松柏愈青青，扶植纲常在此行。天下岂无龚胜洁，人间不独伯彝清。义高便觉生堪舍，礼重方知死甚轻。南八男儿终不屈，皇天上帝眼分明。”夏四月至京师，不食死。

郑所南先生，字思肖，号忆翁，福州连江人。宋太学上舍，应博学宏词科。刚介有志节。元兵南下，叩阙上疏，犯新禁，众争目之，由是遂更今名。曰肖曰南曰忆，义不忘赵，北面他姓也。隐居吴下，有田数十亩，寄之城南报国寺。以田岁入，入寺为祠其祖祢，遇讳必大恸寺下。而先生并馆谷于寺，一室萧然，坐必南向。岁时伏腊，望南野哭而再拜，乃返，人莫识焉。誓不与朔客交往，或于朋友坐上见有语音异者，辄引起。人咸知其狷洁，亦弗为怪。喜佛老教，工画墨兰，疏花简叶，不求甚工。画成即毁之，不妄与人。其所自赋诗以题兰，皆险异诡特，盖以摅其愤懑云。贵要者求其兰，尤靳弗与；庸人孺子，颇契其意者，则反与勿计。邑宰求之不得，知其有田，因胁以赋役取。先生怒曰："头可断，兰不可画。"尝自写一弓，长丈余，高可五寸许。天真烂熳，超出物表。题云："纯是君子，绝无小人。深山之中，以天为春。"凡平日所作诗，多寓意于宋。其题郑子封塾曰："天垂古色映柴门，千古传家事且存。此世但除君父外，不曾别受一人恩。"讥宋臣之复仕元也。其题画兰曰："求则不得，不求或与。老眼空阔，清风万古。"讥一世之士无足当其意也。其题画菊曰："花开不并百花丛，独立疏篱趣未穷。宁可枝头抱香死，何曾吹堕北风中。"又曰："御寒不借水为命，去国自同金铸心。"自谓志节不为元氏富贵所夺也。其题画像曰："不忠可诛，不孝可斩。敢悬此头于洪洪荒荒之表，以为天下不忠不孝之榜样。"讥夫忘国而事仇也。平生寡欲而好游，凡遇穷山大泽，必弥日忘返。咄咄书宅，心与口语。人争视之，彼则蔑如也。著书甚多，有《太极济炼文》一帙，多隐语，艰苦难读，莫知所谓。书后题二十字云："大无工十空经，臣呕血三斗书。此后有巨眼者当识之云。"晚年究性命之学。竟以寿终，葬于姑胥之西。

所南先生当宋社既墟，无策自奋，著《心史》六万余言。铁函重匮，外著"大宋铁函经"五字，内题"大宋孤臣郑思肖百拜书"十字，沉于吴门承天寺眢井中。崇祯戊寅冬，寺僧达浚井得之。自德祐癸未至崇祯戊寅，实三百五十六年矣。

宋太学生会稽唐珏，字玉潜。家贫，聚徒授经，管滫瀡以养母。当至元戊寅冬，总江南浮屠杨琏真伽，怙恩横肆，势焰烁人，穷骄极淫，不可具状。发赵宋诸陵，至断残支体，攫珠襦玉匣，焚其胔，弃骨草莽间。唐闻之痛愤，亟货家具，并执券行贷，得数百金。乃市酒醪，烹羊豕，招里中少年，狎坐轰饮。酒酣，少年起请曰："君儒者，若是将何为?"唐惨然，具告以收瘗寝园遗骸事。众欢诺，中一人曰："发丘中郎将眈眈饿虎，事露奈何?"唐曰："余筹之熟矣。今四郊多暴骨，取窜以易，谁复知之?"乃斫文木为匮，纫黄绢为囊，各署曰某陵某陵，分委而散遣之，莼地以藏，为文以告。诘旦事讫来集，出金酬之，戒勿泄。越七日，总浮屠下令，裒陵骨杂置牛马枯骼中，造塔钱塘以纳之，名曰镇南。杭民悲愤不忍仰视，了不知陵骨之犹存也。葬后，又于宋常朝殿掘冬青树，植于所函土上。作冬青行曰："马棰问髐形，南面欲起语。野麕尚屯束，何物敢盗取。余花总飘荡，白日哀后土。六合忽怪事，蜕龙卧茅宇。老天鉴区区，千载护风雨。"又曰："冬青花，不可折，南风吹凉积香雪。遥遥翠盖万年枝，上有凤巢下龙穴。君不见犬之年，羊之月，霹雳一声天地裂。"复有梦中诗四首曰："珠亡忽震蛟龙睡，轩弊宁忘犬马情。亲拾寒琼出幽草，四山风雨鬼神惊。""一抔自筑珠丘土，双匣亲传竺国经。只有东风知此意，年年杜宇泣冬青。""昭陵玉匣走天涯，金粟堆寒起暮鸦。水到兰亭转呜咽，不知真帖落谁家。""珠凫玉雁又成埃，斑竹临江首重回。犹忆去年寒食节，天家一骑捧香来。"由是唐之义风，震动吴越。名虽高，困固自若。明年己卯后上元两日，唐出观灯归，忽坐瘨，息奄奄若将绝者。良久始苏曰："吾见黄衣吏持文书来告曰：‘王召君。’导我往。观阙巍峨，宫宇靓丽，殆非人间。有一冕旒坐殿上。数黄衣贵人逡巡降揖曰：‘借君掩骸，其有以报。’唐乃升谒造王前。王谓曰：‘汝受命窭且贫，兼无妻若子。今忠义动天，帝命锡汝伉俪，子三人，田三顷。’拜谢降出。遂觉罔知其由也。”逾时，越有治中袁俊斋至，始下车，为子求师。有以唐荐者，一见置宾馆。一日问曰：“吾渡江，闻有唐氏瘗宋诸陵骨，子岂其宗耶？”左右指君曰：“此是已。”袁大骇，拱手曰：“君此举，豫让不能抗也。”曳之坐，北面纳拜焉。礼敬特加，情款益笃。叩知家徒四壁，恻然嗟矜，语左右曰：“唐先生家甚寒，吾当料理，使有室有田以给。”左右逢迎，爰诹爰度。不数月，二事俱惬。聘妇偶故国之公女，负郭食故国之公田，所费一一自袁出。人固奇唐之节，而又奇唐之遇，两高之。尔后获三丈夫子，鼎立颀颀。凡梦中神所许，稽其数，无一不合。右唐义士传所载如此，乃云溪罗有开所撰也。及见遂昌郑明德元祐所书林义士事迹云：宋太学生林德阳，字景曦，号霁山。当杨总统发掘诸陵寝时，林故为杭丐者。背竹箩，手持竹夹，遇物即以夹投箩中。铸银作两许小牌百十系腰间，贿西番僧曰：“余不敢望，收得高孝两帝骨，斯足矣。”果得两朝骨，为两函贮之，归葬于东嘉。其诗有梦中作十首。其一曰：“一抔未筑珠宫土，双匣亲传竺国经。只有东风知此意，年年杜宇哭冬青。”又曰：“空山急雨洗岩花，金粟堆寒起暮鸦。水到兰亭更呜哽，不知真帖落谁家。”又曰：“乔山弓剑未成灰，玉匣珠襦一夜开。犹记去年寒食日，天家一骑捧香来。”余七首尤凄怨，则忘之。葬后，林于宋常朝殿掘冬青一株，置于所函土堆上。又有冬青花一首曰：“冬青花，冬青花，花时一日肠九拆。隔江风雨清影空，五月深山落微雪。石根云气龙所藏，寻常蝼蚁不敢穴。移来此冢非人间，曾识万年觞底月。蜀魂飞绕百鸟臣，夜半一声山竹裂。”又一首有曰：“君不记羊之年，马之月，霹雳一声山石裂。”一事也。胡以两人相符若此，载考之齐人周草窗密《癸辛杂识》所记云：杨髡发陵之祸，起于天长寺闽僧闻号西山者，成于演福寺剡僧泽号云梦者。初天长为魏宪靖王坟寺，闻欲媚杨髡，遂献其寺。旋又发魏王冢，多得金玉。于是贪饕之想，骎骎及于诸陵，泽复一力赞成之。时有中官陵使罗铣者，守陵不去，与之极力争执，为泽痛棰，胁之以刃，令人逐去，大哭而出。遂先启宁宗、理宗、度宗、杨后四陵，劫取宝玉极多。理陵所藏尤物。启棺之初，有白虹贯空，盖宝气也。理宗之尸如生。其下籍以锦，锦之下复承以细箪。一小童攫取，掷地有声，始知为金丝织成。或告以含珠有夜明者，乃倒悬其尸树间，沥取水银。凡三日，竟失其首。或谓西番僧匿之，盖回回俗欲得帝王髑髅，可以压胜致富，故盗去耳。事竟，罗陵使头棺制衣收殓，大恸垂绝，邻里为之感泣。是时四山皆闻哭声，昼夜不绝。寻复发徽、钦、高、孝、光五帝，孟、韦、吴、谢四后陵。初，徽、钦葬五国城，数遣使祈请于金人，欲归梓宫，凡七年而后许。高宗亲至临平奉迎，易缌服，寓于龙德别宫。一时群公论功受赏，官帑日费不资。先是选人杨伟贻书执政，乞奏闻，命大臣于神椋最下处斫视之，验其虚实，弗许。既而礼官请如安陵故事，梓宫入境，即承之以椁，仍纳衮冕翚衣于椁中，不改殓，从之。至是被发，二陵皆空无一物。徽陵朽木一段，钦陵木灯檠一具而已。盖当时已料其真伪不可审，聊以慰一时之人心，而二帝遗骸，浮沉沙漠，初未尝返也。高陵骨发尽化，略无寸余。止锡器数件，端研一枚。孝陵亦蜕化无余，仅存顶骨小片。内有玉炉瓶一副，古铜鬲一只，泽并取之。昔闻得道之士，蜕骨而仙，未闻并骨化去者。光陵与诸后，俨然如生。罗陵使亦如前棺殓，后悉从火化，可谓忠且义矣。陵中金钱以万计，皆为尸气所蚀，如铜铁状，诸凶弃而不取，往往村民排砾得之。闻有得猫睛异宝者，一田翁于孟后陵得一髻，其发长六尺余，其色绀碧，髻根有短金钗，乃持归庋置佛堂中奉事之，由此家业日炽。凡得金钱之家，非病即死。翁恐甚，亟送龙井洞中，而此翁今成富家矣。方移理宗尸时，泽在旁，以足蹴其首，以示无惧。随觉奇痛一点，起于足心。自此苦足疾数年，以致溃烂双股，堕落十指而亡。而闻亦负杨髡之势，豪夺乡人资产，后为少年数辈狙伺道间执而脔之，就系。主者以为罪不加众，各受杖而已。据此，诸陵骨俱为罗陵使棺殓。又高陵骨发尽化，孝陵止存顶骨小片，不知唐义士所易林义士所收者，又何骨也？姑并存之以待考。林和靖先生岂亦有颔珠者，而杨髡亦发其墓焉。闻棺中一无所有，止有端研一枚。

元世祖二十一年甲申，桑哥为相，与江南浮屠总摄杨辇真珈相表里，嗾僧嗣古妙高上言："欲毁宋诸陵，实利其徇宝也。"明年乙酉正月，桑哥矫制可其奏，于是发诸陵，又裒诸帝遗骼。建白塔于杭故宫，曰镇南，以厌胜之。截理宗项以为饮器。未几，髡胡事败，饮器亦籍入于官，以赐帝师。发陵时，义士唐珏玉潜雷门先生，与尚书省架阁林景熙窃痛之。阴相躬拾不尽遗骨，葬别山中，植冬青为识，遇寒食则密祭之。珏后获黄袍引儿报德之梦，果生子琪，为名儒。罗云溪为传其事。谢翱为托歹词，作冬青引曰："冬青树，山南垂，九日灵禽居上枝。白衣种年星在尾（寅月也），根到九泉护龙髓。恒星昼殒夜不见，七度山南与鬼战。愿君此心慎勿移，此树终有开花时。山南金粟光离离，白衣人拜地下起。""灵禽啄粟枝上飞"，解者曰："谓应在庚金窜甲木也。"元运绝于甲辰，已开先于贞白之诗"宋乌啄粟于甲木，又开先于晞发"之句，此岂偶然之作哉！舆鬼托枯骨之灵，灵禽托宋鸟之子，果天意耶？人事也？

张郢州世杰拥德祐景炎祥兴于海上，各拥兵南北岸。一夕大风雨，皆不利，张覆舟而薨。翼早，获尸棺殓焚化。其胆如斗大，而焚不化，诸军感恸。忽云中见金甲神人，且云：“今天亡我，关系不轻，后身当出恢复矣。”故陆枢密君实挽之有云：“曾闻海上铁斗胆，犹见云中金甲神。”盖纪实也。

贞　烈

共姜伯姬，香名啧啧。大家女诫，文高典册。截耳自明，露筋不惜。既为窈窕之礼宗，尤胜须眉而巾帼。集贞烈。

庆历中，贼王则闭门不轨。渔城中子女，无如赵氏美。致帛万端，金千斤，聘为妇，且曰：“女若不行，即灭尔族。”父母不敢违，独女不可，曰：“吾虽女子，戴天履地十九年矣。纵不能执兵讨叛，奈何妻之?”泣涕不食。父母族人守之，以贼所遗服衣之。女曰：“妻贼何服也?”家人掩其口，卒逼以往。女登舆，自残于舆中。夫识去就，知廉耻，仗义死节者，天下皆以是望士君子，而不以望众庶；常以是望男子，而不以是望妇人。今赵氏一民家女，表表节义如是。彼士君子号为男子者，宁不有愧于心耶?

靖康二年，长乐申屠氏慕孟光之为人，自名希光，有诗才。既适侯官秀才董昌，绝口不吟。食贫作苦，晏如也。郡中大豪方六一，闻希光美，心悦之，乃使人诬昌阴重罪，罪至族。六一复阳为居间得轻比，独昌报杀，妻子俱免。因使侍者通殷勤，强委禽焉。希光知其谋，谬许之，密寄其孤子于昌之所善友人。乃求利匕首挟以往，好言谢六一，因请葬夫而后成礼。六一大喜，使人以礼葬昌。希光则伪为色喜，艳装入室。六一既至，即以匕首刺之帐中，六一立死，因复杀其侍者二人。至夜中，诈谓六一暴病，以次呼其家人至，则皆杀之，尽灭其宗。

因斩六一头置囊中，至昌葬所祭之。明日悉召村民告以故，且曰：“吾将从夫地下。”遂缢而死。夫六一陷人于族，乃人不族而已族矣。以一文弱妇人，奋其白刃，全家为戮。义愤所激，鬼神助之。有志竟成，岂必须眉丈夫哉！

建炎四年五月，杨勍叛卒由建安寇延平，道出小常村，掠一妇人，逼胁欲犯之，妇人毅然誓死不受污，遂遇害，横尸道旁。贼退，人为收瘗之，而其尸枕藉处痕迹隐然不灭。每雨则其迹干，晴即湿，宛如人影，往来者莫不嗟异。人或削去之，随即复见。覆以他土，而其迹愈明。今三十年矣。与顺昌军员范旺事略同，但范现迹砖街，而此现于土上耳。范死以忠，妇死以节。

戴石屏复古未遇时，流寓江右。武宁有富家翁爱其才，以女妻之。居二三年，忽欲作归计。妻问其故，告以曾娶妻。白之父，父怒，妻宛曲解释，尽以奁具赠夫，仍饯以辞云：“惜多才，怜薄命，无计可留汝。揉碎花笺，忍写断肠句。道旁杨柳依依，千丝万缕，抵不住、一分愁绪。捉月盟言，不是梦中语。后回君若重来，不相忘处，把杯酒浇奴坟土。”夫既别，遂赴水而死，可谓贤烈矣。

义妓毛惜惜者，高邮妓也。端平间，别将荣全据高邮以叛，制置使遣人招之，不听。全与同党王安等宴饮，惜惜耻于供给，安斥责之。惜惜曰：“初谓太尉降，为太尉更生贺矣。今乃闭门不纳使者，乃叛逆耳。妾虽贱妓，不能事叛臣。”全怒，以刀刃裂口，立命脔之。骂至死不绝口。后阃帅以闻，特封英烈夫人，且赐庙祠。潘紫岩有诗曰：“淮海艳姬毛惜惜，蛾眉有此万人英。恨无匕首学秦女，向使裹头真杲卿。玉骨花颜城下土，冰魂雪魄史间名。古今无限腰金者，歌舞筵中过一生。”矢死靡他，不意得之娼优下贱。可慨夫！

至元十三年丙子春正月，丞相伯颜统兵入杭，宋谢全两后以下皆赴北。有王婉仪者，题《满江红》词于壁云：“太液芙蓉，浑不似、旧时颜色。曾记得、春风雨露，玉楼金阙。名播兰簪妃后里，晕潮莲脸君王侧。忽一朝鼙鼓揭天来，繁华歇。○龙虎散，风云灭。千古恨，凭谁说。对关河百二，泪沾襟血。驿馆夜惊尘土梦，宫车晓碾关山月。愿嫦娥相顾肯从容，随圆缺。”婉仪之词，传播中原。文天祥读至末句，叹曰：“惜也，夫人于此，少商量矣。”为之代作一篇云：“试问琵琶，胡沙外、怎生风色。最苦是、姚黄一朵，移根仙阙。王母欢阑琼宴罢，仙人泪满金盘侧。听行宫夜半雨淋铃，声声歇。○彩云散，香尘灭。铜驼恨，那堪说。想男儿慷慨，嚼穿龈血。回首昭阳离落日，伤心铜雀迎新月。算妾身不愿似天家，金瓯缺。”又和云：“燕子楼中，又捱过、几番秋色。相思处、青年如梦，乘鸾仙阙。肌玉暗消衣带缓，泪珠斜透花钿侧。最无端蕉影上窗纱，青灯歇。○曲池合，高台灭。人间事，何堪说。向南阳阡上，满襟清血。世态便如翻覆雨，妾身原是分明月。笑乐昌一段好风流，菱花缺。”婉仪，名清惠，字冲华。后为女道士。五月二日抵上都，朝见世皇。十二日夜，故宋宫人安定夫人陈氏、安康夫人朱氏，与二小姬沐浴整衣，焚香自缢死。朱夫人遗四言一篇于衣中云：“既不辱国，幸免辱身。世食宋禄，羞为北臣。妾辈之死，守于一贞。忠臣孝子，期以自新。丙子五月吉日泣血书。”明日奏闻，元主命断其首，悬全后寓所。是年丞相偏师徇台，台之临海民妻王氏有令姿，被掠至师中。千夫长杀其舅姑与夫而欲私之，妇誓死不可。自念且被污，乃阳曰："能俾我为舅姑与夫服期月，乃可事君子。"千夫长见其不难于死，从所请。仍使俘妇杂守之。师还，挈行过嵊上之清风岭，王氏仰天窃叹曰："吾今得死所矣。"即啮指写诗于石上曰："君王无道妾当灾，弃女抛儿逐马来。夫面不知何日见，此身料得几时回。两行清泪偷频滴，一片愁眉锁未开。回首故山看渐远，存亡两字实哀哉。"写毕，即投崖下而死。死之日，距今八九十年，石上血坟起如新写时，不为风雨所剥蚀。官府树石刻碑于死所，兼立庙像，表于朝，封贞妇。先是岳州破时，襄阳贾尚书子琼之妇韩氏，乃魏公五世孙。名希孟，年十有八。为游卒所掠，以献于主将。韩知必不免，乘间赴水死。越三日，有得其尸。于练裙中题五言长句曰："宋未有天下，坚正臣礼秉。开国百战功，当阵推雄整。及侍周幼主，臣心常炯炯。帝曰卿北伐，山戎今有警。死狗莫系尾，此行当系颈。即日辞陛下，尽敌心欲逞。陈桥忽兵变，不得守箕颍。禅让法尧舜，民物普安静。有国三百年，仁义道驰骋。幸改祖宗法，天胡肆大青。细思天地理，中有幸不幸。天果丧中原，大似裂冠衽。君诚不独活，臣实无魏丙。失人焉得人，垂戒尝耿耿。江南无谢安，塞北有王猛。所以戎马来，飞渡以陵境。大江限南北，今此一舴艋。本期固封疆，谁谓如画饼。烈火燎昆岗，不辨金玉矿。妾本良家子，性僻守孤梗。嫁与尚书儿，衔署紫兰省。直以才德合，不弃宿瘤瘿。初结合欢带，誓比日月昞。鸳鸯会双飞，比目愿常并。岂期金石坚，化作桑榆景。旄头势正然，蚩尤气先屏。不意风马牛，复及此燕郢。一方遭劫掳，六族死俄顷。退鹢落迅风，孤鸾吊空影。簪坚折白玉，瓶沉断青绠。一死控冥府，忧心长炳炳。意坚志不移，改邑不改井。我本瑚琏器，安肯作溺皿。志节匪转石，气噎如吞鲠。不作爝火然，愿为死灰冷。贪生念曲蛾，乞怜羞虎阱。借此清江水，葬我全首领。皇天如有知，定作血面请。愿魂化精卫，填海使成岭。”韩氏死且三十年，而其英爽不昧，复能托梦赵魏公为书其诗。则节妇之名，因公之翰墨而愈不朽矣。又岳州徐君宝妻某氏，亦同时被掠来杭，居韩蕲王府。自岳至杭，相从数千里。其主者数欲犯之，而终以巧计脱。盖氏有令姿，主者弗忍杀之也。一日主者怒甚，将即强焉。因告曰：“俟妾祭谢先夫，然后为君妇未晚也。”主者喜诺。即严装焚香再拜默祝，南向饮泣，题《满庭芳》词一阕于壁上，已投大池中以死。词曰：“汉上繁华，江南人物，尚遗宣政风流。绿窗朱户，十里烂银钩。一旦刀兵齐举，旌旗拥百万貔貅。长驱入歌楼舞榭，风卷落花愁。○清平三百载，典章文物，扫地俱休。幸此身未北，犹客南州。破鉴徐郎何在，空惆怅，相见无由。从今后断魂千里，夜夜岳阳楼。”噫！使宋之公卿将相，贞守一节若此数妇者，则岂有卖降覆国之祸哉！宜乎秦、贾之徒，为万世罪人也。

王贞妇清风岭事，昭然在金石，烨然在简册，可征也。后有一人以为无是事，作一诗非之。其诗曰：“啮指题诗似可哀，班班驳驳上青苔。当初若有诗中意，肯逐将军马上来。”后其人绝嗣。惜乎其人姓名逸之矣。噫！世有小人好诬善为恶，指正为邪，蔑忠为奸，目廉为贪者，视此其亦可以少警哉！元杨廉夫亦有题王节妇诗曰：“介马驮驮百里程，清风后夜血书成。只应刘阮桃花水，不似巴陵汉水清。”后廉夫无子，一夕梦一妇人谓曰：“尔知所以无后乎？”曰：“不知。”妇人曰：“尔忆题王节妇诗乎？虽不能损节妇之名，而毁谤节义，其罪至重，故天绝尔后。”廉夫既寤，大悔，更作诗曰：“天随地老妾随兵，天地无情妾有情。指血啮开霞峤赤，苔痕化作雪江清。愿随湘瑟声中死，不逐胡笳拍里生。三月子规啼断血，秋风无泪写哀铭。”后复梦妇人来谢。未几，果生一子。

至元十四年，元兵破吉州。永新城谭氏妇赵，抱婴儿随其舅姑同匿邑校中，为悍卒所获。杀其舅姑，执赵欲污之。赵骂曰:“吾舅姑死于汝，吾与其不义而生，宁从吾舅姑以死尔?”遂与婴儿同遇害，血渍于殿两楹之间，入砖为妇人与婴儿状，久而宛然如新。或讶之，磨以沙石不灭。又锻以炽炭，状益显。古云:“至诚可以贯金石。”自有神理存焉。

汪元量，字有大，钱塘人。当度宗时，以善琴出入宫掖。元兵入城，赋诗云:“钱塘江上雨初干，风入端门阵阵酸。万马乱嘶临警跸，三宫洒泪湿铃銮。童儿剩遣追徐福，厉鬼终须灭贺兰。若说和亲能活国，婵娟应是嫁呼韩。”又曰:“西塞山前日落处，北关门外雨连天。南人堕泪北人笑，臣甫低头拜杜鹃。”“乱点更筹杀六更，风吹庭燎灭还明。侍臣奏罢降元表，臣妾签名谢道清。”顷之，随三宫北去，留滞燕京。时有王清惠、张琼英，皆故宫人，善诗。相见辄涕泣。元量尝和清惠诗云:“愁到侬时酒自斟，挑灯看剑泪痕深。黄金台迥少知己，碧玉调高空好音。万叶秋声孤馆梦，一窗寒月故乡心。庭前昨夜梧桐雨，劲气潇潇入短襟。”世皇闻其善琴，召入侍。鼓一再行，骎骎乎有渐离之志，而无便可乘也。遂恳乞为黄冠，世皇许之。濒行，与故宫人十八人酾酒城隅，鼓琴叙别。不数声，哀音哽乱，泪下如雨。张琼英送以诗云:“客有黄金白璧怀，如何不肯赎奴回？今朝且尽穹庐酒，后夜相思无此杯。”元量既还钱塘，往来彭蠡间。风踘烟装，倏无定居。人莫测其去留之迹，遂传以为仙。(瞿塘之下，地名人鲊瓮。秦少游尝谓未有以对。南迁度鬼门关，乃用为绝句云：“身在鬼门关外天，命轻人鲊瓮头船。北人恸哭南人笑，日落荒村闻杜鹃。”汪诗祖此。）

元量，自号水云子。一时士流多题咏其事，江乃贤诗云：“一曲丝桐奏未休，萧萧笳鼓禁宫秋。湖山有意风云变，江水无情日夜流。供奉自歌南渡曲，拾遗能赋北征愁。仙人一去无消息，沧海桑田空白头。”李吟山诗云：“青云贵戚玉麟儿，曾逐銮车入紫闱。王母窗前窥面日，太真膝上画眉时。沧溟水阔龙何在，华表秋深鹤未归。三尺焦桐千古意，黄金谁与铸钟期。”马易之诗云：“三日钱塘海不波，子婴系组纳山河。兵临鲁国犹弦诵，客过商墟独啸歌。铁马渡江功赫奕，铜人辞汉泪滂沱。知章喜得黄冠赐，野水间云一钓蓑。”水云子题王导像有曰：“秦淮浪白蒋山青，西望神州草木腥。江左夷吾甘半壁，只缘无泪洒新亭。”

元朵那者，杭城东伟兀氏之女奴也。年十九，勤敏谨愿。主卒某郡官所，朵那奉主妇日谨，主妇亦委以心腹。至正壬辰秋寇陷杭，劫官民府库。至伟兀氏家，不得物，乃反接主妇柱下拔刀砺颈上。诸侍婢皆散走，朵那独以身覆主妇请代死，且告曰：“将军利吾财，岂利杀人哉？凡家之货宝，皆我所藏，主母固弗知。若免主母死，吾当悉以与将军不吝。”寇允，解主妇缚。朵那乃探金银珠玉币帛等散置堂上，寇争夺之竟，又欲犯朵那身，朵那持刀欲自屠，曰：“我主二千石，我誓不奴他姓主，况汝贼乎？”寇惊异，舍而去。朵那泣拜主妇曰：“弃主货，全主命，权也。妾受命主钥货，今失货而全身，非义也。请从此死。”遂自杀。时人莫不称之曰义烈云。

宋稗类钞　卷之四

家　范

求忠于孝，欲治先齐。正是四国，不忒其仪。妻子好合，兄弟怡怡。闺门之始，王化所基。集家范。

吕汲公在相位，其兄进伯自外郡代还，相与坐东府堂上。夫人自廊下降阶趋谒，以二婢挟持而前。进伯遽曰："宰相夫人不须拜。"微仲解其意，叱二婢使去，夫人独拜于赤日中，尽礼而退。进伯略不顾劳。闻者叹服其家法之严。（吕大防，字微仲，谥正愍。其兄大忠，字进伯。弟大临，字与叔。大钧，字和叔。）

元祐中，吕微仲当轴。其兄大忠自陕漕入朝，微仲虚正寝以待之，大忠辞以相第非便。微仲曰："界以中溜，即私家也。"卒从微仲之请。时安厚卿亦在政府，父日华尚康宁，且具庆焉，厚卿夫妇偃然居东序。时人以此别二公之贤否。

陈谏议省华三子。尧叟、尧咨皆举状元，尧佐亦中第。后尧叟至枢相，尧咨至节度使，尧佐至丞相，而谏议家法甚严。尧叟娶马尚书女，日执馈。马于朝路遇谏议，以女素不习，乞免其责。谏议答云："未尝使之执馈。自是随山妻下厨耳。"马遂语塞。三子已贵，秦公尚无恙。每宾客至其家，尧佐及伯季侍立左右，坐客踧踖不安求去。秦公笑曰："此儿子辈耳。"时人皆以秦公教子有法，而以陈氏世家为荣。

韩宗魏亿，教子严肃不可犯。知亳州，第二子舍人自西京谒告省觐，康公与右相，及侄柱史宗彦皆中甲科归。公喜，置酒召僚属之亲厚者，俾诸子坐于隅。坐中忽云："二郎，吾闻西京有疑狱奏谳者，其详云何?"舍人思之未能得，已诃之。再问未能对，遂推案索杖大诟曰："汝食朝廷厚禄，倅贰一府，事无巨细，皆当究心。大辟奏案尚不能记，则细务不举可知矣。吾在千里外无所干预，犹能知之。尔叨冒廪禄，何颜报国?"必欲挞之。众宾力解方已。诸子股栗，屡日不能释。家法之严如此，所以多贤子孙也。（韩忠献四子：仲文综、子华绛、持国维、玉汝缜。其后仲文知制诰，子华、玉汝皆登宰席，持国至门下侍郎，为本朝之甲族。韩魏公琦亦谥忠献。）

吕希哲，字源明，正献公长子。正献教公，事事循规矩。甫十岁，祁寒暑雨，侍立终日，不命之坐不敢坐也。日必冠带以见长者。平居虽天甚热，在父母长者之侧，不得去申袜缚裤，衣服惟谨。行步出入，无得入茶酒肆。市井里巷之语，郑卫之音，未尝一经于耳。不正之书，非礼之色，未尝一接于目。公尝言："人生内无贤父兄，外无严师友，而能有成者鲜矣。"

张安国守抚州时，年未五十，其父总得老人在官。一日，老人于斋中索纸墨发书，有二吏人来声喏拱立。总得问为谁，对曰：“书表司。适闻运使发书，来祇应。”总得遣之去，却呼安国来曰：“有抚州书表司，是伏事汝。我发书，汝当伏事我。”安国侍立候总得修书，封题遣发，乃退。

包孝肃家训云：“后世子孙，仕宦有犯赃滥者，不得放归。本家亡殁之后，不得葬于大茔之中。不从吾志，非吾子孙。”共三十七字。其下押字。又云：“仰珙刊石，竖于堂屋东壁，以诏后世。”又十四字。珙，孝肃子也。（据史孝肃无子，当是嗣子。）

大丞相冯公当世，记富家翁有宅于村者，亲既终堂。其兄甲敦在原之义，友爱其弟乙甚厚，乙安乐之，未尝有违言。久之，乙有室不令，日咻其夫使叛其兄。乙牵于爱而听之，而甲之所为无不善者，欲开隙而无其端。于时甲有善马，爱之甚至，虽亲旧借，辄以他马代之。乙欲激其怒，伺甲之马出，杖折其足。甲归而见之，且喻其意。谓其仆曰：“去之而新是图。”甲复有花药之好，列樯数十，皆名品也，且其手植者焉。灌溉壅培，不倦其劳也。又将缘是以激之，乘间锄而去之。甲曰：“吾欲去是久矣，而未果也。”因犁其地而植之谷。乙悔其非，且将改之，而其室未厌也。甲鳏处，嬖一妾，处之侧室，未尝一与家事。其妇踵门而数之，诟骂毁辱，无所不至。妾不能堪，则诉其主，甲因逐其妾。妇闻之，愧汗浃背，且曰：“妾不幸不及舅姑，无以为型，以至于此。不知伯氏之德宇如是也！”乃正冠帔而拜于庭，以谢不敏。卒为善妇，以相其夫而肥其家。若甲者可谓贤矣。

鄱阳张吉夫介，方娠时，其父去客东西川不还。张君自为儿时已怆然有感。其言语食息，未尝不在蜀也。与尚书彭公器资同学。作诗云："应是子规啼不到，致令我父未归家。"闻者皆怜之。既长走蜀，父初无还意，乃归省母，复至涪阆。往返者三，其父遂以熙宁十年三月至自蜀。乡人迎谒叹息，或为感泣。一时名士，咸赋诗以记其事。

张循王尝教子侄曰："子弟随父兄显宦，不患人事不熟，议论不高，见闻不广。其如居移气，养移体何。一旦从事，要当痛锄虚骄之气。昔之照壁后訾量人物，指摘仪度。见其或被上官诋呵，进退失措者，莫不群笑。声闻于外，及今趦趄客次。庭揖而升，回视照壁后窃窥者，乃昔日之我也。"每三复斯言，为之慨叹。非身历者，不知其言之切当也。《颜氏家训》曰："梁朝全盛之时，贵游子弟，多无学术。熏衣剃面，傅粉施朱，驾长檐车，蹑高齿屐，从容出入，望若神仙。求第则雇人答策，公燕则假手赋诗。当尔之时，亦快士也。及离乱之后，朝市迁革，铨衡无曩日之亲，当路非当时之党。求之身而无所得，施之用而无所用。被褐而丧珠，失皮而露质。当尔之时，诚驽才也。"贵游子弟，宜书此于座右。

婺源小民詹直，绍兴九年，因醉殴杀邻妇姚氏，法当死。其子惠明不在，后归既知，乃诣县乞身代，不听。成狱，复诉府，言："无以报罔极恩，幸有两弟可以养母，乞代父刑以存父。"啮指出血，词甚哀。太守曾天游谕以无此法，哭拜屡恳。方盛夏，坐府门，灼艾顶上哀恳。曾恻然，阅状未竟，惠明割左耳掷府厅，洒血淋漓，一府大惊。曾为草奏而系之狱，俟报。父见子骂曰："我年老，杀人偿命是本分。汝有妻子，何得如是?"及报诏，减父罪一等，而释惠明。敕至，官吏欲验惠明情之真伪，隐诏谕给以得请，拥入市代刑。惠明色无悔怖，欢呼曰：“养子防老，积枝防饥。代父偿命，情理所宜。”至市曹始宜恩诏。人咸叹美其诚孝，时年二十有二。曾又状上乞量加恩赐，以励风俗。于是命所居曰嘉福，里曰孝悌。赐钱三万，帛二匹，米二斛。

陆象山家于抚州金溪，累世义居。一人最长者为家长，一家之事听命焉。逐年选差子弟分任家事，或主田畴，或主租税，或主出纳，或主厨爨，或主宾客。公堂之田，仅足一岁之食。家人计口打饭，自办蔬肉，不合食。私房婢仆，各自供给，许以米附炊。每旦附炊之米交至，掌厨爨者置历交收。饭熟，按历给散。宾至，则掌宾者先见之，然后白家长出见。款以五酌，但随堂饭食。夜则卮酒杯羹，虽久留不厌。每晨兴，家长率众子弟致恭于祖祢祠堂，聚揖于厅，妇女道万福于堂。暮安置亦如之。子弟有过，家长会众子弟责而训之，不改则挞之，终不改，度不可容，则告于官，屏之远方。晨揖，击鼓三迭。子弟一人唱云：“听，听，听！劳我以生天理定。若还懒惰必饥寒，莫到饥寒方怨命。虚空自有神明听。”又唱云：“听，听，听！衣食生身天付定。酒肉贪多定夭寿，经营太甚违天命。定，定，定!”

程公鹏举万里，在宋季被掠于兴元版桥张万户家为奴，张以掠得宦女某氏妻之。既婚之三日，妻自内出见万里面有泪痕，知其怀乡，即窃谓之曰：“观君之才貌，非久在人后者。何不为去计，而甘心于此乎?”夫疑其试己也，诉于张，张命挞之。越三日复告曰：“君若去，必可成大哭，否则终为人奴耳。”夫愈疑之，又诉于张，张命出之，遂鬻于市人家。妻临行，以所穿绣鞋一，易程一履，泣而曰：“期执此相见矣。”程感悟，奔归宋，以荫补官。迨元朝统一海宇，程为陕西行省参知政事。自与妻别，已三十余年，义其为人，未尝再娶。至是遣人携向之鞋履，往兴元访求之。市家云："此妇到吾家执作甚勤，遇夜未尝解衣以寝。每纺绩达旦，毅然莫可犯。吾妻异之，视如己女。将半载，以所成布匹偿元鬻镪物，乞身为尼，吾妻施赀以成其志。现居城南某庵中。"所遣人即往寻见。以曝衣为由，故遗鞋履在地。尼见之，询其所从来。曰："吾主翁程参政使寻其偶耳。"尼出鞋履示之合。亟拜曰："主母也。"尼曰："鞋履复全，吾之愿毕矣。归见程相公与夫人，为道致意。"竟不再出。告以参政未尝娶，终不出。旋报程，移文本省，遣使檄兴元路路官，为具礼委幂。属李克复防护其车舆至陕西，重为夫妇焉。（《辍耕录》所载如此。一本作彭城程万里，尚书文业之子也。年十九，以父荫补国子生。时元兵日逼，万里献战守和二策。以直言忤时宰，惧罪潜奔江陵，未反汉口。为元将张万户所获，爱其材勇，携归兴元。配以俘婢，统制白忠之女也，名玉娘。忠守嘉定，城破一门皆死，惟一女仅存。成婚之夕，各述流离，甚相怜重云云。）

志 尚

意之所至，身不能禁。保全微尚，间出殊心。虽关性癖，亦复情深。集志尚。

晏元献公虽早贵，而奉养极约。唯喜宾客，未尝一日不宴饮。盘馔皆不预办，客至旋营之。苏丞相颂尝在公幕，见每有佳客必留，但人设一空案、一杯。既命酒，果实蔬茹渐至。亦必以歌乐相佐，谈笑杂至。数行之后，案上已灿然矣。稍阑，即罢遣声伎，曰："汝曹呈艺已毕，吾亦欲呈艺。"乃具笔札相与赋诗，率以为常。前辈风流，未之有比。

赵清献公好焚香，尤喜熏衣。所居既去，辄数月香不灭。章子厚尝言神仙升举事，云形滞难脱，临行亦须假名香百余斤，焚以佐之，坐客或疑而未和。公举近岁庐山有崔道人者，积香数斛。一日尽发置五老峰下徐焚之，默坐其旁，烟盛不相辨。忽跃起，已在峰顶上。语虽近奇，亦或有是。

赵清献公每夜尝烧天香，必擎炉默告，若有所秘祝者。客有疑而问公，公曰："无他。吾自少，昼日所为，夜必裒敛奏知上帝。"已而复曰："苍苍眇冥，吾一夫区区之诚，安能必其尽达？姑亦自防检，使不可奏者知有所畏，不敢为耳。"

金陵赏心亭，丁晋公出镇日重建也。秦淮绝致，清在轩槛。

取家第所宝《袁安卧雪图》张于亭之屏，乃唐周昉绝笔。凡经十四守，虽极爱而不敢辄觊。偶一帅遂窃去，以市画芦雁掩之。后君玉王公琪守是郡，登亭留诗曰："千里秦淮在玉壶，江山清丽壮吴都。昔人已化辽天鹤，旧画难寻卧雪图。冉冉流年去京国，萧萧华发老江湖。残蝉不会登临意，又噪西风入座隅。"此诗与江山相表里，为贸画者之萧斧也。（一云：晋公始典金陵，陛辞日，真宗出周昉《袁安卧雪图》曰："付卿到金陵，可选一绝景处张之。"公遂张于赏心亭。）

鼎州甘泉寺，介官道之侧，嘉泉也。便于漱酌，行客未有不停车而留者。始寇莱公南迁日，题于东楹曰："平仲酌泉经此，回望北阙，黯然而行。"未几，丁晋公又过之，复题于西楹曰："谓之酌泉礼佛而去。"后范补之讽安抚湖南，留诗于寺云："平仲酌泉回北望，谓之礼佛向南行。烟岚翠锁门前路，转使高僧厌宠荣。"

钱文僖公留守西洛，尝对竹思鹤寄李和文公诗云："瘦玉萧萧伊水头，风宜清夜露宜秋。更教仙骥旁边立，尽是人间第一流。"宁府城土莎，犹是公所植。公在镇，每宴客，命厅藉分行划袜，步于莎土，传唱《踏莎行》。一时胜事，至今称之。

陈尧佐退居郑圃，尤好诗什。张士逊判西京，以牡丹花及酒遗之。尧佐答曰："有花无酒头慵举，有酒无花眼懒开。正向西园念萧索，洛阳花酒一时来。"当时称其韵致。

杨褒，华阳人。家虽甚贫，特好书画奇玩，充实中橐。家姬数人，布裙粝食，而歌舞妙绝。欧阳公赠之诗云："三脚木床坐调曲。”盖纪实也。

宋次道家书，皆校雠三五遍。世之藏书，以次道家为善本。住在春明坊。昭陵时，士大夫喜读书，多僦居其侧，以便于借置故也。当时春明宅子，僦直比他处常高一倍。陈叔易常叹此事曰：“此风岂可复见耶？”（宋敏求，字次道。父宣献绶。父子继世掌史，人以为荣。）

韩魏公为相，兼容小人。善恶黑白不大分，故小人忌之亦少。范富欧阳，过于别白，所以怨忌日至，朋党亦起。方诸公斥逐，公独安焉。后扶持诸公复起，皆公力也。公尝作《久旱喜雨》诗，断句云：“须臾慰满三农望，收敛神功寂似无。”人谓此真做出宰相事业也。在北门，重阳有诗云：“不羞老圃秋容淡，且看寒花晚节香。”公居常谓保初节易，保晚节难，故晚节事事尤著力，所立特全。又作《喜雪》诗云：“危石盖深盐虎重，老枝擎重玉龙寒。”人谓公身在外，自任以天下之重如此。

司马文正公尝与人书曰：“草妨步则剃之，木碍冠则芟之。其他任其自然，相与同生天地间，亦各使遂其生耳。”

司马温公优游洛中，不屑世务。弃物我，一穷通，自称齐物子。元丰中秋，与乐令子访亲洛汭，并辔过韩城。抵登封，憩峻极下院，趋嵩阳，造崇福宫。至紫极观，寻会善寺，过轘辕，遽达西洛，少留广度寺，历龙门。至伊阳，访奉先寺，登华严阁，观千佛岩，蹑径山，瞻高公真堂，步潜溪，还保应，观文富二公，之广化寺，拜邠阳堂下，涉伊水，登香山。到白公影堂，诣黄龛院，倚石楼，临八节滩，还伊口。凡所经游，发为咏歌，归叙之以为《游录》。士大夫争传之。

范蜀公镇居许下，于所居造大堂，以“长啸”名之。前有荼蘼架，高广可容数十客。每春季花繁盛时，宴客于其下。约曰：“有花飞堕酒中者，为釂一大白。”或语笑喧哗之际，微风过之，则满座无遗者。当时号为飞英会，传之四远，无不以为美谈。

洛中邵康节先生，术数既高，而心术亦自过人。所居有圭窦瓮牖。圭窦者，墙上凿门，上锐下方，如圭之状。瓮牖者，以败瓮口安于室之东西，用赤白纸糊之，象日月也。其所居谓之安乐窝。先生以春秋天色温凉之时，乘安车，驾黄牛，出游于诸公家。诸公者欲其来，各置安乐窝一所。先生将至其家，无老少妇女良贱，咸迓于门。迎入窝，争前问劳，且听先生之言。凡其家妇姑妯娌婢妾，有争竞经时不能决者，自陈于前，先生逐一为分别之，人人皆得其欢心。于是酒肴竞进，厌饫数日。徐游一家，月余乃归。非独见其心术之妙，亦可想见洛中士风之美。（康节居洛阳，宅契司马温公户名，园契富郑公户名，庄契王郎中户名。若使今人为之，得不贻寄户漏粮之讥乎？或谓田宅乃三公所予者，特未知王之名，当亦是元祐间人。）

范尧夫每仕京师，早晚二膳。自己身以至婢妾，皆治于家，往往镌削过为简俭有不饱者，虽晚登政府亦然。补外则付之外厨，加料几倍，无不厌余。或问其故，曰：“人进退虽在己，然未有不累于妻孥者。吾欲使居中则劳且不足，在外则逸而有余。故处吾左右者，朝夕所言，必以外为乐而不顾恋京师。于吾亦一助也。”

程丞相性严毅，无所推下，出镇大名，每晨起据案决事，左右皆惴恐，无敢喘息。及开宴，召僚佐饮酒，则笑歌欢谑，释然无间。于是人畏其刚果，而乐其旷达。韩黄门持国典藩，觞客早食，则凛然谈经史节义，及政事设施，晚集则命妓劝饮，尽欢而罢。虽簿尉小官，悉令登车上马而去。

沈翰林文通喜吏事。每觉有疾，药饵未验，亟取难决词状连判数百纸，落笔如风雨，意便欣然。韩持国喜声乐，遇极暑，屡徙不如意，则卧一榻，使婢执板缓歌，展转徐听，或颔首抚掌，与之相应，往往不复挥扇。范德孺喜琵琶，暮年苦夜不得睡，家有琵琶筝二婢，每就枕，即使杂奏于前，至熟寐乃方得去。人性固不容无嗜好，亦是不能处闲，故必待一物而后遣耳。(德孺，名纯粹，文正季子。)

蔡鲁公喜宾客，终日酬酢不倦。家居少闲，亦必至子弟学舍，与塾师从容燕笑。蔡元度禀气弱，畏于延接。不得已一再见，则疲惙不支。如啜茶多，退必呕吐。尝云："家兄一日无客则病，某一日对客则病。"

韩持国居颍昌，程伯淳自洛往访之。时范右丞彝叟纯礼，亦居颍昌。持国尝戏作诗示二公云："闭门读易程夫子，清坐焚香范使君。顾我未能忘世事，绿尊红妓对斜曛。"

王荆公不耐静坐，非卧即行。晚居钟山谢公墩，自山距城适相半，谓之半山。尝畜一驴，每旦食罢，必一至钟山，纵步山间。倦则即定林寺而卧，往往至日昃乃归，率以为常。有不及终往，亦必跨驴中道而还。苏子瞻在黄州及岭表，每旦起，不招客相与语，则必出而访客。所与游者亦不尽择，各随其人高下。谈谐放荡，不复为畛畦。有不能谈者，则强之说鬼。或辞无有，则曰：“姑妄言之。”于是闻者无不绝倒，皆尽欢而后去。设一日无客，则歉然若有疾。

谢公墩，乃谢安石居东山之所作也。荆公有诗云：“我名公字偶相同，我屋公墩在眼中。公去我来墩属我，不应墩姓尚随公。”人谓与死人争地界。其后公舍宅为报宁寺，寺今亦废而墩岿然独存。

王荆公领观使归金陵，居钟山下，出即乘驴。王巩尝谒之，既退，见其乘之而出，一卒牵之而行。问其指使相公何之，曰：“若牵卒在前听牵卒，若牵卒在后即听驴矣。或相公欲止即止，或坐松石之下，或憩田野耕凿之家，或入寺。随行未尝无书，或乘而诵之，或憩而诵之。仍以囊盛饼十数枚，相公食罢，即遗牵卒，牵卒之余，即饲驴矣。或田野间人持饭饮献者，亦为食之。盖初无定所，或数步复归，近于无心者也。”

荆公性简率，不事修饰奉养。衣服垢污，饮食粗恶，一无所择，自少已然。为馆职日，韩玉汝尝拉与同浴于僧寺，潜备新衣一袭，易其弊衣。俟其浴出，俾从者举以衣之，而不以告。公服之如固有，初不以为异也。及为执政，或言其喜食獐脯者。其夫人闻而疑之，曰：“公平日于食肴未尝有所择，何独嗜此?”因令问左右执事者曰：“何以知公之嗜獐脯也?”曰：“每食不顾他物，而獐脯独尽，是以知之。”复问其食时置獐脯何所，曰：“在近匕箸处。”夫人曰：“明日姑易他物近匕箸。”既而果食他物尽，而獐脯固在。然后人知其特以近故食之，初非有所嗜也。人见其太甚，或多疑其伪云。

子瞻初谪黄州，布衣芒屩，出入阡陌。多挟弹击江水，与客为娱乐。每数日必一泛舟江上，听其所往。乘兴或入旁郡界，经宿不返。为守者极病之。晚贬岭外，无一日不游山。晁以道尝为宿州教授。会公出守钱塘，夜过之，入其书室，见壁间多张古画。爱其钟隐雪雁，欲为题字，而挂适高，因重二桌以上，忽失脚坠地，大笑。

南唐李后主善画，尤工翎毛，所画亲笔题钟隐笔三字。后主尝自号钟山隐士，故晦其名，谓之钟隐，非姓钟人也。今世传钟画，凡无后主题笔者皆非也。(一云画家实有钟隐其人。)

东坡言:“岭南气候不常，吾谓菊花开时乃重阳。凉天佳月即中秋，不须以日月为断。十月初菊始开，与客作重九。”因次韵渊明九日诗，登游尽醉而返。

王定国岭外归，出歌者劝东坡酒。歌儿曰柔奴，姓宇文氏，眉目媚丽，家世住京师。坡问柔奴广南风土应是不好，柔奴对曰:“此心安处，便是吾乡。”

万松亭在某山，始麻城县令张殷植万松于道，用以庇行者，且以名其亭。去未十年，而松之存者十不及三四。东坡元丰二年谪居黄州，过而赋之云:“十年栽种百年稀，好德无人助我仪。县令若同仓庾氏，亭松应长子孙枝。天公不救斧斤厄，野火解怜冰雪姿。为问几株能合抱，殷勤记取角弓诗。”崇宁以还，坡文既禁，故诗碑不复见，而经过题咏者多不胜记。鄱阳倪左司涛，伤之以诗云:“旧韵无仪字，苍髯有恨声。”正谓此也。

苏黄门辙南迁既还，居许下，多杜门不通宾客。有乡人自蜀来见之，伺候于门，弥旬不得通。宅南有丛竹，竹中为小亭。遇风日清美，或徜徉亭中。乡人既不得见，谋之阍人。阍人使待于亭旁。后旬日果出，乡人因趋进。黄门见之大惊，慰劳久之曰："子姑待我于此。"翩然而入，迨夜竟不复出。东坡闻之曰："子由直欲逾垣闭门矣。"

信州铅山县治之北二里间石井资福院，有泉涌于山壁之下，澄澈如鉴。本朝诗人潘阆，移太平州参军，过而留绝云："炎炎畏日树将焚，却恨都无一点云。强跨蹇驴来到得，皆疑渴杀老参军。"苏黄门过而跋之云："东坡先生称眉山矮道士好为诗，格亦不能高，往往有奇语。如'夜过修竹院，醉打老僧门'之句，皆可喜也。此颇有前辈风味，不在石曼卿、苏子美下。若老参军矮道士，自是一对。特恐漫灭失传，不知即真师能刻之石否？"

姚舜明廷辉知杭州。有老姥自言故娼也，及事东坡先生，云："公春时，每遇休暇，必约客湖上。早食于山水佳处。饭毕，每客一舟，令队长一人，各领数妓，任其所适。晡后，鸣锣以集之，复会望湖楼，或竹阁之间，极欢而罢。至一二鼓，夜市犹未散，列烛以归。城中士女云集夹道，以观千骑之还。实一时之胜事也。"

张文潜云："范丞相（尧夫）、司马太师（君实），俱以闲官居洛中，余时待次洛下。一日春寒中谒之，先见温公。时寒甚，天欲雪。温公命至一小室中，坐谈久之，炉不设火。语移时，主人设栗汤一杯而退。后至留司御史台见范公。才见主人，便言：‘天寒，远来不易。’趋命温酒，大杯满酾三杯而去。此事可见二公之趣各异。”

刘季孙初以殿直监饶州酒税，王荆公提刑至饶按酒务。始至厅事，见屏间有题小诗云：“呢喃燕子语梁间，底事来惊梦里闲。说与旁人浑不解，杖藜携酒看芝山。”问知是季孙作，大称赏之。适郡学生持状请差官摄州学事，公判监酒殿直，一郡大惊，遂知名云。卢秉侍郎尝为江西小郡司户参军，于传舍中题诗云：“青衫白发病参军，旋枭黄粱置酒尊。但得有钱留客醉，也胜骑马傍人门。”荆公见而称之，立荐于朝，不数年遂超显仕。

贾魏公为相日，有方士姓许，对人未尝称名，无贵贱皆称我，时人谓之许我。言谈颇可采，然傲视公卿。公欲见，邀之数四，卒不至。使门人苦邀致之，许骑驴径欲造丞相厅事，门吏止之曰：“此丞相厅门，虽丞郎亦须下。”许曰：“我无求于丞相，丞相召我来。若如此，我即去耳。”不下驴而去。门吏急追之，不还。以白公，又使人谢而召之，终不至。公叹曰：“许市井人耳。惟其无所求于人，尚不可以势屈，况其以道义自任者乎？”（贾昌朝，字明远，真定人，谥文元。）

谢康乐云：良辰美景，赏心乐事，四者难并。韩魏公在北门作四并堂。公功名富贵无一不满所欲，故无时不可乐，亦以是为贵乎？韩持国守许昌，每入春，常日设十客之具于西湖。旦以郡事委僚吏，即造湖上。使吏之湖门，有士大夫过，即邀之入，满九客而止。辄与乐饮终日，不问其何人也。曾存之常以问公曰：“无乃有不得已者乎？”公曰：“汝年少，安知此？

吾老矣，未知复有几春。若待可与饮者而后从，吾之为乐无几，而时亦不吾待也。”

崔唐臣，闽人也。与苏子容、吕晋叔同学相好。二公先登第，唐臣遂罢举，久不相闻。嘉祐中，二公在馆下。一日忽见舣舟汴岸，坐于船窗者唐臣也。亟就见之，邀与归不可。问其别后事，曰：“初倒箧中，有钱百千，以其半买此舟，往来江湖间。意所欲往则从之，初不为定止。以其半居货，间取其赢以自给。粗足即已，不求有余。差愈于应举觅官时也。”二公相顾太息而去。翌日自局中还，唐臣有留刺，乃携酒具再往谒之，则舟已不知所在矣。归视其刺之末，有细字小诗一绝云：“集仙仙客问生涯，买得渔舟度岁华。案有黄庭尊有酒，少风波处便为家。”讫不复再见。

李易安名清照，济南李格非之女。适赵挺之子明诚，字德甫。在太学时，每朔望告谒出，质衣取半千钱步入相国寺，市碑文、果实归，相对咀嚼展玩。有持徐熙牡丹图，求钱二十万。留信宿，计无所得，卷还之。夫妇相向惋怅者累日。及连守两郡，竭俸入以事铅椠。每获一书，即日勘校装辑。得名画彝器，亦摩玩舒卷，指摘疵病，尽一烛为率。故纸扎精致，字画全整，冠于诸家。每饭罢坐归来堂烹茶，指堆积书史，言某事在某书某卷第几页第几行，以中否胜负为饮茶先后。中则举杯大笑，或至茶覆怀中，不得饮而起。靖康中，遭乱奔徙，所蓄渐散尽。未几，明诚死。再适张汝舟，时至反目。有启与綦处厚云：“猥以桑榆之晚景，配兹驵侩之下材。”时皆笑之。有《漱玉集》三卷行于世，其《声声慢》一词尤婉妙，词云：“寻寻觅觅，冷冷清清，凄凄惨惨戚戚。乍暖还寒时候，最难将息。三杯两盏淡酒，怎敌他、晚来风急。雁过也，正伤心，却是旧时相识。〇满地黄花堆积，憔悴损，如今有谁堪摘。守着窗儿，独自怎生得黑。梧桐更兼细雨，到黄昏点、点滴滴。这次第，怎一个愁字了得。”

韩忠武以元枢就第，绝口不言兵，自号清凉居士。时乘小骡放浪西湖泉石间。一日至香林园，苏仲虎尚书方宴客，王径造之。宾主欢甚，尽醉而归。明日王饷以羊羔，且手书二词遗之。《临江仙》云：“冬日青山潇洒，春来山暖花浓。少年衰老与花同。世间名利客，富贵与贫穷。〇荣华不是长生药，清闲是不死门风。劝君识取主人翁。丹方只一味，尽在不言中。”《南乡子》云：“人有几何般，富贵荣华总是闲。自古英雄多是梦，为官，宝玉妻儿宿业缠。〇年事已衰残，鬓发苍苍骨髓干。不道山林多好处，贪欢，只恐痴迷误了贤。”王生长兵间，初不知书，晚岁忽若有悟，能作字及小诗词，皆有见趣。信乎非常之才也。

韩世忠尝议买新淦县官田，高宗闻之，御札特以赐世忠，其词云：“卿遇敌必克，克且无扰。闻卿买新淦田为子孙计，今举以赐卿，旌卿之忠，故其庄号旌忠。”盖当时诸将各以姓为军号，如张家军、岳家军之类。朝廷颇疑其跋扈，闻其买田，盖以为喜，故特赐之。世忠之买田，亦未必非萧何之意也。“克且无扰”四字，可谓要言。如王全斌辈，非不克，奈扰何？信能行此四字，虽古名将何以加诸。

有一士贫甚，夜则露香祈天，日久不懈。一夕忽闻空中语曰：“帝闵汝诚，使我问汝所欲。”士答曰：“某所欲甚微，非敢过望。但愿此生衣食粗足，逍遥山水间，以终其身足矣。”空中大笑曰：“此上界神仙之乐，何可易得？若求富贵则可矣。”予因历数古人极贵念归而终不遂者皆是。盖清乐天所靳惜，百倍于功名爵禄也。

叶少蕴梦得，言：余家旧藏书三万余卷，丧乱以来，所亡几半。山居狭隘，余地置书囊无几。雨漏鼠啮，日复蠹败。今岁出曝之，阅两旬才毕，其间往往多余手抄。日取所喜观者数十卷，命门生从旁读之，不觉日至仄。旧得酿法极简易，盛夏三日辄成，色如湩醴，不减玉友。每晚凉，即相与饮三杯而散，亦复盎然。读书避暑，固是佳事，况有此酿。忽记欧阳公诗有“一生勤苦书千卷，万事消磨酒十分”，辄慨然有当于心也。

陈少卿亚，蓄书数千卷，名画数十轴，平生之所宝者。晚年退居，有华亭双鹤泪，怪石一株尤奇峭，与异花数十本，列植于所居。为诗戒子孙云：“满室图书杂典坟，华亭仙客岱云根。他年若不和花卖，便是吾家好子孙。”亚死未几，皆散落民间矣。

有僧住山，或谋攘之。僧乃挂草鞋一双于方丈前题诗云：“方丈前头挂草鞋，流行坎止任安排。老僧脚底从来阔，未必枯髅就此埋。”凡士大夫去就，亦当如此。杨诚斋立朝时，计料自京还家之费，贮以一箧，钥而置之卧所。戒家人不许市一物，恐累归担。日日若促装者。又闻昔有京尹忘其名，不携家，惟弊箧一担。每晨起，则撤帐卷席。食毕，则洗钵收箸。以拄棒撑弊箧于厅事之前，常若逆旅人将行者。故搏击豪强，拒绝宦寺，悉无所畏。曾有一贵人，一日命市薪六百券。有卒微哂，谓其徒曰："朝士今日不知明日事，乃买柴六百贯耶！"窃叹士大夫之见，有不如此卒者多矣。

许安仁尉顺昌郡，厅事之后，创吏隐堂。植竹题诗云："剔破中庭一亩苔，主人白发手亲栽。即今谁识清贞节，须向三冬雪里来。"又云："珍重劳君慰远游，繁声疏影一堂秋。主人看即官期满，分付风烟与子猷。"

林时隐霆博学多闻，深明象纬。聚书数千卷，皆自校雠。语子孙曰："吾与汝曹获良产矣。"

豪旷

逆旅天地，旦暮古今。原子登水，庄生鼓盆。轻世肆志，达观任真。我用我法，期适此生。集豪旷。

柳仲涂开，赴举时宿驿中，夜闻妇人私哭，声婉而哀。晓起询之，乃临淮令之女。令在任贪墨，委一仆主献纳。及代还，为仆所持，逼其女为室。令度势难免，因许之，女故哭。柳往见令，诘之，得其实。怒曰："愿假此仆一日，为子除害。"仆至柳室，即令往市酒、果、盐、梅等物。俟夜阑，呼仆人叱问曰："胁主人女为妇，是汝耶?"即奋匕首杀而烹之。翌日，召令及同舍饮，云："共食仆肉。"饮散亟行，令追谢，问仆安在。柳曰："适共食者乃其肉也。"又张乖崖布衣时，客长安旅次。闻邻家夜聚哭甚悲，讯之，其家无他故。乖崖诣其主人力叩之，主人遂以实告曰："某在官不自慎，常私用官钱，为家仆所持，欲强娶长女，拒之则畏祸，从之则失节匪类。约在朝夕，所以举家悲泣耳。"乖崖明日至门侧，俟其仆出，即曰："我白汝主，假汝一至亲旧家。"仆意尚迟迟，强之而去。出城使导马前行，至一悬崖间，下马数其罪，仆仓皇未及对，辄以刀挥坠崖中。归告其邻曰："仆已不复来矣，速归汝乡，后当谨于事也。"

张齐贤为布衣时，倜傥落魄。有群盗攻劫，聚饮逆旅，居人惶恐窜匿。齐贤独径前揖之曰："贱子贫困，欲就一饱。"盗曰："秀才肯自屈耶?"齐贤曰："盗者非龌龊儿所为，皆世之英雄耳。”乃取大杯满酌而饮，取豚肩瓜分为数段啗之，势若狼虎。群盗相视嗟叹曰：“真宰相也！他日宰制天下，当念吾曹。”竟以金帛相遗，齐贤皆受不让，重负而返。

宋子京博学能文章，天资酝藉，好游宴自喜。晚年知成都府，带《唐书》于本任刊修。每宴罢盥漱毕，开寝门，垂帘燃二椽烛。媵婢夹侍，和墨伸纸，远近皆知为尚书修《唐书》。

宋子京修《唐书》，尝一日大雪，添帟幕，燃椽烛，左右炽炭两巨炉。诸姬环侍，方磨墨濡毫，以澄心堂纸草一传未成，顾诸姬曰：“汝辈俱曾在人家，颇见主人如此否？”皆曰：“无有。”其间一人来自宗子家，子京曰：“汝太尉遇此天气，亦复如何？”对曰：“只是拥炉命歌舞，间以杂剧，引满大醉而已，如何比得内翰？”子京点头曰：“也自不恶。”乃阁笔掩卷，起索酒饮之，几达晨。明日，对宾客自言其事。后每宴集，必举以为笑。

陶学士穀，买得党太尉故妓。取雪水烹团茶，谓妓曰：“党家应不识此？”妓曰：“彼粗人，安得有此？但能销金帐下，浅酌低唱，饮羊羔美酒耳。”陶愧其言。（党太尉进，尝食饱扪腹叹曰：“我不负汝。”左右曰：“将军固不负此腹，此腹负将军，未尝少出智慧也。”）

邓州花蜡烛名著天下，虽京师不能造，相传是寇莱公烛法。公尝知邓州，而早贵事豪侈。每饮宾席，常阖扉辍骖以留之。尤好夜宴剧饮，未尝点油。虽溷轩马厩，亦烧烛达旦。每罢官去后，人至官舍，见厕溷间烛泪凝地，往往成堆。杜祁公为人清俭。在官未尝燃官烛，油灯一炷，荧荧然欲灭。与客相对，清谈而已。二公皆名臣，而奢俭不同如此。然祁公寿考终吉，而莱公晚有南迁之祸，遂殁不返。虽其不幸，亦可以为戒也。

韩魏公喜营造，所临之郡，必有改作，皆宏壮雄深，称其度量。在大名，于正寝后稍西为堂五楹。其间洞然，不为房屋，号善养堂，盖平日宴息之地。

许慎选学士，放旷不拘小节。多与亲友结宴花圃中，未尝设帷幄坐具，但使仆辈聚落花铺于坐下，曰："吾自有花裀。"

欧阳公在扬州，作平山堂，壮丽为淮南第一。堂在高冈，下临江南数百里。真、润、金陵三州，隐隐可见。公凌晨携客往游，遣人走邵伯埭，取荷花千余朵，分插百许盆，与客相间。遇酒行，即遣一妓取一花传客，以其叶尽处则饮酒，往往侵夜载月而归。

滕章敏达道，字元发。布衣时，尝为范文正公客，时范尹京。滕少年颇不羁，往往潜出从狭邪纵饮，范公病之。一夕至滕书室中，明烛观书以俟其至，意将愧之。滕夜分大醉而归，范公阳不视以观其所为。滕略无慑惧，长揖问曰："公所读何书？"公曰："《汉书》。"复问："汉高祖何如人？"公逡巡而入。

滕达道慷慨豪迈，不拘小节。少嗜酒，浮湛里市。与郑毅夫獬为忘形交，议论风采，照映一时。尝与毅夫及杨绘元素，同试京师，自谓必魁天下，与二人约，若其言不验，当厚致其罚。已而郑居榜首，杨次之，公在第三。责所约之金，答曰："一人解，一人会，吾安得不居第三？"俱一笑而罢。公平生不安交游，尝作结客诗云："结客结英豪，休同儿女曹。黄金装背镞，猛兽画旂旄。北阙芒星落，中原王气高。终令贺兰贼，不着赭黄袍。"其立志可见矣。

苏子美舜钦，豪放不羁，好饮酒。在外舅杜祁公家，每夕读书，以一斗为率。公深以为疑，使子弟密觇之。闻子美读《汉书·张良传》，至良与客狙击秦皇帝，误中副车，遽抚掌曰："惜乎，击之不中！"遂满引一大白。又读至良曰："始臣起下邳，与上会于留，此天以授陛下。"又抚案曰："君臣相遇，其难如此。"复举一大白。公闻之大笑曰："有如此下物，一斗不足多也。"

洪觉范至儋耳，尝谒姜唐佐。唐佐不在，见其母。母迎笑，食以槟榔。觉范问母识苏公否，曰："识之，然无奈其好吟诗。公尝杖而来，指西壁木榻自坐其上。问曰：'秀才何往？'我言：'入村落未还。'有包灯心纸，公以手展开，书满纸。祝曰：'秀才归当示之。'今尚在。"觉范索读之，醉墨欹倾，曰："张睢阳生犹骂贼，嚼齿穿龈。颜平原死不忘君，握拳透爪。"

歌者袁绹，宣政间供奉九重。尝言："东坡公昔与客游金山。适中秋夕，天宇四垂，一碧无际，加江流澒涌，月色如昼，遂共登金山山顶之妙高台。命绹歌其水调歌头曰：'明月几时有，把酒问青天。'歌罢，公为起舞。"

张于湖孝祥知京口，王宣子代之。时多景楼落成，于湖为书楼扁，公库送银三百星为润笔，于湖却之，但需红罗百匹。于是大宴合乐。酒酣，于湖制词，命诸伎合唱甚欢，因以红罗遍赏之。

石曼卿谪海州日，使人拾桃核数斛。人迹不到处，以弹弓种之。不数年，桃花遍山谷中。

建炎四年正月十五日，上在章安镇，忽有二航为风所飘，直犯御舟。问之，乃贩柑客也。上闻，尽令买之，分散禁卫，令食瓤取其皮为碗。是日元夕放灯，乃命贮油于柑皮，置灯其中，随潮放之。时风息波平，如数万点红星浮漾海面，居人皆登金鳌峰望之。

陈同甫名亮，号龙川。始闻辛稼轩名，访之。将至门，过小桥，三跃而马三却。同甫怒，拔剑斩马首，推马仆地，徒步而进。稼轩适倚楼望见之，大惊。遣人询之，则已及门，遂定交。稼轩帅淮时，同甫与时落落，家甚贫。访稼轩于治所，相与谈天下事。酒酣，稼轩言南北之利害：南之可以并北者如此，北之可以并南者如此，且言钱塘非帝王居。断牛头之山，天下无援兵；决西湖之水，满城皆鱼鳖。饮罢，宿同甫于斋中。同甫夜思稼轩沉重寡言，醒必思其误，将杀我以灭口，遂盗其骏马而逃。月余，致书稼轩，假十万缗以纾困，稼轩如数与之。

放诞

（简傲附）

上帝可陪，卑田可侩。逢丧哀挽，见石揖拜。礼岂我设，游方之外。彼拘墟者，咄咄称怪。集放诞。

冯惟一吉，不持检操，雅好琵琶，曲尽其妙，教坊供奉号名手者亦莫能及。父道戒令弗习，吉性所好，亦不能改。道欲辱之，因家宴，令吉奏琵琶为寿。赐以束帛，吉置于肩，左抱琵琶，按膝再拜如伶官状，了无怍色。

冯惟一为太常，颇不得意，以杯酒自娱。每朝士宴集，虽不召亦常自至。酒酣即弹琵琶，弹罢赋诗，诗成起舞。时人爱其俊逸，谓之三绝。

郭恕先放旷不羁，尤不与俗人伍。宋太宗闻其名，召赴阙，馆于内侍省窦神兴舍。恕先长髯而美，一日忽尽去之。神兴惊问其故，曰："聊以效颦。"郭从义镇岐下，延置山馆。岐有富人子喜画，日给醇酒，待之甚厚。久乃以情言，且致匹素。郭为画小童持线车放风鸢，引线数丈满之。富人子大怒，遂与之绝。又尝时与小民贩夫入市肆饮食，曰："吾所与游，皆子类也。"

种明逸放，至性嗜酒，尝种秫自酿。每曰："空山清寂，聊以养和。"因号云溪醉侯。

吕文穆公未第时，薄游一县。胡大监且方随其父宰是邑，遇吕甚薄。客有誉吕曰："吕君工于诗，宜少加礼。"胡问诗之警句，客举一篇，其卒章云："挑尽寒灯梦不成。"胡笑曰："乃是一渴睡汉尔。"吕闻之甚恨而去。明年，首中甲科，使人寄声语胡曰："渴睡汉状元及第矣。"胡答曰："待我明年第二人及第，输君一筹。"既而次榜亦中首选。

李诚之师中为童子时，论其父纬之功于朝，久不报。自诣漏舍，以状白韩魏公。公曰："君果读书，自当取科名，不用纷纷论赏。"诚之云："先人功罪未辩，深恐先犬马填沟壑，无以见于地下，故忍痛自言。若欲求官，稍识字，第二人及第不难。"盖魏公于王尧臣榜第二人登科故也。魏公德量服一世，于诚之此语，终身不能平。

石曼卿磊落奇材，知名当世。气貌雄伟，饮酒过人。有刘潜者，亦志义之士，常与曼卿为酒敌。闻京师沙行王氏，新开酒楼，遂往造焉。对饮终日，不交一言。王氏怪其所饮过多，非常人之量，稍献肴果，益取名酒奉之惟谨。二人饮啖自若，傲然不顾。至夕，殊无酒色，相揖而去。明日，都下喧传有二仙来饮，久之乃知为刘、石也。

石曼卿通判海州，刘潜来访之，曼卿与剧饮。中夜酒欲竭，顾船中有醋斗余，乃倾入酒中并饮之。至明日，酒醋俱尽。每与客痛饮，露发跣足，着械而坐，谓之囚饮；饮于木杪，谓之巢饮；以藁束之，引首出饮，复就束，谓之鳖饮。其狂纵大率如此。又夜不烧烛，谓之鬼饮；挽歌哭泣而饮，谓之了饮；饮一杯，复登树下再饮，谓之鹤饮。仁宗爱其才，尝对辅臣言：

“欲其戒饮摄生。”闻之因不饮，遂成疾而卒。

石曼卿以馆职出判海州。官满日，载私盐两船至寿春，托知州王子野货之。时禁网疏阔，曼卿亦不为人所忌，市中公然卖学士盐。

石曼卿一日语僧秘演曰：“馆俸清薄，恨不得痛饮。”演曰：“非久当引一酒主人奉谒。”不数日，引一纳粟牛监簿来，以宫醪十石为贽，列醖于庭。演为传刺，曼卿愕然延之，乃问中第何许。生曰：“一别舍介繁台之侧。”曼卿闲语演曰：“繁台寺阁虚爽可爱，久不一登。”其生曰：“学士与大师果欲登阁，当具酒簌迎候。”曼卿因许之。一日休沐，约演同登。演预戒生，生陈具阁下。器皿肴核，冠于都下。石演高歌褫带，饮至落景。曼卿醉，喜曰：“此游可纪。”乃以盆渍墨濡巨笔题曰：“石延年曼卿，同空门诗友老演登此。”生拜叩曰：“尘贱之人，幸获陪侍，乞挂一名，以光贱迹。”曼卿大醉，握笔沉虑，目演扬声讽曰：“大武生捧研，用事可也。”演以为言，竟题曰：“牛某捧研。”永叔后以诗戏曰：“捧研得全牛。”

张丞相天觉，召自荆湖，适刘跛子与客饮市桥，闻车骑过甚都，起观之。跛子挽丞相衣，使且共饮。因作诗曰：“迁容湖湘召赴京，车蹄迎迓一何荣。争如与子市桥饮，且免人间宠辱惊。”一时赏其俊爽。

刘跛子，青州人。常拄一拐。每岁必一至洛阳看花。馆范家园，春尽即还。为人谈剧有味，范家子弟多狎之。

曾子固性矜汰，多所傲忽。元丰中为中书舍人，尝白事都堂。时章子厚为门下侍郎，谓之曰：“向见舍人《贺明堂礼成表》，真天下奇作。”子固一无辞让，但复问曰：“比班固《典引》如何？”章不答。

米元章守涟水，地接灵璧，畜石甚富。一一品目，加以美名。入书室，则终日不出。时杨次公为察使，知米好石废事，因往廉焉。至郡，正色言曰：“朝廷以千里郡邑付公，汲汲公务，犹惧有阙。那得终日弄石，都不省录？尔后当录郡事，不然，按牍一上，悔亦何及！”米径前，以手于左袖中取一石。其状嵌空玲珑，峰峦洞穴皆具，色极清润。米举石宛转翻覆以示杨曰：“如此石，安得不爱？”杨殊不顾，乃纳之左袖。又出一石，迭嶂层峦，奇巧又胜。又纳之左袖。最后出一石，尽天划神镂之巧。又顾杨曰：“如此石，安得不爱？”杨忽曰：“非独公爱，我亦爱也。”即就米手攫得之，径登车去。

米芾尝为书博士，后迁礼部员外郎，数遭白简逐出。一日以书抵蔡京，诉其流落，且言举室百指，行至陈留，独得一舟如许大。遂画一艇于行间，京哂焉。京子絛得是帖而藏之。时弹文工谓其颠，而米又历言诸执政，自谓久列中外，并被大臣知遇。举主数十百，皆用吏能为称首，一无有以颠蒙者。世遂传米老辨颠帖。又尝以书抵西府蒋颖叔云：“芾老矣，先生勿恤浮议荐之。曰：‘襄阳米芾，在苏轼黄庭坚之间。自负其才，不入他党。今者老矣，困于资格。不幸一旦而死，不得润色皇猷。黼黻王度，臣僚实共惜之。愿圣天子去常格料理之，先生以为何如？’”

米元章一日回人书，亲旧有密于窗隙窥其写至芾再拜，即放笔于案，整衿端下两拜。

米元章洗手帖有云：“每得一书，背讫入奁。印以米氏秘玩书印。阅书之法，二案相比。某濯手亲取，展以示客。客拱而凭几案，从容细阅。某趋走于其前，客曰展，某展；客曰卷，某卷。客据案甚尊，某执事甚卑。舍佚执卑者，止不欲以手衣振拂之耳。”

《书史》云：洛阳有书画友，每约不借出，各各相过赏阅。是宋子房言。其人屡与王诜寻购得书，余尝目为太尉书驵。

慎东美伯筠，秋夜待月，于钱塘江沙上露坐。设大酒尊，怀一杯对月独饮。意象傲逸，吟啸自若。顾子敦适遇之，亦怀一杯就其尊对酌。伯筠不问，子敦亦不与语，酒尽各散去。

钱明逸每有宿戒，必诘其谒者曰：“是吃酒，是筵席?”筵席客无数。一巡酒，一味食也。吃酒客不过三五人，酒数斗。瓷盏一只，青盐几粒。席地而坐，终饮不交一谈，恐多酒气也。不食，恐分酒味也。翌日，问其旨否，往往不知。其志不在味也。终日倾注，无涓滴挥洒，始可谓之酒客。其视揖让而饮，如牢狱中。

张子通既贵，其弟子游，好吹《薤露》。暑月衣犊鼻纳凉门庑，值里巷丧车过，必径趋群挽中。声调清壮，抑遏中节。或至郊外，通夕而归。丧家以子通故，揖至宾位，常享醉饱。子通虽屡戒勖，终不能止。

喻明仲妙于长笛，持节数郡。每出按行，至山水佳处，马上临风辄快作数弄。

赵子固清放不羁，好饮酒。醉则以手濡发，歌古乐府，自执红牙以节曲。

权 谲

陈孺阴谋，道家虽忌；孔明王佐，将略非长。乃知学由迂误，正必奇襄。解纷应变，节取智囊。集权谲。（《世说》原作假谲，余易为权谲，盖天下事亦有不得不用诡者。但善用之则为权变；不善用之则为谲诈，此君子小人所由分也。）

皇城使刘承规，在太祖朝为黄门小底时，气性不同，已有心计，官中呼为刘七。每令与诸小底数真珠，内夫人潜于窗隙觇之，未尝私窃一颗，余皆窃置衣带中。洎太宗即位后，有一宫人潜逾垣而出，捕获。太宗迟疑间，似不欲杀。承规辄承意而奏曰："此人不可容。官家若放却，宫人总走。臣乞监去处置，须是活取心肝进呈。"太宗甚然之。六宫皆拜而泣告，承规再三奏不可留。于是就太宗前领去，送一尼寺中，潜远嫁之。却取旋杀猪心肝一具，犹热，以合子贮来进呈，六宫皆围合子而哭之。良久，略揭视之，便令承规将去，仍传宣赐承规压惊银五锭。由是宫掖之间，肃然畏法。

丁谓尝倾意以媚寇莱公，冀得大拜。生平最尚机祥。每晨占鸣鹊，夜看灯蕊。虽出门归邸，亦必窃听人语，用卜吉兆。时有无赖于庆，贫寒不立，计且死冻馁。谋于一落第老儒，老儒曰："汝欲自振，必更姓名乃可。后得志，毋相忘。"庆拜而听之。老儒遂改于为丁，名宜禄。使投身于谓，谓果大喜，收之门下，不旬月而谓入相。此人遂宠冠纪纲，虽大僚节使，倚借关说，不逾年而宜禄家巨万矣。老儒亦蒙引见，得教授大郡。至今相传，不解所谓。适检沈休文《宋书》，宰相苍头呼为宜禄，且复姓丁，愈惬所愿。莫谓晋公眼不读书也。

丁晋公从车驾巡幸，礼成，有诏赐辅臣玉带。时辅臣八人，行在祗候，库止有七带。尚衣有带，谓之比玉，价值数百万。上欲以赐辅臣足其数，晋公心欲之，而位在七人之下。度必不及己，乃谓有司不须发尚衣带。自有小私带，且可服之以谢，候还京别赐可也。有司具以闻。既各受赐，而晋公一带仅如指阔，上顾谓近侍曰："丁谓带与同列大殊，速求一带易之。"有司奏唯有尚衣御带，遂以赐之。其带熙宁中复归内府。

丁晋公既投朱崖几十年。天圣末，明肃太后上仙，仁宗亲揽万机。当时仇敌，多不在要地。昔公密草一表，极自辨叙，言甚哀切。更念无缘上达，乃封题云："启上昭文相公。"时王冀公钦若执政，丁自海外遣家僮特此启入京。戒云："须俟王公对客日面投。"其奴如戒。冀公得之，惊不敢启，遽以上闻。洎发之，乃表也。其间两句曰："虽迁陵之罪大，念立主之功多。"仁宗读而怜之，乃命移道州司马。作诗曰："君心应念前朝老，十载飘流若断蓬。"又曰："九万里鹏容出海，一千年鹤许归辽。且作潇湘江上客，敢言瞻望紫宸朝。"天下之人，疑其复用矣。穆修闻道州之徙，作诗曰："却讶有虞刑政失，四凶何事亦量移。"谓失人心如此。在崖州日，方与客棋，其子哭而入。询之，云适闻有中使渡海将至矣。公笑曰："此王钦若遣人来骇我耳。"使至，谢恩毕，乃传宣抚闻也。

曹翰以罪谪汝州数年。一日有内侍使京西，太宗密谕之曰："卿至汝州，当一访曹翰。观其良苦，然慎勿泄我意也。"内侍如旨往见，因吊其迁谪之久。翰泣曰："罪犯深重，感圣恩不杀。死无以报，敢诉苦耶？但众口食贫，欲以故衣质十千以继粥饭，可乎？"内侍曰："太尉有所须，敢不应命，何烦质也。"翰固不可，于是封裹一复以授。内侍收复，以十千答之。洎回奏翰语，及言质衣事。太宗命取其复开视之，乃一大幅画障，题曰"下江南图"。太宗恻然念其功，即日有旨召赴阙，稍复金吾将军。盖江南之役，翰为先锋也。

文潞公以枢密直学士知成都，时年未四十。成都风俗喜行乐，公多燕集，有蜚语至京师。御史何圣从因谒告归，上遣伺察之。何将至，潞公亦为之动。幕客张少愚谓公曰："圣从之来无足虑。"少愚与圣从同郡，因迎见于汉州，命酒设乐。有营妓善舞，圣从狎之。问其姓，妓曰："姓杨。"圣从曰："所谓杨台柳者。"少愚即取妓项帕罗题诗曰："蜀国佳人号细腰，东台御史惜妖娆。从今唤作杨台柳，舞尽春风万万条。"命其妓作柳枝词歌之。圣从极相赏洽。后数日，圣从至成都，颇严重。一日潞公大作乐以燕圣从，迎其妓杂府妓中，歌少愚之诗以侑觞，圣从每为之醉。及还朝，潞公之谤遂息。绍兴中，王铁帅番禺，有狼藉声。朝廷除司谏韩璜为广东提刑，令往廉按。宪治在韶阳，韩才建台，即行部指番禺，王忧甚，寝食俱废。有妾故钱塘倡也，问主公何忧，王告之故。妾曰："不足忧也。璜即韩九，字叔夏。旧游妾家，最好欢。须其来强邀之饮，妾当有以败其守。"已而韩至，王郊迎不见，入城乃见，堂上不交一谈。次日报谒，王宿治具于别馆。茶罢，邀游郡圃，不许，固请乃可。至别馆，水陆具陈，伎乐大作。韩踧踖不安。王麾去伎乐，阴命诸倡淡妆，诈作姬侍，迎入后堂。剧饮酒半，妾于帘内歌韩昔所赠词。韩闻之心动，狂不自制。曰："汝乃在此耶?”即欲见之。妾隔帘故邀其满引，至于再三，终不肯出，韩益心急。妾乃曰:“司谏曩在妾家，最善舞。今日能为妾舞一曲，即当出也。”韩醉甚，不知所以，即索舞衫，涂抹粉墨，踉跄而起，忽仆于地。王急命索舆，诸倡扶掖而登归船，昏然酣寝。五更酒醒，觉衣衫拘绊，索烛照镜，羞愧无以自容。即解舟还台，不敢复有所问。此声流播，旋遭弹劾，王迄善罢。

国初朝廷遣陶穀使江南，以假书为名，实使觇之。丞国李献以书抵韩熙载曰:“五柳公骄甚，其善待。”穀至，则如李所言。熙载谓所亲曰:“陶秀实非端介者，其守可隳。当令诸君一笑。”因令歌姬秦蒻兰衣弊衣，诈为驿卒女。穀见之而喜，遂犯慎独之戒，作长短句赠之。明日，中主燕客，穀凛然不可犯。中主持觞立，使蒻兰出歌续断弦之曲侑觞，穀大惭而罢。词名《风光好》:“好因缘，恶因缘，只得邮亭一夜眠，别神仙。〇琵琶拨尽相思调，知音少。再把鸾胶续断弦，是何年。”

宣城有俗子娶妇甚都，而悍于事姑。每夫外归，必泣诉其姑凌虐之苦。夫常默然。一夕于灯下出利刃示妇。妇曰:“将安用此?”夫好谓之曰:“我每见汝诉，我以汝姑之不容，我与汝持此去之如何?”妇曰:“心所愿也。”夫曰:“今则未也。汝且更与我谨事之一月，令汝之勤至，而俾姑之虐暴。四邻皆知其由，然后我与汝可密行其事。人各快其死，亦不深穷暴死之由也。”妇如其言。于是怡颜柔语，晨夕供侍。及市珍羞以进，姑即前抚接，顿加和悦。及一月，复乘酒取刃玩于灯下，呼妇语之曰:“汝姑日来与汝若何?”曰:“已非前日比。”又一月，复扣刃问之，妇即欢然曰:“姑今与我情好倍加，前日之事，慎不可作也。”再三言之。夫徐握刃怒视之曰:“汝见世间有夫杀妇者乎?”曰:“有之。”“复见有子杀母者乎?”曰:“未闻也。”

夫曰："人之生也，以孝养为先。父母之恩，杀身莫报。及长而娶妇，正为承奉舅姑，以长子息耳。汝归我家，我每察汝恃少容色，不能承顺我母，乃反令我为此大逆，神明其容之乎？姑贷汝两月，使汝改过怡颜，尽为妇之道，与我母待汝之心，知曲不在母，而安受我刃也！"其妇战惧，泪如倾雨，拜于床下曰："幸恕我死。我当毕此生承顺姑如今日，不敢更有少懈也。"久之乃许。其后妇姑交穆，播于亲党。闻者皆谓此虽俗子，而善于调御。转恶为良，虽士君子有不能处者矣。

郭逵为西帅，王韶初以措置西事至边。逵知其必生边患，因备边财赋，连及商贾，移牒取问。韶读之怒形颜色，掷牒于地者久之，乃徐取纳怀中。入而复出，对使者碎之。逵奏其事，上以问韶。韶以元牒进，无一字损坏也。上不悟韶计，不直逵言。自是凡逵论韶皆不报，而韶遂得志矣。

种世衡知渑池县，县旁山上有庙，世衡葺之。其梁重大，众不能举，世衡乃令县干剪发如手搏者，驱数对于马前，云欲诣庙中较手搏。倾城随观，既至，谓观者曰："汝曹先为我致庙梁，然后观手搏。"众欣然趋下山共举之，须臾而上。（世衡，字仲平，放之兄子。）

雄山在南安，其上有飞瓦岩。相传僧初结庵时，因山伐木，但恐山高运瓦之艰，积瓦山下，诳欲作法飞瓦砌屋，不用工师。卜日已定，远近观者数千人。僧伪为佣人挑瓦上山，观者欲其速于作法，争为搬运，顷刻都尽。僧笑曰："吾飞瓦只如是耳。"

上官苏慕恩部落最强，世衡皆抚而用之。尝夜与慕思饮，出侍姬以佐酒。既而世衡起入内，潜于壁隙窥之，慕恩窃与侍姬戏。世衡遽出掩之，慕恩惭惧请罪。世衡笑曰："君欲之耶?"即以遗之。由是得其死力，诸部有贰者，使慕恩讨之无不克。

诗人鲍郎中当知睦州日，尝言桐庐县一民，兼并刻剥，闾里怨之，尽诅以死则必为牛。一旦死，邻村产一白牛，腹旁分明题其乡社名姓。牛主潜报兼并之子，亟往窥之，悲恨无计。恐其事之暴，欲以价求之。勒百千方售，如数赠之，赎归豢于家。未几，一针笔者持金十千首于郡曰："某民令我刺字于白牛腹下，约得金均分。今实不均，故首之。"吏鞠刺时之事，曰："以快刀剃去毳毛，以针墨刺字，毛起则宛如天生。"鲍深嫉之，黥二奸，窜于岛。

夏英公竦知安陆日，受敕举幕职令录为京朝官。有节度推官王某者，粝食弊衣，过为廉慎。一马瘦瘠，仅能移步，席鞯弊不胜骑。自贰车以下，列状乞以斯人应诏。夏亦自知之，遂改官宰邑，去安陆数百里。洎至任，素履忽变。侈衣靡食，恣行贪墨。夏俾亲旧谕之，答曰："某乃妙攫也，必无败露。请舍人无虑。"夏尝谓僚属曰："世之矫伪有如此者。"时有世赏官王氏，任浙西一监。初莅任日，吏民献钱物几数百千，仍白曰："下马常例。"王见之，以为污己，便欲作状并物申解上司。吏辈祈请再四，乃令取一柜，以物悉纳其中，对众封缄，置于厅治。戒曰："有一小犯即发。"由是吏民警惧，课息俱倍。比终任荣归，登舟之次，吏白厅柜。公曰："寻常既有此例，须有文牍。"吏赍案至。俾舁柜于舟，载之而去。

康倬，字为章，元祐名将识之子。少日不拘细行。游京师，生计荡析，遂偶一娼。始来，即诡其姓名曰李宣德。情意既洽，为章诳以偕老之计。娼橐中所蓄甚富，分其半以给姥。指天誓日，不相弃背。买舟出都门，沿汴行才数里，相与登岸，小酌旗亭。伺娼之醉，为章解缆亟发。娼拗怒戟手于河浒，为章弗顾也。娼既为其所绐，仓皇还家。后数年，为章再到京师，过其门，娼母子即呼街卒录之，为章略无惮色。时李孝寿尹开封，威令凛然。既至府，为章自言平时未尝至都下，无由识此曹。恐有貌相肖者，愿试询之。尹以问娼，娼曰："宣德郎李某也。"为章遽云："已即右班殿直康倬也。"尹曰："诚倬也，取文书来。"为章探怀中取吏部告示文字以呈之。尹抚案大怒，杖娼之母子，令众通衢慰劳为章而遣之。为章自此折节读书，易文资，有名于世。后来事浸露，孝寿闻之，尝以语人曰："仆为京兆，而康为章能作此奇事，可谓大胆矣。"与之其子也。

建康缉捕使臣汤某者，于侪辈中著能声，盖群盗巨擘也。一日有少年衣裳楚楚，背负小笈投汤。自通为鄞沙王小官人，趋前致拜。汤亦素知其名，因使小憩。辞曰："观察在此不敢留。只今往和州，拟假一力，负装至东阳镇问渡。"汤疑有它，遂择其徒狙黠者偕往，俾侦伺之。自离城闉，遇肆辄饮，已而大吐，几不能步。同行者左负笈，右扶醉人，殊倦甚。恚曰："汤观察以其为好手，不过一酒徒耳。"凡七十里抵镇。委顿投床，终夕索水，喧呶不少休。黎明，有骑马扣门者，乃汤也。密叩同行，已悉在途。及至邸沉蕾状，亟造卧所。少年闻汤来，则亦扶头强披衣问故，汤谩以他语对之。少年笑曰："得非疑某沿途有作过否?"因指同行为证，且曰："虽然，尚有他故，愿效区区之力。"汤嗫嚅久之曰："不敢相欺。实以夜来有酒楼失银器数百两，总所移文制司，立限购捕严甚，少违则受重谴。束手无措，用是急冒求策耳。”少年微笑曰：“若然，则关系甚大。恐妖异所为，非人力能措手。惟有哀祈所事香火，或可徼神物之庇。”汤哂其醉中语诞荒，不复诘，力邀同还。抵家，谩用其说祷之圣堂，则所失器物皆灿然横陈供床矣。汤始大惊以为神，方欲出谢之，则其人已去。盗亦有道，其是之谓乎？

王舒王吴夫人好洁成疾，舒王至性任率，每不相合。自江宁乞归科第，有官藤床，吴假用未还，郡吏来索，左右莫敢言。舒王一日跣而登床，偃卧良久。吴望见，即命送还。

节序交贺之礼，不能亲至者，每以束刺佥名于上，使仆遍投之，俗以为常。刘贡父为馆职，节日，同舍有令从者以书筒盛门状，遍散于人家。贡父知之，乃呼所遣人坐于别室，犒以酒肴。因取书筒视之，凡与贡父一面之旧者，尽易以己门状。其人既饮食，再三致谢。遍走巷陌，实为贡父投刺，而主人之刺遂不得达。《癸辛杂识》载吴四丈事亦同，然《类说》载陶毂易刺之事，正与此相类，恐二公效之为戏耳。

张邓公当国，有遗其子友直珠冠者，使者不能径通。刘相沆谓曰：“我识学士，为汝通之。”因以归，破其书，别录一通，用己图书印之，留其真本。又于珠冠之角小书己名，乃复封题如故，以授使者，使自通之。他日以语友直，友直大惊。刘时权三司判官。寻即真，俄知制诰。

苗刘之乱，勤王兵向阙，朱忠靖胜非从中调护，六龙反正。有诏以二凶为淮南两路制置使，令将部曲之任。时正彦有挟乘舆南走之谋，傅不从。朝廷微闻而忧之，幸其速去。其属张逵为画计，使请铁券。既朝辞，遂造堂袖札以恳，忠靖曰：“上多二君忠义，此必不吝。”顾吏取笔判奏行给赐，令所属详检故事，如法制造，不得稽滞。二凶大喜，是夕遂引遁，无复哗者。时建炎三年四月己酉也。明日昧爽将朝，郎官傅宿扣漏院白急速事，命延之入。傅曰：“昨得堂帖，给赐二将铁券。此非常之典，今可行乎？”忠靖取所持帖偕执政秉烛同阅，忽顾问曰：“检详故事，曾检得否？”曰：“无可检。”又问：“如法制造，其法如何？”曰：“不知。”又问曰：“如此可给乎？”执政皆笑。傅亦笑曰：“得之矣。”遂退。后傅论功迁一官。

靖康之乱，柔福帝姬随北狩。建炎四年，有女子诣阙称为柔福自北潜归。诏遣老宫人视之，其貌良是。问宫禁旧事，略能言仿佛，但以足长大疑之。女子颦蹙曰：“金人驱逐如牛羊，跣行万里，宁复故态哉？”上恻然不疑，即诏入宫，授福国长公主，下降高世荣。汪龙溪行制词云：“彭城方急，鲁元尝困于面驰。江左既兴，益寿宜充于禁脔。”资妆一万八千缗。绍兴十二年，显仁太后回銮，言柔福死沙漠久矣。始执付诏狱。讯状，乃一女巫也。尝遇一宫婢谓之曰：“子貌甚类柔福。”因告以宫掖秘事，教之为诈。遂伏诛。前后请给赐赉计四十七万九千缗。古今事未尝无对。成方遂遇隽不疑，故其诈不行；此女巫若非显仁之归，富贵终身矣。

绍兴间，一郎官疏荡不检。一朝士与之善。朝士家有数妓，客至必出以侑酒。郎官者与一妓私相悦慕，而未得间。一日，郎官折简寄妓，与为私约。朝士适见之，妓不敢隐，具言其故。朝士曰：“然则非尔之过，当为尔辈一笑资。姑答简与之，期以来夕密会于西厢，且云主人适有故之城外，越日乃归。此机不可失。”郎官得简，喜不自胜，如期赴之。妓已先待于会所，引入屏后曲房。妓先登榻垂幔，命郎官解衣而登。暨前褰幔，则妓已自榻后潜去。朝士者方偃卧榻上，瞠目视之。郎官裸露，惶遽欲走，则门已闭。朝士谩为好辞谑之曰：“与公厚善，何为如此？妓女鄙陋，不足奉君子之欢，已遣归矣。惟公勿讶。”徐起复曰：“某家使令稍众，不略相惩，彼将观望，无所畏惮。”乃呼群仆掖之于柱，以巨竹挺挞之二十，流血及髁，呼服谢罪。复谓曰：“与公素善，故不欲闻官。薄示庭训，亦不泄于他人也。”乃遣出，亦不与衣。其人狼狈遁还。明日朝路，亦复相见如故云。

绍兴中，刘光世在淮西，军无纪律。张魏公为都督，奏罢之，命参谋吕祉往庐州节制。光世颇得军心，祉儒者不知变，绳束顿严，诸军愤怨。统制郦琼率众缚祉，渡淮归刘豫。魏公方宴僚佐，报忽至，满座失色。公意气如常，徐曰：“此有说，第恐事泄耳。”因乐饮至夜分，乃为蜡书，遣死士持遗琼，言事可成，成之不可速，全军以归。金人得书疑琼，分隶其众困苦之，边赖以安。南轩言：“符离之役，诸军皆溃，惟存帐下千人。某终夕彷徨，而先君方熟寝，鼻息如雷。”

何氏《备史》云：张魏公素轻锐喜功，好合虚誉，专以金帛官爵相牢笼，无所靳惜。士之贪利嗜进者争趋之。厥嗣南轩复以道学倡，父子为当时宗主。在朝通要，并出其门，悉自诡为君子，举世无敢訾贬者。淮西郦琼之叛，公论沸腾，言路不得已，遂疏其罪。既而并逐言者于外。及符离军溃，国家数十年所积资械，荡弃无余。方且甘寝晏然，称是心学，然当万众崩解时，一人心法遽能收拾否？大抵一时党佞成风，掩恶掩美，亦何可尽言也。

绍兴间，有代北人卫校尉者，从襄汉来。时杨和王为殿前帅，曩在行伍中，与结义为兄弟。首往投谒，杨一见欢如平生，仍事以兄礼，且令夫人出拜，复招饮于堂。款曲殷勤，而不问其所向。两日后忽浸疏之，来则见于外室。卫雅意以为杨方得路，志在一官，故百舍间关赴之，至是大失望。栖泊过半年，疑为人所嫉谮，乃告辞。又不得通，或教使伺其入朝回，遮道陈状，杨亦略不与语。判状尾云："执就常州，于本府某庄内支钱一百贯。"卫愈不乐。念已无可奈何，倘得钱尚可治归装，而一身从北来，何由访杨庄所在？正彷徨旅邸，遇一客，自云是程副将，谓之曰："无庸忧。吾将往常润，当陪君往。"奉为取之。既得钱，相从累日，情好无间，遂密语之曰："吾实欲游中原，君能扶我偕往否？"卫欣然许之。迤逦抵长安，入河东，以至代郡。倩卫买田，我欲作一窟于此。卫使牙侩为寻置。无何，得膏腴千亩。卫治具待程，程亦报席，久之乃言曰："吾本无意于斯，此行尽出杨相公处分。初虑公贪小利，轻舍乡里。当今兵革不用，非展奋功名之秋，故遣我相追随，为办生计。所买良田，已悉作卫氏，各敬以相付。"于是悉取契券付之。厥值万缗，黯然而别。其事甚类苏秦舍人之资给张仪也。

和王第六女，性极贤淑。适向子丰，居于霅，未有所育，王甚念之。一日向妾得男，杨氏使秘之以为己出，且亟报王。正喜甚，即请告，命轻舟往视之。向氏闻王来，窘甚，无策以泥其行。时王以保宁、昭庆两镇领殿岩，于湖为本镇，乃使人讽郡将往迓之，并属櫜鞬，伺于界首。王初以人不知其来，及闻官吏郊迎，深恐劳烦生事，遂中道而返。因厚以金缯花果遗其女，且拨吴门良田千亩以为粥米，故向氏有昆山粥米庄云。

殿帅杨存中，有所亲爱吏，平居赐予无算。一旦无故，怒而逐之。吏莫知得罪之由，泣拜辞去。存中曰：“无事莫来见我。”吏悟其意。归以厚赀，俾其子入台中为吏。居无何，御史欲论存中干没军中粪钱十万余。其子闻知告其父，其父奔告存中，存中即具札奏言：“军中有粪钱若干，椿管某处，惟朝廷所用。”不数日，御史果以为言，高宗出存中札示之，御史坐妄言被黜，而存中之眷日隆。逐吏亦兵法之余智也。

秦桧当国，京下忽缺现钱，市间颇皇皇。忽一日，秦相呼一镊工栉发，以五千当二钱犒之。谕曰：“此钱数日有旨不使，可早使也。”镊工遂与外人言之。不三日，京下现钱顿出。一云：“民间以乏现镪告，货壅莫售，日嚣而争。”京尹曹泳以白桧，桧笑曰：“易耳。”即席命召文思院官，未至，趋者络绎，奔而来。亟谕之曰：“适得旨欲变钱法，烦公依旧夹锡样铸一缗。将以进入，尽废现镪不用。约以翼午毕事。”院官唯而退，夜呼工鞲液将以及期。富家闻之大窘，尽辇宿藏，争取金粟，物价大昂，泉溢于市。既而样上省，寂无所闻矣。都堂左揆阁前有榴，每着实，桧默数焉。忽亡其二，不之问。一日将排马，忽顾谓左右，取斧伐树。有亲吏在旁仓卒对曰：“实甚佳，去之可惜。”桧反顾曰：“汝盗吾榴。”吏叩头服。

文彦博知永兴军，舍人毋湜，鄠人也。上言陕西铁钱不便于民，乞一切废之。朝廷虽不从，其乡人多知之。市以铁钱买物者不肯受，长安为之乱，民多闭肆。僚属请禁之，彦博曰：“如此，是愈使扰也。”召丝绢行人佃其家缣帛数百匹使卖之。曰：“纳其直尽以铁钱，勿以铜钱也。”于是众晓然知铁钱不费，市肆遂安。

秦桧之当国，四方馈遗日至。方务德帅广东，为蜡炬，以众香实其中。选驶卒持诣相府，厚遗主藏吏，期必达，吏使候命。一日宴客，吏白烛尽，适广东方经略送烛一篚，未敢启，命取用之。俄而异香满座，察之，则自烛中出也。亟命藏其余枚，数之适得四十九。呼来卒问故，曰："经略专造此烛供献，仅五十条。既成恐不佳，试爇其一，不敢以他烛充数。"秦大喜，以为奉己之专，待方益厚。郑仲为蜀宣抚，格天阁毕工，郑书适至，遗锦地衣一铺。秦命铺阁上，广狭无尺寸差，秦默然不乐。郑竟失志。

秦桧之夫人尝入禁中，显仁太后言近日子鱼大者绝少。夫人对曰："妾家有之，当以百尾进。"归告桧，桧咎其失言。与其馆客谋，进青鱼百尾。显仁抚掌笑曰："我道这婆子村，果然。"盖青鱼似子鱼而非，特差大尔。桧之奸，盖有鉴于刘宋彭城王义康东府进柑，大于供御故事耳。

秦桧自遭施全狙刺之后，常独处一阁，虽奴仆非命不敢辄入。季年违豫，三衙杨存中成闵赵密往问疾，召入室中，款语久之。言及近日表勋酒颇佳。表勋，乃赐酒名也。各赠两器，皆降阶谢。复坐，顾无仆使，自携出室。此亦寓驾驭之意。

葛天民，字无怀。初为僧，名义铦，号朴翁。后返初服，居西湖上。交游皆名胜士。有二侍姬：一名如梦，一名如幻。一日天大寒，方拥炉煎茶，忽有皂衣闯户，将大珰张知省之命，即水张太尉也。招之至总宜园，清坐高谈竟日。雪甚寒剧，且腹馁甚。张初不言相招，乃似葛自来相访，惟茶话，不设杯酌。

延论至晚，一揖而别。天民大恚步归，悔为皂衣绐辱。抵家，见庭户间罗列筐篚布囊楮帛薪炭米酒肴品，以至香药适用之物，充牣于前。盖此珰欲馈是物，故先戏之，使怒而复喜耳。

华亭金山庙濒海，乃汉霍将军祠。相传云：当钱武肃霸吴越时，尝以阴兵致助，故崇建灵宫。淳熙末，县人因时节竞集，一巫方焚香启祝，唱说福沴。钱寺正家干沈晖者，独不生信心，语谑玩侮。所善交相劝止，恐其掇祸。巫宣言詈责甚苦，晖正与争辨，俄踉跄仆地，涎流于外，若厥晕然。从仆奔告其家，妻子来视，拜巫乞命。巫曰："悔谢不早，神已盛怒，既执录精魂付北酆。死在顷刻，不可救矣。"妻子彷徨无计，但拊尸泣守。晖忽奋身起，旁人惊散，谓强魂所驱。沈笑曰："我故戏诸人耳，初无所睹也。"巫悚然潜遁。阖庙之人亦舍去。

京师闾阎多信女巫。有武人陈五者，厌其家崇信之笃，莫能治。一日含青李于腮，绐家人疮肿痛甚，不食而卧者竟日。其妻妾忧甚，召女巫治之。巫降，谓五所患是名疔疮。以其素不敬神，神不与救。家人罗拜恳祈，然后许之。五佯作呻吟甚急，语家人云："必得神师入视救我可也。"巫入按视，五乃从容吐青李视之。捽巫批其颊，而出之门外。自是家人无信崇者。

韩彦古，字子师。诡谲任数，处性不常。尹京日，范仲西叔为谏议大夫，阜陵眷之，大用有日矣。范素恶韩，将奏黜之。语颇泄，韩窘甚，思所以中之。范门清峻，无间可入。乃以白玉为小合，满贮大北珠，缄封于大合中，厚赂铃下老兵，使因间通之。范大怒，叱使持去。时有所爱妾在旁，怪其奁大而轻，试启观之，则见玉合，益怪之。方复取视，玉滑而珠圆，分迸四出，失手堕地，合既碎，益不可收拾。范见而益怒，自起捽妾之冠，而气中仆地，竟不起。其无状至此，李仁甫焘，亦恶其为人，弗与交。请谒尝瞰其亡。一日知其出，往见之，则实未尝出也。既见，韩延入书室而请曰：“平日欲一攀屈而不能，今幸见临，姑解衣盘礴可也。”仁甫辞再三不获，遂为强留。室有二厨贮书，牙签黄袱，扃护甚严。仁甫问此为何书，答曰：“先人在军中日，得于北方，盖本朝野史编年成书者。”是时仁甫方修此编既成，有诏临安给笔札，就其家缮录以进，而卷帙浩博，未见端绪。彦古尝欲略观不可得。至是仁甫闻其言，亟欲得见之，则曰：“家所秘藏，将即进呈，不可他示也。”李益窘。再四致祷，乃曰：“且为某饮酒，续当以呈。”李于是为尽量，每杯行辄请，至酒罢，笑谓仁甫曰：“前言戏之耳。此即公所著长编也。已为用佳纸作副本装治，就以奉纳，便可进御矣。”李视之，信然。盖阴戒书吏传录，每一板酬千钱。吏畏其威，利其偿，辄先录送韩所，故李未成帙，而韩已得全书矣。仁甫虽愤愧不平，而亦幸蒙其成，竟用以进。其怙富玩世狡猾每若此。

宁宗恭淑皇后崩，中宫未有所属。杨贵妃与曹美人俱有宠。韩侂胄见妃任权术，忌之，而曹性柔顺，劝帝立曹。妃性复机警，各设席以邀羊车，欲决此举。二阁皆同日，杨固逊曹使朝，而己候于夜。曹不悟。逮旰，酒甫一再行，曹未及有请，则杨已奏肃帝辇矣。上遂起至杨所，则得从容，且留寝，故能舐笔展纸以请奎章。上醉，即书贵妃杨氏可立为皇后。付外施行，而长秋复进笔，乞又书其一，付其兄次山。逮晓，双出之。中贵所受者未至省，而次山已持御笔自白庙堂矣。盖后虑韩匿上批，事或中变，故两行之，使不可遏耳。

杨后，会稽人。其母张氏，旧隶德寿乐部。诞后东朝禁中，自是养于宫中，既久，新乐纯熟。所生母还民间，后在杨才人位下，以琵琶隶慈福宫，举动当太后意。宁宗朝长信宫，悦之。后宪圣以赐宁宗，进位为婕妤。后丑其母家，会有杨次山者，亦会稽人，后自谓其兄也，遂姓杨氏。

颐　养

采药且寻苍耳，休粮岂羡赤松。熊之经吸新吐故，禽之戏便体轻踪。不化丁公鹤，其犹老氏龙。集颐养。

东坡云：养生之方，以胎息为本。此固不刊之语，更无可议。但以气若不闭，任其出入，则渺绵滉漭，无卓然近效。待其兀然自住，恐终无此期。若闭而留之，不过三五十息。奔突而出，虽有微暖养下丹田，此一于迂抉，非延世之术。近日沉思，似有所得。盖因看孙真人养生门中《调气》第五篇，反复寻究，恐是如此。其略曰："和神之道，当得密室，闭户安床暖席。枕高二寸半，正身偃仆，瞑目。闭气于胸膈间，以鸿毛着鼻上而不动，经三百息。耳无所闻，目无所见，心无所思，则寒暑不能侵，蜂虿不能毒。寿三百六十岁。"此邻于真也。此一段要诀，且静心细意，字字研究看。既云闭气于胸膈中，令鼻端鸿毛不动。初学之人，安能持三百息之久哉？恐是原不闭鼻中气，只是意坚守此气于胸膈中。令出入息似动不动，氤氲缥缈，如香炉盖上烟，汤饼嘴上气，自在出入。无呼吸之重烦，则鸿毛可以不动。若心不起念，虽过三百息可也。仍须一切依此本诀，卧而为之，仍须真以鸿毛粘着鼻端，以意守气于胸中。遇欲吸时，不免微吸，及其呼时，不免微呼。但任其氤氲缥缈，微微自出。出尽气平，则又吸入。如此出入原不断，而鸿毛自不动，动亦极微。觉其极微动，则又加意则勒之，以不动为度。虽云则勒，然终不闭。至数百息，出者多，则内守充盛，血脉流通，下相灌输，而生理备矣。余悟此玄意，甚以为奇。又记张安道《养生诀》云，此法此之服药，其力百倍，非言语所能形容。其诀大略具于右：以子时后（三更三四点至五更以来）披衣坐（床上拥被坐亦可），面东或南，盘足坐，叩齿三十六通。握固（两母指捏第三指手文，或以四指都握母指。两手拄腰腹间亦可）闭息（闭息最是道家要妙，先须闭目静虑，除灭妄想，使心源湛然，诸念不起。自觉出入调均微细，即闭口并鼻，不令出气，方是工夫也。）内视五脏，肺白肝青脾黄心赤肾黑（当先求五脏图，或烟萝子之类，常挂壁上，使目常熟识五脏六腑之形状也）。次想心为光明洞彻，入下丹田（丹田在脐下三寸是）。时腹满气极，则徐徐出气（不得令耳闻声）。候出息均调，即以舌搅唇齿内外，漱炼津液（若有鼻涕，亦须漱炼，不可嫌其秽。漱炼良久，自然甘美。即此真气也），未得咽下。复前法闭息观，纳心丹田，调息漱津，皆依前法。如此者三，津液满口，即低头咽下丹田中。须用意精猛，令津与气谷谷然有声，径入丹田中。又依前法为之，凡九闭息，三咽津而止。然后以左右手热摩两脚心（此涌泉空彻顶门气诀之妙），及脐下腰脊间，皆令热彻（徐徐摩手微汗，不可力，不可喘）。次以两手摩熨眼面耳顶皆令极热，仍按捏鼻左右五七次，梳头百余梳。散发而卧，熟寝分明。上其法至简易，惟在常久不废，即有深功。且试行二十日，精神便自不同，觉脐下实热，脚力轻快，面目有光。久之不已，去仙不远。但当存闭息，使渐能持久。以脉候之，五至一息。某近来闭渐久，每一闭一百二十至而开，盖已闭得二十余息也。又不可强闭多时，使气错乱，或奔突而出，则反为害也。慎之慎之！又须常节晚食，令腹中宽虚，气得回转。昼日无事，亦得闭目内观，漱炼津液咽之。

摩熨耳面，以助真气。但清静为法，专一易见功矣。神仙至术，不可学者三：一愤躁；二阴险；三贪欲。

道家胎息之法，以元牝为鼻。鼻者，气之所由出入以为息也。《佛藏》中有《安般守意》，经云：其法始于调身简息。以为凡出入鼻中而有声者，风也。虽无声而结滞，犹粗悍而不细者，气也。去是二者，乃谓之息。然后自鼻端至脐下，一二数之至于十，周而复始，则有所系而趋于定。则又数，以心随息，听其出入。如是反复调和，一定而不可乱，则生灭道断，一切三昧，无不现前。道士陈彦真，常教人令常寄其心，纳之脐中。想心火烈烈，下注丹田。如是坐卧起居不废，行之既久，觉脐腹间如火，则旧疾尽除矣。

东坡谓李方叔与李祉言曰："某生平于寝寐时，自得三昧。吾初睡时，且于床上安置四体，无一不稳处。有一未稳，须再安排令稳。既稳或有些小倦痛处，略按摩讫，便瞑目听息。既匀直宜用严整其天君。四体虽复有痾痒，亦不可少有蠕动，务在定心胜之。如此食顷，则四肢百骸，无不和通。睡思既至，虽寐不昏。吾每日须于五更初起，栉发数百，颓面尽。服裳衣毕，须于一净榻上再用此法，假寐数刻。其味甚美无涯，通夕之味殆非可比。平明吏徒既集，一呼即兴，冠带上马，率以为常。二君试用吾法，自当识其趣，慎无以语人也。天下之理，能戒然后能慧，盖慧性圆通，必从戒谨中入。未有天君不严，而能觉悟圆通者，此也。二君试识之。"

东坡云："岭南天气卑陋，气蒸溽，而海南尤甚。秋夏之交，物无不腐坏者。人非金石，其何以能久？然儋耳颇有老人，百有余岁者往往皆是，八九十岁者不论也，乃知寿夭无定。习而安之，则冰蚕火鼠，皆可以生。吾当湛然无思，寓此觉于物表，使折胶之寒无所施其冽，流金之暑无所措其毒。百余岁何足道哉！彼愚老人初不知此，特如蚕鼠生于其中，兀然受之而已。一呼之温，一吸之凉，相续亡有间断，虽长生可也。庄子曰：'天之穿之，日夜无间。人则固塞其窦。'岂不然哉！九月二十七日秋霖不已，顾视帏帐间有蝼蚁，帐已腐烂。感叹不已，信手书此。时戊寅岁也。"

孟子曰："养心莫善于寡欲。"老子曰："不见可欲，使心不动。"圣贤拳拳然以欲为害道，可不慎乎？刘元城南迁日，尝求教于涑水翁曰："闻南地多瘴，设有疾以贻亲忧，奈何？"翁教以绝欲少疾。元城时盛年，乃毅然持戒惟谨。赵清献、张乖崖至抚剑自誓，甚至以父母影像设之帐中，盖遣欲之难如此。坡翁亦云："服气养生，难在去欲。"苏子卿啮雪啖毡，蹈背出血，无一语少屈，可谓了然生死之际，然不免与胡妇生子。穷海之上且如此，况洞房绮纨之下乎？乃知此事未易消除。香山翁佛地位人，晚年病风放妓，犹赋不能忘情吟。王处仲凶悖小人，知体敝于色，乃能一旦感悟，开阁放妓。盖天下事勇决为之，乃可进道。

坡公云："前日与欧阳叔弼、晁无咎、张文潜同在戒坛，予病目昏，将以热水洗之。文潜曰：'目忌点洗。目有病当存之，齿有病当劳之，不可同也。'又记鲁直语云：'治目当如治民，治齿当如治军。治民当如曹参之治齐，治军当如商鞅之治秦。'颇有理，故追录之。"

晁文元公年四十始娶，前此未尝知有女色。早从刘海蟾，自言得长生之术。六十后即兼穷佛理。尝闻天乐和雅之音，有不可胜言者。自见其形，每每在前。既久而加小，类数寸，不违眉睫之间。此恐是所得于海蟾者。

弁阳老人曰："饱食缓行初睡觉，一瓯新茗侍儿煎。脱巾斜倚绳床坐，风送水声来耳边。"丁崖州诗也。"细书妨老读，长簟惬昏眠。取簟且一息，抛书还少年。"半山翁诗也。"相对蒲团睡味长，主人与客两相忘。须臾客去主人觉，一半西窗无夕阳。"放翁诗也。"读书已觉眉棱重，就枕方欣骨节和。睡起不知天早晚，西窗斜日已无多。"吴僧有规诗也。"老读文书兴易阑，须知养病不如闲。竹床瓦枕虚堂上，卧看江南雨后山。"吕荥阳诗也。"纸屏瓦枕竹方床，手倦抛书午梦长。睡起莞然成独笑，数声渔笛在沧浪。"蔡持正诗也。余习懒成癖，每遇暑，昼必须偃息。客有嘲孝先者，必哦此以自解，然每苦枕热，展转数四。后见前辈言荆公嗜睡，夏月常用方枕。或问何意，曰："睡久气蒸枕热，则转一方冷处。"此非真知睡味，未易语此也。杜牧有睡癖，夏侯隐号睡仙，其亦知此乎？又云："花竹幽窗午梦长，此中与世暂相忘。华山处士如容见，不觅仙方觅睡方。"然则睡亦有方耶？希夷之说，不过谓举世以为息魂离神不动耳。《遗教经》有"烦恼毒蛇，睡在汝心。睡蛇既出，乃可安眠"之说。近世西山蔡季通有睡诀云："睡侧而屈，觉正而伸；早晚以时；先睡心，后睡眼。"晦庵以为此古今未发之妙，然睡心睡眼之语，本出《千金方》，季通特引之耳。

郑宗望《蒙斋笔谈》云：余中年少睡，盖老人之常，无足怪者。每夜寐过分，辄不能再睡，展转一榻间。胸中既无纤尘，颇觉心志和悦，神宇凝静，有不能名者，时闻鼠啮唧唧有声，亦是一乐事。当门老仆鼻如雷，间亦为呓语，或悲，或喜，或歌，听之为启齿。意其亦必自以为得，而余不得与也。昔在颍州时，居后圃三间小屋，旁无与邻，左右惟一黥。意况已如此，尝有诗云："城头晓漏已丁丁，窗间落月却未明。衡阳归雁过欲尽，汝南荒鸡初一鸣。悠悠断梦了不记，草草微吟还独成。人生得意须几许，一睡稍足无余情。"迨今四十年了无异者。每自料非世间享福人，平生大得志处，不过如是耳。佛与波斯匿王论见恒河性，有味其言也。护圣杨老说："被当令正方，则或坐或睡，更不须觅枝头。"此言大是。又云："平旦粥后就枕，粥在腹中，暖而宜睡。天下第一乐也。"

官中隐士骆耕文道，常言修养之士，当书月令置坐左右。夏至宜节嗜欲，冬至宜禁嗜欲，盖一阳初生，其气微矣。如草木萌生，易于伤伐，故当禁之，不特节也。且嗜欲四时皆损人，但冬夏二至，阴阳相争之时，大损人耳。仆曰："不独月令如此。"唐柳公度年八十，有强力。人问其术，对曰："吾生平未尝以脾胃熟生物，暖冷物，以元气佐喜怒。此亦可为座右铭也。"耕道曰："然。"

李博，宣和间仕大府卿，因职事陛对。徽宗问曰："知卿年弥高而色不衰。中外称卿有内丹之术，可具术以进?"博曰："陛下盛德广渊，睿智日新，学有缉熙于光明。臣虽不学，敢以诚对，谨领圣训。容臣具术以进。"明日乃进曰："臣闻内观所以存其心也，外观所以养其气也。存其心，养其气，则真火炉鼎日炎，神水革池日盛矣。长生久视，上下与天地同流，天道运而不积。圣人知而行之，大道甚易。知其易，行以简；以简易而天下之理得也。人之所恃以生者，气也。气住则神住，神住则形住，形住则长生久视，自此始矣。盖日月运转，寒暑往来，天地所以长久；吹嘘呼吸，吐故纳新，真人所以治世。故丹元子曰：‘形以神住，神以气集，气体之充也。’形，神之舍也。气实则成，气虚则敚，气住则生，气耗则灭。此广成子所以保气，而烟萝子所以炼气也。然则一言而尽保炼之妙者，其惟咽纳乎？故曰：‘一咽二咽，云蒸雨至。三咽四咽，内景充实。七咽九咽，心火下降，肾水上升。水火既济，则内丹成。可以已疾，可以保生，可以延年，可以超升。’臣谨删其繁紊，撮其枢要，直书其妙，以著于篇。上篇曰《进火候》。每日子后午前，若于五更初阳盛时尤佳。就坐榻上，面东或南，握固盘足，合目主腰而坐。澄心静虑，内藏五藏，仰面合口，鼻中引出清气。气极则生，要而咽之。每一咽，缩谷道一缩，再引则再如之，至再至三。若气极不能任，则低头微开口以吹，宁出勿令耳闻出气之声。如此凡三次，是为进火一周天。俟气调匀，然后行水。下篇曰《行水候》。进火鼻中取鼻涕，口中取液，聚为一处，多多益办。俟甘而热，即闭口仰面亚腰，左顾一咽，正中一咽。分三咽而下，内想一直下丹田。每一咽亦缩谷道一缩。如此一遍，是为行水一周天。每进火行水毕，然后下榻，行履自如。后叙曰：‘五行水火为初，人生水火为急。’此是极易之要法，上夺天地造化。学道修真之士，初行顿觉脐下如火，饮食添进，四肢轻快。是其验也。行而久之，则发白再黑，齿落重生。精神全具，复归婴儿。寒暑不能侵，鬼神不能寇。千二百岁，寿比彭老，渐为真人矣。”徽宗见而嘉纳之。梁师成录其说以示人，乃简易之道，第行之者不能悠久耳。或曰：“虞谟君明修养有得，亦只行此法也。”

唐仲俊年八十五六，极康宁。自言少时因读《千字文》有所悟，谓心动神疲四字也。平生遇事未尝动心，故老而不衰。

导引家云："心不离田，手不离宅。"此语极有理。又云："真人之心如珠在渊，众人之心如泡在水。"此善譬喻者。

叶石林曰："天下真理，日见于前，未尝不昭然与人相接。但人役于外，与之俱驰，自不见耳。惟静者乃能得之。余少尝与方士论养生，因及子午气升降。累数百言，犹有秘而不肯与众共者。有道人守荣在旁笑曰：'此何难，吾尝坐禅至静定之极，每子午觉气之升降，往来于腹中，如饥饱有常节。吾岂知许事乎？惟心内外无一物耳，非止气也。'凡寒暑燥湿有犯于外而欲为疾者，亦未尝悠然不逆知其萌。余长而验之，知其不诬也。在山居久，见老农候雨旸十中七八。问之，无他，曰：'所更多耳。'问市人则不知也。余无事常早起，每旦必步户外，往往僮仆皆未兴。其中既洞然无事，仰观云物景象，与山川草木之秀，而志其一日为阴为晴，为风为霜，为寒为温，亦未尝不十中七八。老农以所更，吾以所见，其理一也。乃知惟一静，大可以察天地，近可以候一身，而况理之至者乎？"

丰城李仲武，尝言丹徒令以捕寇徙官。令初尉临海，得寇魁，年八十，筋力绝人，盛寒卧地饮冰了不畏，人皆妖妄疑之。既就捕，令讯无他，自言："年三十许时，有道人告云：'凡物经火乃能寿，土赴水即溃。为瓦砾乃至千年，木仆地即朽，炭之埋没更坚致，人之灼艾犹是也。'用其语，岁灸丹田百炷，行之盖四十余年矣。"盗既坐弃市，令密使人决其腹视之，有白膜总于脐。脐若芙蕖状，披之凡数十重。岂一岁一膜耶？

闲 情

娇嗔诟谇，极妍尽态。乡入温柔，卿缘亲爱。非之云英，岂皆天妹。高人玷璧，只赋闲情。才士香奁，偏吟粉黛。疏记裙钗，鉴昭环佩。彤管采风，于是乎在。集闲情。

李煜在国，微行娼家。遇一僧张席，煜遂为不速之客。僧酒令讴吟吹弹，莫不高了。见煜明俊酝藉，甚契合，相爱重。煜乘醉大书右壁曰："浅斟低唱，偎红倚翠大师；鸳鸯寺主，传持风流教法。"久之，僧拥妓之屏帷。煜徐步而出，僧妓竟不知。煜尝密谕徐铉，铉言于所亲焉。

宋子京多内宠，后庭曳绮罗者甚众。尝宴于锦江，偶微寒，命取半臂，诸婢各送一枚，凡十余枚俱至。子京视之茫然，恐有厚薄之嫌，竟不敢服，忍冻而归。

颍妓曹苏奇，往岁与悦己者密约相从，而其母禁之至苦，不胜抑悒。以盛春美景，邀同约者联骑出城，登高冢相对恸哭，既而酣饮。诸客闻之，赏其旷绝于流辈。晏元献闻之，为戏题绝句曰："苏奇风味逼天真，恐是文君向上人。何日九原芳草绿，大家携酒哭青春。"

丁讽病废，常令两妓女挟侍。见客于堂中，讽以好色致疾。既废无赖，益求妙年殊质以厌其心。客至不能送，令一婢子送至中门，曰谢访。以故宾客之至者加多，乃数倍于未病时。

欧阳永叔任西京留守推官时，亲一妓。钱文僖一日开宴，客集而永叔与妓俱不至。移时方来，公责妓曰："未至，何也?"妓曰："患暑往凉堂睡着，觉失金钗，竟未觅得。"公曰："得欧阳推官一词，当为偿汝。"永叔即席云："柳外轻雷池上雨，雨声滴碎荷声。小楼西角断虹明，阑干倚遍，待得月华生。○燕子飞来栖画栋，玉钩垂下帘旌。凉波不动簟纹平，水晶双枕，傍有堕钗横。"坐客皆称善。遂命妓满酌赏永叔，而令公库偿钗。

欧阳公坐甥女事，谪知滁州。时刘辉挟省闱见黜之恨，作《醉蓬莱》词以丑之。其事之诬，不待辨也。然世所传甥适张氏，夫死，携孤女归父家，年方七岁。公见而笑曰："年方七岁，正是学簸钱时也。"公有辞云："江南柳，叶小未成阴。人为丝轻那忍折，莺怜枝嫩不胜吟，留取待春深。○十四五，闲抱琵琶寻。堂上簸钱堂下走，恁时相见已留心，何况到如今。"此词载钱氏私志。当是钱世昭因公《五代史》中多毁吴越，故假作以污之耳。

欧公闲居汝阴时，二妓甚颖而文，公歌词尽记之。筵上戏约，他年当来作守。后数年，公自维扬果移汝阴，其人已不复见矣。视事之明日，饮同官湖上，种黄杨树子。有诗留撷芳亭云："柳絮已将春色去，海棠应恨我来迟。"后三十年，东坡作守，见诗笑曰："杜牧之'绿叶成阴'之句耶。"

王都尉晋卿诜，既丧蜀国，贬均州，姬侍尽逐。有歌者号啭春莺，色艺双绝。平居属念，不知流落何许。后二年内徙汝阴，过许昌市旁小楼，闻泣声甚怨，晋卿异之，问，乃啭春莺也。恨不可复得，因赋一联云：“美人已属沙叱利，义士今无古押衙。”晋卿每话此事，客有足其章者，晋卿览之尤怆然，其词云：“几年流落在天涯，万里归来两鬓华。翠袖香残空浥泪，青楼云渺定谁家。佳人已属沙叱利，义士今无古押衙。回首音尘两沉绝，春莺休啭沁园花。”（啭春莺为密县马氏所得，后晋卿还朝寻访微知之，作诗云云。此云过许昌见之，传讹也。）

范文正公守鄱阳郡，创庆朔堂，而妓籍中有小鬟妓尚幼，公颇属意。既去，以诗寄魏介曰：“庆朔堂前花自栽，便携官去未曾开。年年长有别离恨，已托东风干当来。”介因鬻以遗公。今州治有石刻。

司马才仲初在洛下，昼寝，梦一美姝牵帷而歌曰：“妾本钱塘江上住，花落花开，不管流年度。燕子衔将春色去，纱窗几阵黄梅雨。”才仲爱其词，因询曲名，云是《黄金缕》，且曰后日相见于钱塘江上。及才仲以东坡先生荐，应制举中等，遂为钱塘幕官。其廨舍后堂，乃苏小小墓在焉。时秦少章为钱塘尉，续其词后云：“斜插犀梳云半吐，檀板轻敲，唱彻黄金缕。梦断彩云无觅处，夜凉明月生南浦。”不逾年而才仲得疾。所乘画舫，舣泊河塘。柁工遽见才仲携一丽人登舟，即前声喏，继而火起。舟人狼狈走报，家已恸哭矣。

蜀路泥溪驿，天圣中，有女郎卢氏者，随父往汉州作县令。归题于驿舍之壁，其序略云：“登山临水，不废于讴吟。易羽移商，聊纾于羁思。因成《凤栖梧》一曲，书之驿壁。后之君子览之者，无以妇人窃弄翰为罪。”词曰：“蜀道青天烟霭翳，帝里繁华，迢递何时至。回望锦川挥粉泪，凤钗斜亸乌云腻。○细带双垂金缕，玉佩珠珰，露滴寒如水。从此鸾妆添远意，画眉学得遥山翠。”

晁无咎谪玉山，过徐州。时陈无已废居里中，无咎置酒，出小姬娉娉舞梁州。无已作《减字木兰花》云：“娉娉袅袅，芍药梢头红样小。舞袖低徊，心到郎边客已知。○金尊玉酒，劝我花间千万寿。莫莫休休，白发簪花我自羞。”无咎叹曰：“人疑宋开府《梅花赋》，清艳不类其为人。无已此词，过于《梅花赋》矣。”

长沙义妓者，不知其姓氏，善讴。尤喜秦少游乐府，得一篇辄手笔口哦不置。久之，少游坐钩党南迁，道经长沙，访潭土风俗、妓籍中可与言者。或举妓，遂往访。少游初以潭去京师数千里，其俗山獠陋劣，虽闻妓名，意甚易之。及睹其姿容既美，而所居复潇洒可人，即京洛间亦未易得，咄咄称异。坐语间，见几上文一编，就视之，目曰秦学士词。因取阅，皆已平日所作者，环视无他文。少游窃怪之，故问曰：“秦学士何人也?”妓不知即少游，具道其才品。少游曰：“能歌乎?”曰：“素所习也。”少游益怪之曰：“乐府名家，无虑数百，若何独爱此? 不惟爱之，而又习之歌之，似情有独钟者。彼秦学士亦尝遇若乎?”曰：“妾僻陋在此，彼秦学士京师贵人，焉得至此? 即至此，岂顾妾哉?”少游乃戏曰：“若爱秦学士，徒悦其词耳。使亲见其貌，未必然也。”妓叹曰：“嗟乎！使得见秦学士，虽为之妾御，死复何恨!”少游察其诚，因谓曰：“若果欲见之，即我是也。以贬黜道经于此。”妓大惊，色若不怿者。

稍稍引退，入告母媪。媪出，设位坐少游于堂。妓冠帔立堂下，北面拜。少游起且避，媪掖之坐以受。拜已乃张筵饮，虚左席，示不敢抗。母子左右侍觞，酒一行，率歌少游词一阕以侑之。饮卒甚欢，比夜乃罢。止少游宿，衾枕席褥必躬设。夜分寝定，妓乃寝。平明，先起，饰冠帔，奉沃匜，立帐外以俟。少游感其意，为留数日。妓不敢以燕惰见，愈加敬礼。将别嘱曰："妾不肖之身，幸侍左右。今学士以王命不可久留，妾惧贻累，又不敢从行，惟誓洁身以报。他日北归，幸一过妾，妾愿毕矣。"少游许之。一别数年，少游竟死于藤。妓自与少游别，闭门谢客，独与媪处。官府有召，辞不获然后往，誓不失身以负少游。一日昼寝寤，惊曰："吾与秦学士别，未尝见梦。今梦来别，非吉兆也。"亟遣仆沿途觇之。数日得报，乃谓媪曰："吾昔以此身许秦学士，今不可以死故背之。"遂衰服以赴，行数百里，遇于旅馆。将入，门者御焉，告之故而后入。临其丧，拊棺绕之三周，举声一号而绝。左右惊救之，已死矣。

秦少游侍儿朝华，姓边氏，京师人，元祐癸酉纳之。尝为诗云："天风吹月入阑干，乌鹊无声子夜闲。织女明星来枕上，了知身不在人间。"时朝华年十九。后三年，少游欲修真断世缘，遂遣归父母家，以金帛嫁之。朝华临别，涕泣不已。少游作诗云："月雾茫茫晓柝悲，玉人挥手断肠时。不须重向灯前泣，百岁终当一别离。"朝华既去二十余日，使其父来云："不愿嫁，却乞归。"少游怜而复取归。明年，少游出倅钱塘，至淮上，因与道友议论，叹流光之遄速。谓朝华曰："汝不去，吾不得修真矣。"亟使人走京师呼其父来，遣随去。复作诗云："玉人前去却重来，此度分携更不回。肠断龟山别离处，夕阳孤塔自崔巍。"时绍圣元年五月十一日。少游尝手书记其事，未几遂窜南荒。

张文潜初官通许，喜营妓刘淑女，为作诗曰："可是相逢意便深，为郎巧笑不须金。门前一尺春风髻，窗外三更夜雨衾。别燕从教灯见泪，夜船惟有月知心。东西芳草浑相似，欲望高楼何处寻。"又云："未说蛸蛴如素领，固应新月学蛾眉。引成密约因言笑，认得真情是别离。尊酒且倾浓琥珀，泪痕更着旧胭脂。北城月落乌啼夜，便是孤舟肠断时。"

刘贡父知长安，妓有茶娇者，以色慧称，贡父惑之。事传一时。贡父被召造朝，茶娇远送之，为夜宴，痛饮。有别诗曰："画堂银烛彻宵明，白玉佳人唱渭城。唱尽一杯须起舞，关河风月不胜情。"至阙，欧阳永叔出城迓贡父，贡父适病酒未起。永叔问故？贡父曰："自长安路中亲识留饮，颇为酒病。"永叔戏之曰："贡父非独酒能病人，茶亦能病人多矣。"

国香，荆州田氏侍儿名也。山谷自南溪召为吏部员外郎，留荆州，乞守当涂，待报。所居与此女为邻，偶见之，以为幽闲端美，目所未见。后其家以嫁下里贫民，因赋《水仙花》诗寓意云："淤泥解出白莲藕，粪壤能开黄土花。可惜国香天不管，随缘流落小民家。"俾高子勉和之。后数年，山谷卒，当时宾客云散。此女既生二子矣。会荆南岁荒，其夫鬻之田氏家。田氏一日邀子勉置酒出之。掩袂困瘁，无复故态。坐间话当时事，相与感叹。子勉请田氏名曰国香，以成太史之志。政和三年春，子勉客京师，会王性之问山谷诗中本意，因道其详，且为赋诗云："南溪太史还朝晚，息驾江陵颇婉款。彩毫曾咏水仙花，可惜国香天不管。将花托意为罗敷，十七未有十五余。宋玉门墙迁贵从，蓝桥庭户怪贫居。十年目色遥成处，公更不来天上去。已嫁邻姬窈窕姿，空传墨客殷勤句。闻道离鸾别鹄悲，藁砧无赖鬒蛾眉。桃花结子风吹后，巫峡行云梦足时。田郎好事知渠久，酬赠明月同石友。憔悴犹疑洛浦妃，风流固可章台柳。宝髻犀梳金凤翘，尊前初识董娇娆。来迟杜牧应须恨，愁杀苏州也合消。却把水仙花说似，猛省西家黄学士。乃能知妾妾当时，悔不书空作黄字。王子初闻此语详，索诗裁与漫凄凉。只今驱遣无方法，徒使田郎号国香。”

豫章先生弟黄元明宰庐陵县。赴郡会，座上巾带偶脱，太守谕妓令缀之。既毕，且俾元明撰词云：“银烛画堂明如昼，见林宗、巾垫羞蓬首。斜插花枝，线赊罗袖，须臾两带还依旧。○劝君倒带休令后，也不须、更漉渊明酒。宝箧深藏，浓香熏透，为经十指如葱手。”盖《七娘子》也。

豫章寓荆州，除吏部郎中，再辞守当涂。才到官七日而罢，又数日乃去。有诗云：“欧借腰枝柳一涡，大梅酌酒小梅歌。舞余细点梨花雨，奈此当涂风月何。”盖欧梅当涂营妓也。李之仪曰：“人之幸不幸，欧梅偶见录于豫章，遂传不朽。与杜诗黄四娘何异?”然豫章又有《木兰花令》，序云：“庭坚假守当涂，故人庾元镇穷巷读书，不出入州县。因作此以劝庾酒。”云：“庾郎三九常安乐，便有万钱无处着。徐熙小鸭水边花，明月清风都占却。○朱颜老尽心如昨，万事休休休莫莫。尊前见在不饶人，欧舞梅歌君更酌。”自批云：“欧梅，当时二妓也。”

龙舒人阮闳，字闳休。能为长短句，见称于世。政和间，官于宜春。官妓有赵佛奴，籍中之铮铮也。尝为《洞仙歌》赠之云:“赵家姊妹,合在昭阳殿。因甚人间有飞燕。见伊的、尽道独步江南,便江北、也何曾惯见。○惜伊情性,不解嗔人,长带桃花笑时脸。向尊前酒底得见,皆特似、恁地好,能得几回细看。待不眨眼儿觑着伊,将眨眼的工夫看一遍。”阮官至中大夫,累任监司郡守。他词皆相类。

政和间,一贵人未达时,尝游妓崔念四之馆。因其行第,作《踏青游》词云:“识个人人,恰正年年欢会。似赌赛、六只浑四。向巫山重重去。如鱼水,两情美。同倚画楼十二,倚画楼又还重倚。○两日不来,时时在人心里。拟问卜常古归计,拼三八清斋,望永同鸳被。蓦然被人惊觉,梦也有头无尾。”都下盛传。

徐干臣伸,三衢人。政和初,以知音律为太常典乐,出知常州。尝自制《转调二郎神》词云:“闷来弹鹊,又搅碎、一帘花影。谩试着春衫,还思纤手,熏彻金虬烬冷。动是愁端如何向,更怪得新来多病。嗟旧日沈腰,而今潘鬓,怎堪临镜。○重省。别时泪滴,罗襟犹凝。料为我厌厌,日高慵起,长托春酲未醒。雁足不来,马蹄难驻,门掩一亭芳景。空伫立,尽日阑干倚遍,昼长人静。”既成,会开封尹李孝寿来牧吴门。李以严治京兆,人号阎罗。道出郡下,干臣合乐大燕劳之,谕群娼令讴此词,必待其问乃止,娼如戒。歌至三四,李果询之。干臣蹙頞云:“某顷有一侍婢,色艺冠绝。前岁以亡室不容逐去,今闻在苏州一官兵处。屡遣信欲复来,而主人靳之,感慨赋此。词中所叙,多其书中语。今适有天幸,公拥旆于彼,不审能为我之地否?”李云:“此甚不难,可无虑也。”既次无锡,宾赞者请受谒次第。李云:“郡官当至枫桥,距城十里而远。”

翌日，舣舟其所。官吏上下，望风股栗。李一阅刺，忽大怒云：“都监在法不许出城，乃亦至此。使郡中万一有火盗之虞，岂不殆哉?”斥都监下阶，荷校送狱。又数日，取其供牍判奏字，其子震惧求援，宛转哀鸣致恳。李笑云：“且还徐典乐之妾了来理会。”即日承命，然后舍之。

崇宁中，有王生者，贵家子也。随计入都，尝薄暮被酒。至延秋坊过一宅，有女子甚丽，独立于门，徘徊徙倚，若有所俟。生方注目际，忽有驺骑呵卫而至，下马于此。女子亦避去。匆匆遂行，抵夜归，复过之，则寂然无人声。循墙而东，有隙地丈许。忽自内掷一瓦出，拾视之，有字云：“夜于此相候。”生以墙上剥粉戏书瓦背云：“三更后宜出也。”复掷入焉，因稍退十余步俟之。少顷，有一男子至，周视地上，无所见，微叹而去。既而三鼓，月高雾合，生已倦睡欲归矣。忽墙门轧然而开，一女子先出，一老媪负箧从后。生遽就之，乃适门间所睹者。熟视生，愕然曰：“非也。”回顾妪，妪亦曰：“非也。”将复入，生挽其袂而劫之曰：“汝为女子，夜与人期，天明执告官，辱门户矣。今邂逅遭合，亦是前缘，不若从我去。”女泣而从之。生携归逆旅，匿小楼中。女自言曹氏，父早丧，独有己一女，母钟爱之，为择良配。女素悦姑之子，使乳媪达意于母，以其无官弗许，遂私约宵奔。墙下微叹而去者，当是也。生既南宫不利，迁延数月，无归意。其父使人询之，颇知有女子共居，大怒。促生归，扃之别室。女所赍甚丰，强半为生费，余与媪坐食垂罄。更遣侦其母，则以女逸故，抑郁而死久矣。女不得已，与妪谋，下汴访生所在。时生侍父官闽中。女至广陵，资尽不能进，遂隶乐籍，易姓名为苏媛。生后宦游四方，亦不知女消息。数年，自浙幕召赴阙，过广陵。女以娼侍燕，识生，生亦讶其似，屡目之。酒半，女捧觞劝釂，不觉双泪堕酒中。生凄然曰:“汝何以至此?”具以本末告。生亦愧叹流涕，不终席，称疾而起。密召女，纳为侧室。其后生子。仕至尚书郎，历数郡。

章子厚惇，初来京师赴省试，年少美丰姿。当日晚独步御街，见雕舆数乘，从卫甚都。最后一舆，有一美人美而艳，揭帘以目挑章。章因信步随之，不觉至夕，妇人以手招与同舆，载至一甲第，甚雄壮。妇人者蔽章杂众人以入一院，甚深邃，若无人居者。少选，前妇人始至，备酒馔甚珍。章因问其所，妇人笑而不答。自是妇人引侪辈迭相往来甚众，俱亦姝丽。询之，皆不顾而言他。每去，则以巨锁扃之，如是累日夕。章体为之疲，意甚彷徨。一姬年差长，忽发问曰:“此岂郎所游之地，何为至此耶？我主翁行迹多不循道理，宠婢多而无嗣息。每钩至少年之徒与群婢合，久则毙之。此地数人矣。”章惶骇曰:“果尔，为之奈何?”姬曰:“观子之容，盖非碌碌者，似必能脱。主人翌日入朝甚早，今夕解我之衣以衣子，我且不复锁门。俟至五鼓，吾来呼子，亟随我登厅事。我当以厮役之服被子，随前驺以出，可以无患矣。尔后慎勿以语人，亦勿复由此街，不然，吾与若皆祸不旋踵矣。”诘旦，果来扣户。章用其术，遂免于难。及既贵，始以语族中所厚善者。云后得其主翁之姓名，但不欲晓于人耳，少年辈不可不知戒也。

周美成为江宁府溧水令。主簿之室，有色而慧。美成每款洽于尊席之间。世所传《风流子》盖所寓意焉:“新绿小池塘，风帘动，碎影舞斜阳。金屋去来，旧时巢燕；土花缭绕，前度莓蔷。绣阁凤帏深几许，听得理丝簧。欲说又休，虑乖芳信；未歌先噎，愁转清商。〇暗想新妆了，开朱户，应自待月西厢。最苦梦魂，今宵不到伊行。问甚时说与，佳音密耗，拟将秦镜，偷换韩香。天便教人、霎时厮见何妨。”新绿、待月，皆簿厅亭轩之名也。

道君幸李师师家，偶周邦彦先在焉。知道君至，匿于床下。道君自携新橙一颗，云：“江南初进来。”遂与师师谑语，邦彦悉闻之。檃括成《少年游》云：“并刀如水，吴盐胜雪，纤手破新橙。锦帐初温，兽烟不断，相对坐调笙。〇低声问向谁家宿，城上已三更。马滑霜浓，不如休去，直是少人行。”他日师师因歌此词。道君问谁作，师师云：“周邦彦词。”道君大怒。坐朝语蔡京云：“开封府有监税周邦彦，课税不登，如何京尹不按发来？”京罔知所以，奏云：“容臣退朝，呼京尹叩问。”京尹至，蔡以圣意谕知。京尹云：“惟周邦彦课增羡。”蔡云：“上意如此，只得迁就将上。”得旨，周邦彦职事废弛，可日下押出国门。隔一二日，道君复幸李师师家，不见师师，问之，知送周监税。道君方以邦彦出国门为喜，坐久至更深始归，愁眉泪睫，憔悴可掬。道君怒云：“汝从何往？”师师奏：“臣妾万死。知周邦彦得罪，押出国门，略致杯酒相别。不知官家来。”道君问：“有词否？”李奏云：“有《兰陵王》词。”道君云：“试唱一遍。”李云：“容臣妾献一觞歌此。”词云：“柳阴直，烟里丝丝弄碧。隋堤上，曾见几番，拂水飘绵送行色。登临望故国，谁惜京华倦客。长亭路，年去岁来，折柔条过千尺。〇闲寻旧踪迹。酒趁哀弦，灯照离席。梨花榆火催寒食。愁一帆风快，半篙波暖。回头迢递便数驿，望人在天北。〇凄恻。恨堆积。渐别浦萦洄，津堠岑寂。斜阳冉冉春无极。念月榭携手吹笛。沉思前事，梦里泪偷滴。”曲终，道君大喜。复召为大晟乐正，后官至大晟乐府待制。

张安国守临川，王宣子解庐陵郡归。安国置酒郡斋，招郡士陈汉卿参会。适散乐，一奴言学作诗。汉卿语之曰："太守呼为五马，今日两州使君对席，遂成十马，汝体此意做八句。"妓即高吟曰："同是天边侍从臣，江头相遇转情亲。莹如临汝无瑕玉，暖作庐陵有脚春。五马今朝成十马，两人前日压千人。便看飞诏催归去，共坐中书秉化钧。"安国为之嗟赏竟日，赏以万钱。

宋宗室赵不敏，与钱塘名娼盼奴甚洽。久之，不敏日益贫，盼奴周给之，使笃于业。遂捷南省，得官授襄阳府司户。赴官三载，想念成疾而卒。有禄俸余赀，嘱其弟院判某均分之：一以膳院判，一以遗盼奴。且言盼奴有妹小娟，俊雅能诗，可谋致佳偶也。院判至钱塘，则盼奴亦以忆司户一月前死矣。小娟以于潜官绢诬攀系狱。院判素与杭倅善，托倅从狱中召出，诘之曰："汝诱商人官绢百匹，何以偿之?"小娟叩头言："此亡姊盼奴事，乞赐周全。"倅喜其词气婉顺，以赵司户所寄付之。小娟启柬，惟一诗云："当时名妓镇东吴，不好黄金只好书。借问钱塘苏小小，风流还似大苏无。"小娟得书默然。倅索和，援笔书云："君住襄江妾住吴，无情人寄有情书。当年若也来相访，还有于潜绢也无。"倅大喜，尽以所寄物与之。免其偿绢，且言于太守，谋为脱籍。归院判，得偕老焉。

方务德侍郎帅绍兴，赴召。士人姚某以书投诚，自陈失身娼馆，岁月滋深，生育男女，义不可负。望为脱籍，无任哀祈。方题其书后云："姚某解元，文词英丽，早以俊称。杯酒流连，至于忘返。露由衷之悬，不愧多言。遂成家之名，何爱一妓？韩公之于戎昱，既徇所求；奇章之望牧之，更宜自爱。”

马光祖尹京日，有士人逾墙盗人室女。事觉到官，勘令当厅面试。光祖出《逾东家墙搂处子》诗，士人操笔云：“花柳平生债，风流一段愁。逾墙乘兴下，处子寓心搂。谢砌应潜越，韩香计暗偷。有情还爱欲，无语强娇羞。不负秦楼约，安知汉狱囚。玉颜丽如此，何用读书求。”光祖判云：“多情多爱，还了平生花柳债。好个檀郎，室女为妻也不妨。〇杰才高作，聊赠青蚨三百索。烛影摇红，记取媒人是马公。”

宣和中，有题于陕府驿壁者云：“幼卿少与表兄同研席，雅有文字之好。未笄，兄欲缔姻好。父母以兄未禄，难其请。遂适武弁公。明年，兄登甲科，职教洮，而良人统兵陕右，相与邂逅于此。兄鞭马略不相顾，岂前憾未平耶？因作《浪淘沙》以寄情云：‘目送楚云空，前事无踪，漫留遗恨锁眉峰。自是荷花开较晚，辜负东风。〇客馆笑飘蓬，聚散匆匆，扬鞭那忍骤花骢。望断斜阳人不见，满袖啼红。’”

开封富民杨氏子，馆客颇豪俊。有女未笄，窃慕之。遂有偷香之说，密约登第结姻。既过省，乃弃前盟。屡约相会，了不可得。登第后密遣人谕女曰：“若遂成婚好，则先奸后娶，在法当离，必不能久。尔或落发，则我亦不娶。朝夕游处，庶能长久。”女信之，然思慕已成疾，遂恳请于父母求祝发焉。或告客于某氏结婚者，女闻之闷绝。良久索笔书曰：“黄叶无风自落，彩云不雨空归。”就归字落笔，放手而绝。

近时有士人不欲书名，尝于钱塘江涨桥为狭邪之游。作乐府名《玉珑璁》云："城南路，桥南树，玉钩帘卷香横雾。新相识，旧相识，浅颦低笑，嫩红轻碧。惜惜惜！〇刘郎去，阮郎住，为云为雨朝还暮。心相忆，空相忆，露荷心性，柳花踪迹。得得得！"其后朝廷复收河南，士人陷而不返。其友不欲书名，作诗寄之，且附以龙涎香，云："江涨桥边花发时，故人曾共着征衣。请君莫唱桥南曲，花已飘零人不归。"士人在河南得诗，酬之云："认得吴家心字香，玉窗春梦紫罗囊。一薰未歇人何许，洗破征衣更断肠。"

唐仲友平生恃才轻朱晦庵，而陈同府颇为朱所进，与唐每不相下。同甫游台，尝狎一妓。属唐为脱籍，许之。偶郡集，唐语妓云："汝果欲从陈官人耶？"妓谢。唐曰："汝须能一饥忍冻乃可。"妓闻大恚。自是陈至妓家，无复前之款接矣。陈知为唐所卖，亟往见朱。朱问："近见小唐云何？"答曰："唐谓公尚不识字，如何作监司？"朱衔之。遂以部内有冤狱，乞再巡按。既之台，适唐出迎少稽，朱益以陈言为信，立索郡印付其倅，乃摭唐罪具奏，而唐亦作奏驰上。时唐乡相王淮当轴。上问王，王奏："此秀才争闲气耳。"遂两平其事。（朱按唐事或曰：吕伯恭尝与仲友同书，会有隙，朱主吕，故抑唐，实不然也。）

天台营妓严蕊，字幼芳，善琴弈歌舞丝竹书画，色艺冠一时。间作诗词，有新语。颇通古今，善逢迎。四方承其名，有不远千里而登门者。唐与正守台日，酒边尝命赋红白桃花，即成《如梦令》云："道是梨花不是，道是杏花不是。白白与红红，别是东风情味。曾记，曾记，人在武陵微醉。"与正赏之双缣。七夕郡斋开宴，坐有谢元卿者，豪士也，夙闻其名。即席命缀词，以己姓为韵。酒方行而已成《鹊桥仙》，云："碧梧初坠，桂香才吐，池上水花微谢。穿针人在合欢楼，正月露、玉盘高泻。○蛛忙鹊懒，耕慵织倦，空做古今佳话。人间刚道来年期，指天上、方才隔夜。"元卿为之心醉。留其家半载，尽客囊赠之而归。其后朱晦庵以庾节行部至台，欲摭与正之罪，遂指其尝与蕊为滥，系狱月余。蕊虽备受棰楚，而一语不及唐，然犹不免受杖。移籍绍兴，且复就越置狱鞫之。久不得其情，狱吏以好言诱之曰："汝何不早认，罪不过杖，况前已经断。法无重科，何为枉受此惨毒耶?"蕊答云："身为贱妓，纵令与太守有滥，料亦不至死。然是非真伪，岂可妄言以污士大夫? 虽死不可诬也。"其辞既坚，于是复痛杖之，仍系于籍。两月之间，一再受罚，委顿几死。然蕊声价愈腾，至彻阜陵之听。未几，朱公改除，而岳霖商卿为宪。因贺朔之际，怜其病瘁，命之作词自陈。蕊略不构思，即口占《卜算子》云："不是爱风尘，似被前缘误。花落花开自有时，总赖东君主。○去也终须去，住也如何住。若得山花插满头，莫问奴归处。"即日判令从良。既而宗室近属纳为小妇以终身焉。

嘉泰间，内臣李侯大谦，于行都九里松玉泉寺侧建功德寺。役工数内有漆匠章生者，乃天台人。偶春夜出浴回，于道中遇一老妪，挽入一小门。暗中以手摸壁，随妪而行，且觉是布为幕。转经数曲，至一室中，使就暗坐，此妪乃去。继有一尼携灯而至，又见四壁皆青赤衣帏遮护，终不知何地。尼又引经数曲，又至一室，灯烛帷帐，酒肴器皿，一一毕具，俱非中下人家所有之物。章生见之惊异，不敢问其所以，且疑且喜。尼师往顷时，有一妇人随至，容质非常，惟不冠饰。章生畏惧，尼逼使共坐。遂召前妪，命酒肴数杯。妇人更不一语，尼师云已晓矣。章生但恳祷尼师云："匠者无钱。"尼师终不顾允，遂令就寝。尼师执灯扃户而去。章生屡询所来及姓名，而斯人竟无一言，疑为喑疾。至钟动，其尼复至启钥，唤起章生出，令前妪引出。亦扪布壁而行，觉至一门，非先来所经。此妪令出街，可至役所。章生如梦寐中，行至一街。至晓，即离所造之寺二里许。后循路归。其董役者怪责其不归。及具此语，使遍访之，终不得其原所入门域。众皆谓遇鬼物，而有一木匠云："此固宠借种耳。"

湘人陈诜，登第授岳阳教官。夜逾墙与妓江柳狎，颇为人所知。时孟之经守岳，闻其故。一日公燕，江柳不侍，呼至杖之。又文其眉鬓间以陈诜二字，乃押隶辰州。妓之父母诸学宫咎诜云："自岳去辰州八百里，且求资粮。"陈且泣且悔，罄其所有，并质衣物，得千缗。以六百赠柳，余付监押吏卒，令善视之。且以词饯别云："鬓边一点似飞鸦，休把翠钿遮。二年三载，千栏百就，今日天涯。○杨花又逐东风去，随分入人家。要不思量，除非酒醒，休照菱花。"柳将行，会陆云西以荆湖制司干官，沿檄至岳。与陈有旧。将至，陈先出迎，以情告陆，陆即取空名制干札，填陈姓名，檄入制幕。既而孟迎陆入，即开宴。陆曰："闻籍中有江柳者善讴，谁是也?"孟即呼至。柳花钿隐眉间所文，饮间陆戏语孟曰："能以柳见予否?"孟曰："唯命。"陆笑曰："君尚不能容一陈教，岂能予我?"孟因叙诜之过，陆叹慨，既而酒罢。陆呼柳问其事，柳出诜送别词，陆大嗟赏，而再登席，举词示孟，且诮之曰："君试目此作，可谓不知人矣。今制司檄诜入幕，将若之何?"孟求解于陆，并召诜同宴。明日列荐诜，且除柳名。陆遂将诜如江陵，见之阃公秋壑，俾充墓僚。至今巴陵传为佳话。

谢希孟在临安，狎娼陆氏。象山责之曰："士君子乃朝夕与贱娼女居，独不愧于名教乎?"希孟敬谢，请后不敢。他日复为娼造鸳鸯楼。象山闻之，又以言责。希孟复谢曰："非特建楼，且有记。"象山喜其文，不觉曰："楼记云何?"即口占首句云："自逊抗机云之死，而天地英灵之气，不钟于世之男子。"象山默然。希孟在娼所，忽起归意，遂不告而行。娼追送江浒，涕泣恋恋。希孟毅然取领巾书一词与之云："双浆浪花平，夹岸青山锁。你自归家我自回，说着如何过。〇我断不思量，你莫思量我。将你从前爱我心，付与旁人可。"希孟与乡友陈伯益好相调戏。伯益黑面，身狭多髯。希孟见其写真挂壁上，题云："伯益之面，大无两指。髭髯不仁，侵扰乎其旁而不已。于是乎伯益之面，所余无几。"此语喧传，伯益病之，而莫能报。希孟后避宁宗讳，改名直，字古民。伯益于是以两句咏其名云："炊饼担头挑取去，典衣铺上唱将来。"闻者绝倒。伯益又尝写真："衣皂道服，蹑僧鞋。"希孟赞之曰："禅鞋髭须鬓发，道衣行藏梗直。乌肌狭小面皮，秋水长天一色。"

陆放翁宿驿中，见题壁云："玉阶蟋蟀闹清夜，金井梧桐辞故枝。一枕凄凉眠不得，呼灯起作感秋诗。"询之，驿卒女也，遂纳为妾。方余半载，夫人逐之。妾赋《卜算子》云："只知眉上愁，不识愁来路。窗外有芭蕉，阵阵黄昏雨。〇晓起理残妆，整顿教愁去。不合画春山，依旧留愁住。"

婺州刘鼎臣赴省试，濒行，其妻自制彩花一枝赠之，侑以《鹧鸪天》词云："金屋无人夜剪缯，宝钗翻过齿痕轻。临行执手殷勤送，衬与萧郎两鬓青。〇听嘱付，好看承，十金不抵此时情。明年宴罢琼林晚，酒面微红相映明。"潭州易彦章被以优等为前廊，久不归。其妻作《一剪梅》寄之云：“染泪修书寄彦章。贪却前廊，忘却回廊。功名成遂不还乡，石做心肠，铁做心肠。〇红日三竿懒画妆。虚度韶光，瘦损容光。不知何日得成双？羞对鸳鸯，懒对鸳鸯。”秀州郑文为太学生，久寓行都，其妻寄以《忆秦蛾》词云：“花深深，一勾罗袜行花阴。行花阴。闲将柳带，试结同心。〇日边消息空沉沉，画眉楼上愁登临。愁登临。海棠开后，望到而今。”此词为同舍见者传扬，酒楼妓馆皆歌之。

洞庭刘氏夫叶正甫久客都门。因寄衣，侑以诗云：“情同牛女隔天河，又喜秋来得一过。岁岁寄郎身上服，丝丝是妾手中梭。剪声自觉和肠断，线脚那能抵泪多。长短只依先去样，不知肥瘦近如何。”

歌儿珠帘秀，姓朱氏。姿容姝丽，杂剧当时独步。胡紫山宣慰极钟爱之，尝拟《沉醉东风》小曲以赠云：“锦织江边翠竹，绒穿海上明珠。月淡时，风清处，都隔断落红尘土。一片闲情任卷舒，挂尽朝云暮雨。”冯海粟亦有《鹧鸪天》云：“十二栏杆映远眸，醉香空断楚天秋。虾须影薄微微见，龟背纹轻细细浮。〇香雾敛，翠云收，海霞为带月为钩。夜来卷尽西山雨，不着人间半点愁。”皆咏珠帘寓意也。由是声誉益彰。

歌妓顺时秀，姓郭氏，性资聪敏，色艺超绝。翰林学士王元鼎甚眷之。偶有疾，思得马板肠充馔，公杀所骑千金五花马，取肠以供，都下传为佳话。时中书参政阿鲁温尤属意焉，因戏谓曰：“我比元鼎如何？”对曰：“参政宰相也，学士才人也。燮理阴阳，致君泽民，则学士不及参政。嘲风咏月，惜玉怜香，则参政不如学士。”参政付之一笑而罢。

异禀

痴癖颠连，赋此奇偏。性与人殊，兴居判然。凫胫鹤颈，亦全其天。集异禀。

华元郡王允良性好昼睡，每自旦酣寝，至暮始兴。盥栉衣冠而出，燃灯烛治家事，饮食宴乐达旦而罢，则复就枕。无日不如此。由是一宫之人，皆昼卧夕兴。允良不甚喜声色，亦不为他骄恣。惟俾昼作夜，性与人殊。故观察使刘从广，燕王婿也。常语燕王好坐木马上，每坐则不肯下，或饥则就其上具食。往往乘兴奏乐于前，酣饮终日。亦其性之异也。（允良，太良幼子。燕王，元俨子也。）

夏文庄公竦，性豪侈，禀赋异于人。才睡即身冷而僵，一如逝者。既觉，须令人温之良久，方能动。人有见其陆行，两车相连，载一物巍然。问之，乃绵帐也，以数千两绵为之。常服仙茅钟乳硫黄，莫知纪极。晨起每食钟乳粥。有小吏窃食之，遂发疽，几不可救。

张仆射齐贤体质丰大，饮啖过人。尤嗜肥猪肉，每食数斤。天寿院风药黑神丸常所服，不过一弹丸，公常以五七两为一大剂，夹以胡饼而顿食之。淳化中，罢相知安陆州安陆山郡。未尝识达官，见公饮啖不类常人，举郡惊骇。尝与宾客会食，厨吏置一金漆大桶于厅侧，窥视公所食如其物投桶中。至暮，酒浆浸渍，涨溢满桶。郡人嗟愕，以为享富贵者必有异于人也。然晏元献公清瘦如削，其饮食甚微。每析半饼，以箸卷之，抽去其箸，捻头一茎而食。此亦异于常人也。

赵温叔丞相，形体魁梧，进趋甚伟，阜陵素喜之。且闻其饮啖数倍常人。会史忠惠进玉海，可容酒三升。一日召对便殿，从容问之曰："闻卿健啖，朕欲作小点心相请，何如?"赵悚然起谢。遂命中贵人捧玉海赐酒至六七，皆饮釂。继以金拌捧笼炊百枚，遂食其半。上笑曰："卿可尽之。"于是复尽其余。上为之一笑。其后均役荆南，暇日，欲求一容伴食不可得。偶有以本州岛兵马监押某人为荐，遂召之燕饮。自早达暮，宾主各饮酒三斗，猪羊肉各五斤，蒸糊五十事。公已醉饱摩腹，而监押者屹不为动。公笑曰："君尚能饮否?"对曰："领钧旨。"于是再饮数杓。复问之，其对如初，凡又饮斗余乃罢。临别，忽闻其人腰腹间砉然有声。公惊曰："是必过饱肠裂无疑。吾本善意，乃以饮食杀人，终夕不自安。"黎明亟遣铃下老兵往问，而典客已持谒白曰："某监押见留客次谢筵。"公愕然。延之，扣以夜来所闻。局蹐起对曰："某不幸抱饥疾。小官俸薄，终岁未尝得一饱，未免以革带事之。昨蒙赐宴，不觉果然，革条为之迸绝，故有声耳。"国初，文知州善啖，太祖赐馔，食尽，腰有声，疑其腹裂。明日问之，曰："臣苦饥，以帛束之。昨赐饱，不觉帛断。"事与赵同。

江南逆旅中一老妇，啖物不知饱。徐德占过之，老妇诉以饥。其子耻之，对德占以蒸饼啖之，尽一竹篑，约有百饼，犹称饥不已。日饭一石米，随而利之，饥复如故。京兆醴泉主簿蔡绳亦得饥疾。每饥，立须啖物，稍迟则顿仆，闷绝，怀中常置饼饵。虽对贵客，亦须龁啖。绳有美行，博学工文，为时闻人。终以此不幸，无人识其疾者。

蒲传正为宋资政。有大洗面、小洗面、大濯足、小濯足、大澡浴、小澡浴。小洗面，一易汤，用二人拭面而已。大洗面，三易汤，用五人肩颈及焉。小濯足，一易汤，用二人踵踝而已。大濯足，三易汤，用四人膝股及焉。小澡浴，汤用三斛，人用五六。大澡浴，汤用五斛，人用八九。每日两洗面，两濯足。间日一小浴，又间日一大浴。口脂面药熏炉妙香，未尝斯须去侧也。与王介甫同时共事，介甫垢面乱发，衣服生虮虱，而蒲则如此。视《南史》所称何佟之一日洗浴十余遍，同其水淫，若刘宽经年不洗浣，阴子春经年不濯足者，相反极矣。

赵忠惠帅维扬日，幕僚赵参议有婢慧黠，尽得同辈之欢。赵昵之，坚拒不从。疑有异，强即之，则男子也。闻于有司，盖身具二形，前后奸状不一，遂置之极刑。尝考之《佛书》所云："博义牟释迦者，谓半月能男，半月不能男。又有五种不男，曰生坚妒变半。半者二形，人中恶趣也。"晋《五行志》谓之人痾。惠帝时，京洛有人兼男女二体，亦能两用人道，而性尤淫邪。此乱气所生也。《玉历通政经》云："男女两体，主国淫乱。"而《二十八宿真形图》所载："心房二星皆两体。与丈夫妇人，更为雌雄。"此又何耶？《异物志》云："灵狸一体，自为阴阳，故能媚人。"《褚氏遗书》云："非男非女之身，精血散分。感以妇人则男脉应诊，动以男子则女脉顺指。皆天地不正之气也。"

盛大监勋，绍兴初知襄阳，单骑之官。府治有一楼，为公退燕息之所。勋尝独居楼上，屏左右，命一老兵守其下。卧榻之前，置大浴斛，取汉江水满注其中。日易新水。老兵久而疑之，乘勋昼寝，登梯隙壁窃视。乃见一大鲤鱼，金鳞赪鬣，游泳斛中。如觉有窥者，注目壁隙，凝然久之。老兵惊惧趋下。自是撤去浴斛，不复取水。

《北梦琐言》曰："归登尚书，每浴必屏左右，自于浴斛中坐移时。或有窃视者，见一巨龟吹水也。性甚啬。尝烂一羊脾，旋割旋啖，封其残者。一旦内子于封处割食，归见之大怒。其内由是没身不复食肉。"

杨戬于所居堂后凿一大池，环以廊庑，扃鐍周密。每至浴时，先设巾器并澡豆之属于池上，乃悉屏人跃入水中游泳。率移刻而出，人莫能窥。一日戬独寝，有盗入其室，忽见床上一虾蟆，大几充床。两目如金，光彩注射。盗不觉惊踣于地，而虾蟆已复变为人，乃戬也。起坐按剑问曰："汝为何人？"盗以实对。戬掷一银香球与之曰："念汝实贫，以此赐汝，勿为人言所见也。"盗不敢受，再拜而出。后以他事系开封狱，自道如此。

米元章知无为军，喜神怪。每雨旸致祷，则设宴席于城隍祠。东向坐神像之侧，举酒若相献酬，往往获应。每得时新茶果之属，辄分以馈神。令典客声喏传言以致之，间有得缗钱于香案之侧，若神以劳送者。尝晨兴呼醮门鼓吏，问夜来三更不闻鼓声。吏惶恐，言中夜有巨白蛇缠其鼓，故不敢近。米颔之，叱吏去，不复问故。人皆疑其蟒精（一作蔡君谟）。

淳熙间，姑苏有民家姓唐，一兄一妹，其长皆丈有二尺，里人谓之唐大汉，不复能嫁娶。每行倦，倚市檐憩坐，如堵墙不可出，出则倾市从观之。日啖斗余。无所得食，因适野为巨室受困粟，盖出墙外，则可举手以致，不必以梯也。有珰以辂使客，见之大骇异。入奏，诏廪之殿前司。每声喏，如洪钟。德寿时欲见之，惧其聚民，乃卧之浮于河，至望仙专舟焉。又江山邑寺有缁童，眉长逾尺。来净慈，都人争出视之。事闻禁中，诏给僧牒，赐名延庆。寺僧日坐之门，护以行马。士女填咽炷香，谓之活罗汉。

吕缙叔以知制诰知颍州，忽得疾，身渐缩小，临终仅如小儿。古人未曾有此疾，终无人识。有松滋令姜愚无他疾，忽不□□，数年方稍稍复旧。有一人家妾，视直物皆曲。弓弦界尺之类，视之皆如钩。

秘书丞张谔，嗜酒得奇疾。中身而分，左常苦寒，右则苦热。暑月中，着袜裤，纱绵相半。

傅舍人为太学博士日，忽得肠痒之疾。满腹作痒，又无搔处。欲笑难笑，欲泣难泣。数年而愈。

参政孟庾夫人徐氏有奇疾。每发于闻见，即举身战栗，至于几绝。见母与弟皆然。至死不明。又恶闻徐姓，及打银打铁声。尝有一婢，使之十余年，甚得力，极喜之。一日，偶问其家所为业。婢曰："打铁。"疾遂作。更不欲见，竟逐去之。医莫能施其术。

陈子直主簿之妻，有异疾。每腹胀则中有声，如击鼓远闻于外。腹消则止。一月一作，医莫能治。

有张五星者，瞽而慧。善辨宝玉，此犹是暗中摸索。至于能别妇人妍丑，闻其声欬，扣问数语，即知其人美恶情性。赵信国丞相，专俾置姬妾并玉器云。